「八月の砲声」を聞いた日本人

第一次世界大戦と植村尚清「ドイツ幽閉記」

NARAOKA Sochi
奈良岡聰智

千倉書房

はじめに

わが国で「大戦」と言えば、第二次世界大戦を指すのが普通である。日中戦争、真珠湾攻撃を経て、世界を敵にまわして戦った日本は、ポツダム宣言を受諾して降伏するまでの間に、膨大な犠牲者と損害を出した。毎年八月一五日の終戦日には全国戦没者追悼式が開催され、「先の大戦」の犠牲者に祈りが捧げられる。第二次世界大戦は、多くの日本人にとって今なお「忘れ得ぬ戦争」である。

第二次世界大戦は、ヨーロッパにとっても大きな戦争であった。ナチスの戦争犯罪に対する関心は今なお高いし、国際連合をはじめとする大戦後に設定された枠組みは、現在の国際秩序の基盤となっている。しかし、ヨーロッパでは第一次世界大戦がある意味、第二次世界大戦以上に重要視されており、ヨーロッパで、単に「大戦」と言えば、第一次世界大戦を指すのがむしろ一般的である。ナポレオン戦争以来一〇〇年以上続いてきた平和を破壊し、かつて人類が経験したことのない膨大な犠牲者を出した第一次世界大戦は、四年もの間直接の戦場となったヨーロッパに深い傷を残し、今なお大きな意味を持っているのである。わが国で、第一次世界大戦が「忘れられた戦争」になっている感さえあるのとは、対照的である[1]。

ここで、第一次世界大戦の開戦過程をおさらいしておこう[2]。事の発端は、「ヨーロッパの火薬庫」と言われたバルカン半島をめぐる情勢にあった。バルカン半島では、オーストリアとセルビアが、長年トルコ領ボスニアをめぐって争っていた。一九〇八年、オーストリアがボスニアを併合すると、セルビアは猛烈に反発し、一九一四年六月二八日、オーストリアの皇位継承者がセルビア人青年によって暗殺されるという事件が起きた。オーストリアはこの機にセルビアを屈服させようとし、同盟国ドイツの支持を得た。他方で、セルビアはロシアの支援を頼った。七月末にかけて、バルカン半島情勢は緊迫の度合いを増し、イギリスによる調停も不調に終わった。七月二八日、ついにオーストリアがセルビアに宣戦布告を行い、第一次世界大戦が勃発した。

開戦当初、戦争はオーストリアとセルビアの二国間にとどまる可能性もあった。しかし、両国の背後にいるドイツ、ロシアの姿勢は強硬であった。特に、ロシアとフランスが同盟を結んでいたため、戦争になると二正面作戦を強いられる可能性が高かったドイツは、両国の機先を制すべくいち早く参戦に向けて動き出した。ドイツは、八月一日にロシア、三日にフランスに対して宣戦布告を行い、四日には中立国ベルギーへの侵入を開始した。イギリスはこれを看過できず、同日にドイツに対して宣戦布告を発した。こうして、バルカン半島をめぐる局地紛争は、八月四日にヨーロッパの五大国を巻き込む大戦争へと拡大した。この間の緊迫した開戦過程は、アメリカのジャーナリスト、バーバラ・タックマン（Barbara W. Tuchman）の名著『八月の砲声』[3]で活写されている。

第一次世界大戦の勃発後まもなく、日本はこの危機に便乗して、東アジアでの権益拡張に乗り出した。当時ドイツは、中国の山東省や南洋諸島に植民地を持っていたが、日本はイギリスと日英同盟を結んでいることを名目に参戦して、これらの権益を一挙に我が物にしようとした。元老の井上馨が、第一次世界大戦の勃発を「天佑《てんゆう》」と評したように、日本の姿勢はきわめて積極的であった。日本は、八月二三日にドイツに宣戦布告を行うと、九月二日に陸軍による山東半島への上陸を開始し、一一月九日に青島《チンタオ》のドイツ軍を降伏させた。また日本海軍は、一〇月中旬までに南洋諸島の主な島々(ヤップ島、トラック島、サイパン島など)を占領した[4]。

第一次世界大戦は基本的にはヨーロッパの戦争であり、日本にとってはいわば「対岸の火事」であった。青島や南洋諸島の占領も、軍事的にそれほど難しいことではなく、多くの日本国民は、参戦以後も、戦争当事国の一員であることを実感できなかった。しかし、大戦を間近で感じ、自らの運命を大きく変えられた日本人たちがいた。敵国となったドイツに在住していた日本人たちである。

第一次世界大戦勃発当時、ドイツには総計六〇〇名近い日本人が在住し、学業や仕事に励んでいた。大戦が勃発する直前まで、日本と同国の関係はきわめて良好であり、敵国同士になることなどほとんど想像できなかった。しかし、「八月の砲声」が全てを変えた。日本人は、敵国となったドイツにとどまることを許されず、退去を迫られた。引き続き滞在を希望する者も多かったが、許されたのはごく一部の例外にとどまった。多くの日本人は、取るものもとりあえず慌ただしくドイツから脱出した。中には、退去が遅れたためにドイツ政府によって拘留され、抑留生活を余儀なくされた日本人も一〇〇名以上いた。彼ら「八月の砲声」を聞いた日本人は、本国の人々とは全く異なる大戦経験をしたのである。

それでは、いったい彼らはどのような経験をしたのであろうか？　本書は、従来全くと言っていいほど知られていない、彼らの第一次世界大戦経験を解明しようという試みである。強制退去、抑留、敵国への残留……彼らの経験は、普通の生活では決してありえない、まさしく数奇なものばかりである。彼らの劇的な経験を掘り起し、そのありのままを明らかにしようというのが、本書を執筆した第一の動機である。

前述したとおり、第一次世界大戦はそれまで人類が経験したことのない大戦争であった。多くの国民が戦争に動員された結果、多大な犠牲者が発生し、死者が八〇〇万人以上、捕虜も五〇〇〜六〇〇万人にのぼったと言われる。また、多くの国では、敵国民間人に対する抑留も大規模に行われた。これは、戦争が基本的には戦闘員のみによって行われていた、第一次世界大戦以前には見られなかったことで、この戦争が従来とは異なる「総力戦」であることを如実に示す新しい現象であった。日本人に対する抑留も、このような戦争の性格の変化の中で起こったものであり、いわば彼らは、時代の変化の立会人であったと言える。本書では、日本人の大戦経験の中でも特に興味深い、この「抑留」という側面に力点を置いて紹介していきたい。

本書では、日本の外交記録（外務省外交史料館所蔵）、新聞、手記など、当時の一次史料をふんだんに活用した。第一部では、これらの史料を用いて、第一次世界大戦勃発後の在ドイツ日本人の動向を、退去者、抑留者、残留者に分けて紹介する。次いで第二部では、ドイツで三ヶ月近くにわたって抑留生活を送った医師植村尚清《ひさきよ》の手記を紹介する。この手記は、これまで全く知られてこなかった史料であるが、当時の抑留の実態を詳細に伝えるたいへん貴重な記録である。本書ではこの貴重な史料を、ご遺族の許可を得て、全文翻刻して掲載した。

一九一四年に第一次世界大戦が勃発してから、間もなく一〇〇年を迎える。第一次世界大戦を「現代世界の起点」として位置づけているヨーロッパでは、開戦一〇〇年を機として、大戦の再検証がさまざまな形で行われつつある。他方で、当時この戦争を「対岸の火事」としてしか受け止めなかった日本では、大戦が「忘れられた戦争」のままになっている。近年、このような彼我の認識の差を埋めようとする学問的試みが始まっているが、残念ながら我が国では、第一次世界大戦研究の蓄積はまだまだ浅いのが現状である。このようなギャップを埋め、日本にとって「第一次世界大戦とは何だったのか」を考える一つのきっかけを提供したい。これが本書を執筆した第二の、そしてより重要な動機なのである。

註

1 西洋史家の山上正太郎氏が、第二次世界大戦を「忘れ得ぬ戦争」、第一次世界大戦を「忘られた戦争」と称したのは、わが国における第一次世界大戦認識を示すものとして興味深い（山上正太郎『第二次世界大戦 忘れ得ぬ戦争』社会思想社、一九八六年、同『第一次世界大戦 忘られた戦争』社会思想社、一九八五年、のち講談社現代文庫、二〇一〇年）。

2 第一次世界大戦の開戦過程については、*A. J. P. Taylor, The First World War – An illustrated history*, Harmondsworth, 1966（A・J・P・テイラー著、倉田稔訳『目で見る戦史 第一次世界大戦』新評論、一九八〇年）、B. H. Liddell Hart, *History of the First World War*, Cassell, 1970（リデル・ハート著、上村達雄訳『第一次世界大戦』上下、中央公論新社、二〇〇〇年）、James Joll, *The origins of the First World War*, 2nd ed., Longman, 1992（ジェームズ・ジョル著、池田清訳『第一次世界大戦の起源 改訂新版』みすず書房、一九九七年）、David Stevenson, *Armaments and the Coming of War: Europe, 1904 – 1914*, Oxford University Press, 1996, David Stevenson, *1914 – 1918: the History of the First World War*, Penguin Press, 2004を参照。

3 Barbara W. Tuchman, The Guns of August, Macmillan, 1962（バーバラ・W・タックマン著、山室まりや訳『八月の砲声』筑摩書房、一九六五年、のちちくま学芸文庫、二〇〇四年）

4 日本の第一次世界大戦への参戦については、山室信一『複合戦争と総力戦の断層――日本にとっての第一次世界大戦』（人文書院、二〇一一年）を参照。

◆関 連 年 表

年	月日	第一次世界大戦をめぐる動き	ベルリンの日本大使館をめぐる動き	在ドイツ日本人をめぐる動き
1914	7・28	オーストリア、セルビアに宣戦布告(第一次世界大戦勃発)		
	7・31		ドイツが戒厳令を布告。外国との通信を制限	
	8・1	ドイツ、ロシアに宣戦布告		
	8・2	ロシア、ドイツに宣戦布告 イタリア、中立を宣言	日本がロシアに宣戦布告したという噂が広まる 多数の群衆が日本大使館前に集結し、船越代理大使が挨拶	河上肇、ベルリンのフリードリヒ街でドイツの群衆の様子を見物し、多数の日本人が、ドイツ人から胴上げをされるのを目撃
	8・3	ドイツ、フランスに宣戦布告	船越代理大使、外務省に文部省留学生への送金を依頼	
	8・4	ドイツ軍、ベルギー領内に侵入 イギリス、ドイツに宣戦布告 日本、中立を宣言	在ドイツ日本人に対する外国からの送金の途が絶たれる	
	8・6		『ターゲス・ツァイトゥング』紙に社説「日本は中立を守るや否や」が掲載される(以後、日本の意図をめぐって種々の報道がなされる)	小泉信三、ベルリンにいては危ないという説を頻りに聞く

8・7	イギリスのグリーン駐日大使、加藤外相に日本の参戦希望を伝達	船越代理大使、在ドイツ日本人に対して緊急注意事項（5日付）を郵送配布 船越代理大使、在ドイツ日本人を退去させる方針を決定 日本倶楽部委員、在ドイツ日本人に対して退去勧告文を郵送配布	
8・8			植村尚清、プラハを出発
8・9	加藤外相、ドイツのレックス大使と会談		小泉信三、適当の時期に出国することを決定
8・10	グリーン大使、日本に参戦希望取り消しを伝達 加藤外相、グリーン大使に参戦の意向を伝達	日本大使館、ドイツ語の身元証明書発行を開始 日本大使館、横浜正金銀行のドイツ銀行預金6万マルクを引き出す（以後15日にかけて合計66万マルクを引き出す）	
8・13	イギリスのグレイ外相、日本の参戦に同意	在ドイツ日本人が1000マルクをドイツ赤十字社に寄付したことが報道される	
8・14		船越代理大使、加藤外相から事態が切迫していることを知らせる電報を受け取る 船越代理大使、在ドイツ日本人に対して、日本からの送金の見込みがない旨の緊急告示を発する 在ドイツの日本軍人、ドイツからの退去を開始	河上肇、日本大使館内の告示を見て、退去を決心

8・15	日本の大隈内閣、御前会議で対独開戦を決定 日本の松井外務次官、レックス大使に最後通牒を手交	日本倶楽部、閉鎖される	河上肇、友人とともにベルリンを出発 小泉信三、友人三人と共にオランダに入国 山田潤二、船越に叱責され、退去を決意
8・16			植村尚清、フライブルクに到着
8・17		船越代理大使、ツィマーマン外務次官に最後通牒を手交	河上肇、友人と共にオランダに入国 山田潤二、友人とともにベルリンを出発
8・18			植村尚清、フライブルクを出発
8・19		日本がドイツに最後通牒を発したことが、初めてドイツで報道される	
8・20		ドイツ政府、日本の対ドイツ最後通牒を公表し、対日世論が一変する ドイツ政府、日本大使館に大量の警察官を配置 ドイツ政府、日本人の保護検束を開始	辻高衡、藤沢廉之助、老川茂信、槇田麟一ら多くの日本人がベルリンで拘禁 梅本虎雄、ゲッティンゲンで拘禁 小田部荘三郎、デュッセルドルフで拘禁 植村尚清、クレーフェルトで拘禁
8・21		拘禁された藤沢廉之助から大使館に葉書が到着	沢田豊ら、エッセンで拘禁
8・22		船越代理大使、ドイツ外務省に監獄視察を要求するが、拒絶される 奥田竹松一行がハンブルク総領事館を引き揚げ、ベルリンの大使館に入る	
8・23	日本、ドイツに宣戦布告。両国の国交断絶	船越代理大使、ドイツ外務省を訪問し、最後通牒に対する不回答を伝達される アメリカのジェラード大使、日本の利益	

1914

		代表を引き受ける	
8・24		午前6時、船越代理大使一行、日本大使館を退去。夕方、オランダのハーグ到着	
8・27	日本、オーストリアと国交断絶		
8・28		船越代理大使、イギリスのロンドン到着	
9・2	日本軍、山東半島の龍口に上陸		
9・1			辻高衡、釈放 小田部荘三郎らと同じウェーゼルの収容所にいた日本人旅芸人、釈放
9・5			小田部荘三郎、パーダボルンへ移送
9・29		船越代理大使、ロシアのペトログラード出発	
10・3			藤沢廉之助、老川茂信、槙田麟一ら、釈放
10・7	日本軍、ドイツ植民地パラオを占領		
10・11			梅本虎雄、釈放
10・17		船越代理大使、東京に到着	
10・31	日本軍、山東半島の青島に総攻撃を開始		
11・6			植村尚清ら、釈放

	11・7			小田部荘三郎ら、釈放
	11・8			植村尚清、小田部荘三郎らとウルムで合流
	11・9	青島のドイツ軍降伏		
	11・12			植村尚清の一行、リンダウからスイスに入国（植村は以後スイスに滞在）
	11・19	日本、青島で軍政を開始		
1915	11・27			老川茂信、ベルリンを出発（まもなくスイスへ出国）
1916	9・1			辻高衡、ドイツを出国
	11			植村尚清、留学を終えスイスを出国
	12			植村尚清、日本に帰国
1918	11・11	第一次世界大戦終結		

「八月の砲声」を聞いた日本人——第一次世界大戦と植村尚清「ドイツ幽閉記」◆目次

5――スイス留学と日本帰国

「八月の砲声」を聞いた日本人——第一次世界大戦と植村尚清「ドイツ幽閉記」

I

第一次世界大戦と在独日本人の運命

◆第一次世界大戦開戦時の欧州情勢

1 大戦までの日本とドイツ

明治維新以来、文明開化、富国強兵の道をひた走った日本は、近代化を推し進めるにあたって欧米諸国に範を取ったが、政策ごとに学ぶ相手国を柔軟に変えた。例えば、海軍については、幕末こそオランダからの影響が強かったが、次第にイギリスからの影響が圧倒的に大きくなり、やがてアメリカにも多くを学んだ。一方の陸軍に関しては、江戸幕府がフランスからの影響を強く受けたが、一八七〇〜七一年の普仏戦争でプロイセンがフランスを破り、ドイツ帝国が誕生すると、ドイツからの影響が色濃くなる。このように、自国に適した近代化のモデルを探るため、日本は欧米から大量のお雇い外国人を招聘《しょうへい》すると共に、数多くの留学生や視察団を送り込み、試行錯誤を続けた。

欧米諸国のうちでも、ドイツは日本が明治以降最も熱心に学んだ国の一つであった。岩倉使節団の一行が一八七三年（明治六）にドイツに渡り、時の宰相ビスマルク（Otto von Bismarck）から教示を得たことはよく知られている。一八八二～八三年には、伊藤博文（一八四一～一九〇九）がベルリン大学、ウィーン大学に学び、大日本帝国憲法（明治憲法）作成にあたっての基本方針を学んでいる。前述した通り、日本陸軍にとってドイツ陸軍は「先生」のような存在であったし、法学、経済学、医学、化学などの分野においても、日本はドイツから多くを学んだ。そのため明治末期になると、毎年数百名の日本人がドイツに渡航するという状況になった。同じドイツ語圏であるオーストリア（オーストリア＝ハンガリー帝国）で学んだ日本人も多い。

第一次世界大戦直前の在ドイツ日本人の状況を、統計的に確認しておこう。外務省の調査によれば、一九一四年（大正三）のドイツ在住の日本人は四三四名（そのうち留学生は約八六％にあたる三七四名）で、このうち首都ベルリンに在住していた日本人は、二〇六名（そのうち留学生は約九〇％にあたる一八五名）であった（巻末の表1参照）。ドイツ在住の日本人は、他のヨーロッパ諸国に比べて、留学生が多いのが特徴的であった。一九一三年のヨーロッパ各国の日本人留学者の数を見ると、フランスが三六名、イギリスが八三名なのに対し、ドイツは三七四名と圧倒的に多い（巻末の表2参照）。この数字からも、日本人がいかに熱心にドイツの文物を学んでいたかが察せられよう。留学生以外にも、学者、官吏、軍人などの一時的な視察者や、旅芸人（彼らの存在については後に詳述する）が滞在していたし、オーストリアへの渡航者はドイツとよく往来していたため、ドイツに滞在していた日本人の実数はもっと多かった。ベルリンの日本大使館の調査では、大戦勃発時にドイツにいた日本人の数は五五六名にのぼっていた(このうち大使館が直接把握していた者が四五二名、把握していなかった者が一〇四名とされるが、実数はもう少し多かったものと思われる)[1]。

一九一四年七月二八日、オーストリアがセルビアに宣戦布告を発し、第一次世界大戦が勃発する。一ヶ月前にオーストリアの皇位継承者フランツ・フェルディナンド(Franz Ferdinand)夫妻が暗殺されて以来、ヨーロッパ情勢は次第に緊迫の度を増していたものの、ヨーロッパの大国がことごとく参戦する大戦争が起こると予想した者は少なかった。まして、日本とオーストリア、ドイツの関係は良好だったため、万が一戦争が勃発したとしても、日本がそれに巻き込まれると予測し得た者は稀であった。当然、大戦勃発と同時に両国から退去した日本人は、皆無だったと言って良い。

ところが「八月の砲声」は彼らの運命を一変させた。オーストリアを全面支援するドイツは、八月一日にロシア、三日にフランスに宣戦布告を発し、四日には中立国ベルギーへの侵攻を開始した。同日、ロシア、フランスと協商を結んでいたイギリスが、ドイツに宣戦布告を発したことによって、ヨーロッパは五大国が戦火を交える全面戦争へと突入した。この情勢を見た日本は、ドイツが東アジア・太平洋地域に持っていた権益(山東半島と南洋諸島)の獲得を目指して、日英同盟を名目に参戦することに決し、一五日にドイツに最後通牒を発した。こうして、日本とドイツは八月二三日から交戦状態に入り、両国は「敵国」となったのである。

一九一四年八月一五日に日本がドイツに最後通牒を発した後、ドイツ人の日本人に対する待遇は大きく変わった。すなわち、それまで友好国からの来訪者として遇されていたものが、徐々に猜疑《さいぎ》の目をもって見られるようになり、やがて参戦したことを責められ、なじられ、最もひどい場合には、侮辱的・虐待的な待遇を受けることになったのである。最終的には、ドイツに在住していた日本人は退去を迫られたが、一部の者は逃げ遅れ、ドイツ政府によって拘禁、抑留された。また、例外的に残留を許された日本人も、大変な苦難を味わった。彼らは大戦勃発直後のドイツで、何を見、何を考えたのであろうか?

以下ではまず、大戦勃発に対する日本大使館の対応とドイツからの退去者について述べた後、抑留者、残留者の順に、さまざまな事例を具体的に見ていくことにしよう。

*本書では、戦闘に参加し、相手国に捕らわれた軍人を「捕虜(prisoner-of-war, POW)」、彼らを収容するための施設を「捕虜収容所(POW camp)」、敵国で身柄を拘束された民間人を「抑留者(internee)」、彼らを収容するための施設を「民間人抑留所(internment camp)」、受刑者や刑事被告人などを収容するための施設を「監獄(prison)」と表現する。また、民間人の身柄を拘束する行為については、一時的なニュアンスが強い場合には「拘禁(detain)」、長期に及ぶ場合には「抑留(internment)」と表現する。

*史料から直接引用する場合、旧字を新字に改め、句読点を付すなど、適宜修正を行った。〔〕は筆者による補足を示す。

2 大戦勃発と日本大使館の対応

◆大戦勃発直後の「日本人気」

一九一四年八月に第一次世界大戦に参戦した際、ドイツは東アジア・太平洋地域で軍事行動を起こすつもりはなかった[2]。ドイツは、ロシア、フランスを相手とする二正面作戦を取らざるを得なかったため、余計な兵力をアジアに割く余裕などなかったからである。一八九八年(明治三一)以来、ドイツは中国の青島《チンタオ》・膠州《こうしゅう》湾を租借《そしゃく》し、山東半島を勢力圏としてきた[3]。また、トラック島、サイパン島など、太平洋の島々も領有していた[4]。これらの地域に対する最大の軍事的脅威は日本であったが、ドイツは、今回の戦争に直接的利害関係がない日本が中立を維持することを期待していた。

八月二日、ロシアがドイツに宣戦布告を行った頃から、ドイツ国内では根拠不明の風説が広まっていた。それは「日本がロシアの背後を衝《つ》くであろう」というものであった。ベルリンでは「日本はロシアに対して、遂に宣戦を布告した」という号外を出す新聞社まで現れ、事の真偽を確かめないままこれを信じた一般のドイツ人は、日本への「好感」を爆発させた。

この日の夕方、ベルリンの日本大使館前には何千人という大群衆が押し寄せ、盛んに「万歳、万歳」を連呼した。市内の日本倶楽部（在ドイツ日本人の社交団体）で食事をしていた船越光之丞《みつのじょう》（一八六七〜一九四二）代理大使[5]は、この報を聞いて急遽大使館に戻った。群衆は、船越が戻ってきたのを知ると、大使館二階のバルコニーに出るよう求めた。船越が言われたとおりに姿を見せると、拍手が鳴り響き、しばらく「万歳」が鳴り止まなかった。船越が去ろうとすると、群衆がそれを押しとどめようとして「万歳」を続けるので、船越はまた顔を出さざるを得ず、合計三回もこのようなことが続いた。最後に船越が黙礼により感謝の意を表して、ようやく群衆は大使館前から立ち去ったという。

その後船越が階下に降りると、多数の新聞記者が押しかけていた。また、ドイツの参謀総長モルトケ（Helmuth von Moltke）からも特使がやって来て、風説の真偽を質した。船越は、「近来本国からは、何等の電報に接せず、従って的確な事実を知る事が出来ない」と、ありのままに答えるしかなかった。ドイツでは、七月三一日に戒厳令が布告されて以来、外国との通信が極端に制限され、中立国宛の電報や郵便はドイツ文で書かなければならない上に、全て開封され、中立国から届く電報や郵便にも、厳重な検閲が加えられることになっていた。これ以降ベルリンの日本大使館は、東京の外務省からごく一部の電報は受信したものの、事実上断絶状態に陥り、他のヨーロッパ諸国との連絡も確実を期し難い情勢になった[6]。

このように日本に関する正確な情報が途絶える中で、異常なまでの「日本人気」はしばらく続いた。日本人はドイツ人から大歓待を受け、「日本万歳」の叫び声が各地で鳴り響いた。見ず知らずのドイツ人から胴上げされ、突然食事をおごってもらう日本人も多数いた。大使館の長谷川敏書記官は、二日の夜にカフェに入ったところ、ビールを飲んでいた数百人のドイツ人が一斉に立ち上がり、「日本人万歳」を唱えられた[7]。日本人がよく出入りするカフェー・ルイトポルドでは、君が代が演奏された[8]。当時ベルリンに滞在していたオペラ歌手の三浦環(一八八四〜一九四六)は、見ず知らずのドイツ人から抱きつかれキスをされたことさえあったと回顧している[9]。中には、日本人と間違えられ、歓待される中国人もいた[10]。

◆「変わり果てたる」ベルリン

それにしても、なぜこのように熱狂的な「日本人気」が沸き起こったのだろうか。船越代理大使は、回顧録の中で、以下のような理由を挙げている[11]。

① ドイツ人のロシア人に対する敵対心が強烈だった結果、かつて日本と戦ったロシアは、いつまでも日本の敵であるかのように考えたこと。

② ドイツの新聞の大多数が、日本がドイツの味方であると宣伝したこと。

③ 日本はロシアの敵であるから、現にロシアの敵であるドイツにとっては、当然味方であると主観的に推定したこと。

④ 近代日本の文化はドイツに負うところが少なくないので、情誼に厚い日本人は、この恩に報いるだろうと想像したこと。

⑤ 開戦当初、一人でも多くの味方が欲しいと希望した結果、一種の自己暗示にかかったこと。

これらはいずれも当を得たものであろう。①②の背景としては、ドイツ人の間に日露戦争のイメージがいまだに鮮烈に残っていたことも指摘できる。一九〇四～〇五年の日露戦争は、ドイツでも大きなインパクトをもって受け止められ、多くのドイツ国民は、日本がロシアを破ったことを知っていた。実は日露戦争が終わると、日本とロシアの関係は改善し、一九〇七年以降、三次にわたって日露協約が締結されるまでに至っていたが、大方のドイツ人はそこまでの知識はなく、日本とロシアは敵対国であると思い込んでいたのである。

また、⑤は、ヨーロッパの主要国を敵にまわしていることへの不安感と表裏一体であったと見ることができる。当時ドイツ人は、興奮のあまり、日本人に対してのみならず、敵国となったイギリス人やロシア人に対しても、しばしば常軌を逸した行動を取っている。当時慶應義塾の教員で、ベルリンに留学中だった経済学者の小泉信三(一八八八～一九六六)は、日記に次のように記している[12]。

「伯林《ベルリン》全市は神経過敏でビクビクしている。間諜《スパイ》だと云うので、あっちでもこっちでも露西亜《ロシア》人が捉まえられたり、なぐられたり、運の悪い奴はピストルで撃ち殺されたりしている。メッツ〈ロレーヌ地方の街Metzのことか〉で仏蘭西《フランス》の間諜《スパイ》が井戸へコレラ菌を投じようとして発見され、銃殺されたと云う誤導があり、またそれが嘘だったと云う誤導がある。」(八月四日)

「伯林のあわて方と取乱し方の太《はなは》だしい事は外国人をあきれさすばかりである。間諜だと云うので罪もない外国人をむやみと往来でつかまえたり撲《なぐ》ったりする。殺された奴も大勢ある。殺された奴がすべて間諜であったと云う証拠は上っていない。他の事実から推測するならば、殺された奴は皆間諜ではなかったと云って差支えあるまい。

昨夜英国大使が旅行券を請求したと云う号外が出ると、早速暴徒は同大使館を襲撃した。窓をこわしたり石を投げたりした。同大使館から出て来た西班牙《スペイン》大使は間違われてひどい目にあった。〔中略〕後日になんと誤魔化《ごまか》すか知らないが、今の伯林人は確かに半分気狂いになっている。」（八月五日）

当時ベルリンに滞在していた満鉄（南満州鉄道株式会社）社員の山田潤二（一八八五〜一九六一）は、この頃盛んに行われた流言を三つ挙げるとすれば、

① フランスの大統領ポアンカレ（Raymond Poincaré）が暗殺された
② フランスのスパイがコレラ菌を水道に投じた
③ ドイツの皇太子が暗殺された

であったと伝えている[13]。

山田によれば、ベルリンでは「私刑暴行」される無実の罪の者の数が、毎日一〇〇人を下らなかったという。このような暴力を恐れて、ポーランド人はほとんど家に引き籠り、ドイツ人や中立国アメリカ人は、自身の国旗を記章として胸に挟む者が増えた。また、ロシア、フランス、イギリスを思わせる店名を冠した商店は争って看板を降ろし、名称を変更したという。もっとも、

このようなことは「敵国」でも行われており、山田は、イギリスに留学していたドイツ人女性が、「反独の気勢」のために在留できなくなり、苦難の末にようやく帰国したという話を直接耳にしていた。少し前まで市内の至る所で行われていたデモは消滅し、燃料節約のため夜のネオンも消えた。往時のベルリンを知る山田は嘆いた。「げに変わり果てたるベルリンかな」[14]。

◆日本人は敵か味方か

八月四日、ドイツは中立国ベルギーへの侵入を開始した。大戦前、ドイツはロシアと戦争になれば、ロシアと同盟(露仏同盟)を結んでいるフランスが必ずや参戦するものと予想していた。そこでドイツ陸軍は、大戦勃発以前からロシア、フランスからの挟み撃ちに備えて、ある作戦を立てていた。すなわち、開戦時、東部戦線には総兵力の約一割を投入し、国土が広く、動員に時間がかかるロシア軍を防いで時間を稼ぐ。その一方、開戦直後に総兵力の九割を西部戦線に集中させて、ロシア軍より動員速度の早いフランス軍を迅速に撃破する。しかる後、東部戦線に全兵力を集中して、ロシア軍を撃滅するという作戦であった。この作戦は、原案を構想した参謀総長の名前を取って、シュリーフェンプランと呼ばれていた。ドイツ軍がベルギーに侵攻したのは、このプランに基づいて、ベルギー方面からフランスに向かって大きく回りこみ、フランス軍を包囲撃滅するためであった[15]。

当時ベルギーは、一八三九年のロンドン条約によって永世中立国となっており、ドイツがベルギーの中立を侵犯すれば、ベルギーと海を隔てて接するイギリスが参戦してくることも予想された。しかしドイツは、イギリスの不介入を半ば期待し、仮にイギリスが参戦してきたとしても、その本格的な介入の前に戦争を短期終結させる可能性に賭けた。しかしドイツの期待に反し、イギリスの対応は迅速かつ断固たるものであった。ドイツがベルギーに侵攻するや、イギリスはすぐさまドイツに宣戦布告を発し、陸軍部隊をドーバー海峡の対岸に送り込む一方で、海軍を北海方面に出撃させた。八月四日、イギリスのエドワード・グレイ(Sir Edward Grey)外相は、大戦が長期化することを予想し、外務省の窓から外の風景を眺めて、次のように述べたと伝えられている[16]。

「ヨーロッパ中の灯りがいま消えていく。我々は生きている間に再びこの灯りが点《とも》るのを見ることはないであろう。」

イギリスの参戦によって、日本の立場は微妙なものとなった。日英同盟が存在していたため、日本がイギリスの側に立って参戦する可能性も出てきたからである。日本政府は、八月四日に局外中立を宣言したものの、同時に将来日英同盟を適用することがあり得ることにも言及し、去就を必ずしも定かにしなかった[17]。一般のドイツ人の日本人に対する好意は相変わらず続いていたが、識者の間では、日本がイギリス側に立って参戦する可能性を深刻に考慮する者も出てきた。八月六日の『ターゲス・ツァイトゥング(Tageszeitung)』紙は、「日本は中立を守るや否や」というテーマのもとに、だいたい以下のような論説を掲げた[18]。

「日本の対露宣戦説は、我々は初めからこれを疑っていた。そして日本が今後とも、中立を守るかどうかは、戦局の成行き如何によって決定されるであろう。」

こうして、イギリスの参戦以降、日本人はドイツ人の敵か味方かを注視される状況になったのである。

当時ベルリンの日本大使館に外交官補として勤務していた重光葵《しげみつまもる》(一八八七〜一九五七)は、「日英の関係から日本もこの戦争に介入するかもしれぬ、またそれがよい」と思っていたという。また、ヨーロッパの大国が戦争に忙殺される結果、日本の東アジアでの影響力が増すと考え、「なんともいえない満足感」を持っていたという。これに対して船越代理大使は、ドイツが勝利を得ると信じており、重光が参戦してドイツの勢力を東アジアから駆逐することを主張したところ、大いに叱られたという[19]。ともあれ船越代理大使は、個人としてのドイツへの親近感はおいて、冷静に情報収集と情勢分析を続けた。

船越が特に心配したのは、ドイツにいる大量の留学生の安全確保であった。船越は、八月三日に外務省に対して、当面の資金確保のため、文部省留学生への送金を依頼した。しかし、二日にロシアが、四日にイギリスが参戦したことで、従来のように両国を経由した送金が不可能となってしまい、日本人は外国から資金を得る手段を失ってしまった。そのため四日以降、日本人は経済的な苦境に陥り、地方から大使館に救助を求める知らせも頻繁にやって来るようになった[20]。

ここに至り船越代理大使は、日本との連絡がほとんど遮断され、外国からの送金も途絶えたこと、ドイツ官憲による極端な外国人捕縛が行われるようになってきたこと、留学生の所期の目的は達し得ない状況であることなどに鑑《かんが》み、八月七日に、在留邦人をオランダまたはイギリスに退去させる方針を決定した。そして同日に、送金が困難な情勢になったので節約を守ること、帰国する場合は中立国の船舶を利用すること、旅券を常に携帯することなどを記した「緊急注意事項」(八月五日付)をドイツ各地の日本人に郵送配布すると共に、日本倶楽部(在ドイツ日本人の親睦組織)委員の名前で退去勧告文も発した[21]。船越は、不規則ながらオランダ行きの列車が動いているという情報を得たので、オランダの幣原喜重郎《しではらきじゅうろう》公使とも連絡を取った。退去中の安全を確保するため、一〇日には、ドイツ語で記され、ドイツ外務省の証印の入った身元証明書の発行をドイツ外務省に認めさせた。

こうして日本大使館は、八月七日以降、急ピッチで日本人のドイツからの退去準備を進めた。ところが日本人の退去は容易なことではなかった。まず、留学生たちは、ドイツから引き揚げることを簡単には承知しなかった。この後見ていくように、大使館が抱いていた危機感はすぐには留学生たちに伝わらず、「学問と戦争は関係ない」として留学を続行する者も少なからずいた。なかには、後述する河上肇《はじめ》(経済学者)のように、戦争が激化すればかえって「研究材料」が豊富になるので、戦争による不便は喜んで忍ぶところだという猛者《もさ》もいた。

また、ドイツから退去するための旅費に事欠く留学生も少なくなかった。船越代理大使は、送金手段を断たれて苦境に陥っている彼らを救うためには、大使館から滞在費、旅費を貸すしかないと考えたが、肝心の大使館にも十分な蓄えはなかった。船越は、八月三日に東京の外務省に文部省留学生への送金を依頼していた。また、四日には再度外務省に、六日にはオランダの幣原喜重郎公使に、ドイツへの送金を依頼したが、検閲に阻まれて全く回答が来なかった。

当時日本政府は、国際信用を維持するため、ヨーロッパ諸国の首都に在外正貨を預けており、ドイツ銀行にも四〇〇〇万マルクを越える額を預けていた。日本人退去の方針を決めた船越は、本国政府の許可を得ることなく、この預金を引き出すことにした。当時銀行では既に厳戒態勢が取られていたが、船越はドイツ銀行に長谷敏外務書記生を派遣し、八月一〇日に六万マルク、一三日には一〇万マルクを引き出すことに成功した[22]。多額の引き出しが続いたため、ドイツ銀行は警戒し、一五日に長谷書記生が再びドイツ銀行に来た時には、預金引き出しを許可しなかった。そこで船越自らがドイツ銀行に赴き、在留日本人を退去させるための資金が必要であることを訴えると、長時間待たされた後、ようやく許可を得た。この時引き出した金は、五〇万マルクにのぼった。このようにして日本大使館は、退去に必要な費用を確保した[23]。

大使館による旅費貸し出しが行われるようになると、日本人のドイツからの退去は本格化した。大使館の把握していたところでは、退去者は八月九日に四名だったのが(八日以前の数は不明)、一〇日に一九名、一一日に一七名、一二日に一四名、一三日に一一名と増加した[24]。

◆小泉信三の見たベルリン

ここで当時の状況を、ベルリンにいた小泉信三の日記によって具体的に見ていこう。小泉は、一九一二年九月からイギリスに留学し、翌年一一月からはドイツに居を移し、ベルリン大学哲学科に在籍して研究を続けていた。

大戦が勃発した当初、小泉はまだ呑気に構えていた[25]。七月二八日には、ベルリンの大通りウンター・デン・リンデンで、「愛国弥次」と「非戦弥次」が衝突するのを見物して喜んでいたほどである[26]。しかし、八月に入ってドイツが参戦すると、小泉は危機感を強めた。八月二日には、日本参戦の噂や日本人胴上げの話に注意を向けながらも、「こんな事よりも大事な事は伯林の人気《じんき》が沈んで仕舞った事である」と日記に記した[27]。翌三日の日記には、早くも「戦乱の巷《ちまた》と云う感がある」と記している[28]。

その後、戦時色が深まってきたため、小泉の周囲では、八月六日に「ベルリンにいては危ないと云うような事になるかも知れないと云う説」がしきりに起こったという。小泉は、日本が三国協商（イギリス、フランス、ロシア）側につけばベルリンを立ち去らなければならないと考え、当座の資金を確保するため、送金依頼の電報を打った。また、同じく慶應義塾から留学に来ていた三《さん》辺《べ》金蔵（一八八一～一九六二、経済学者）と相談して、南ドイツのミュンヘンに居る友人の沢木四方《よも》吉《きち》（一八八六～一九三〇、美術史家）、小林澄《すみ》兄《え》（一八八六～一九七一、教育学者）に連絡し、ベルリンに出てくることを勧めた。これは、万が一ベルリン退去という事態になった場合、ミュンヘンにいては身動きがとれないと考えたからであった[29]。

翌七日、小泉は日本大使館から退去命令が出たと聞き、慌てて日本倶楽部に行った[30]。しかし、「必ずしも皆引き上げろと云う程の事ではない」というので、ひとまず滞在を続けることにした。イギリスに引き揚げるといったところで、道中が安全かどうかも分からないので「厄介な事である」というのが、小泉の率直な感想であった。小泉もまた、大使館が抱いていた危機感を、共有できなかったのである。この日、小泉は喜劇役者の曾我廼家《そがのや》五郎（一八七七〜一九四八）[31]らと一緒にオペラを見に行くつもりであったが、会場は閉まっていた。小泉のドイツに対するイメージは急速に悪化しており、この日の日記には「しかし独逸人は癪《しやく》に触る。何とかして仏蘭《ママ》へ勝たせたい。」と記されている。

八日、日本は日英同盟に拘束され、中立を宣言しないという記事がある新聞に出たため、小泉の周囲の日本人の間でパニックが起こった。日本倶楽部の前には、探偵らしい者がうろついているという不気味な知らせも入ってきた。既にベルリンには、南ドイツから多数の日本人留学生が逃げてきていた。大西猪之介（小樽高等商業学校教授）は、銃口を胸に向けられたまま身体検査をされたという。小泉はこの日の日記に「何とかして独乙国外に出たらば、思い切って独乙の悪口を云ってやろうと思う」と記している[32]。

九日、小泉は大使館に身元証明書を貰いに行ったが、「明後日まで待て」と言われた。小泉は「一、三十分もかかったら出来そうな事を」と不満であったが、この時大使館は日本人の大量退去に備えて、ドイツ語の身元証明書発行のための準備に入りつつあったのであった。小泉は一日何もできなかったが、何となく気ぜわしく暮らした。日本人の間ではオランダからイギリスに逃げようという相談会が催されたが、「船頭多くして舟山」でまとまらなかったらしい。小泉は、友人の三辺金蔵らと協議して、ついに「適当の時期を見て抜け出そう」ということに決めた。そのため小泉は、翌一〇日にベルリン大学に赴き、旅券返附請求を行った。どこでも「日本人はみんな引き上げるのじゃないか」と言われ、困ったが、小泉はそのたびに「否、ちょっと旅行をして来るだけだ」と苦しい言い訳をした[33]。

八月一一日、小泉は再び日本大使館へ行き、旅券を書き換えてもらい、ドイツ外務省の認印の押された身元証明書を受け取った。連絡していた友人の小林澄兄も、ミュンヘンから到着した。木箱や手提げカバンなど旅行用品も購入し、着々と退去準備を進めたものの、小泉は不安で仕方がなかった。この日の日記には、次のように心情を綴っている[34]。

「この二、三日どうしても落着かない。別に用はないのだが、家に引っ込んでいる気にならない。外を歩いてむやみに話をし続けていないと、何となく不安になる。ツイ、クラブ（日本倶楽部のこと）へ集まって時間をつぶすのである。」

小泉は、翌一二日にドイツ銀行に預けていたお金を全額（約一三五二マルク）引き出して出国に備えた[35]。そして、沢木がベルリンに到着すると、小林、三辺を加えた合計四名で、一五日にオランダに出国した。事態が切迫したためか、日記の記述は八月一二日を最後に途絶えているが（そのため残念ながら、出国時の詳しい状況は不明である）、結果として小泉は、ドイツから無事に退去することに成功した。オランダに入った小泉一行はすぐにイギリスに渡り、一九一六年三月に日本に帰国するまで、欧米滞在を続けることになる。

◆日本の対独最後通牒

小泉がベルリンからの退去を準備していた頃、日本政府は参戦に向かって検討を進めていた[36]。八月七日、イギリスのコニンガム・グリーン(Sir Conyngham Greene)駐日大使は加藤高明外相を訪問し、日本の参戦を希望する覚書を提出した。イギリスは、東アジア・太平洋地域に持っている権益がドイツ海軍の脅威にさらされることを懸念し、同盟国日本からの支援を確保しようとしたのである。

この依頼は、日本側からは奇貨として受け止められた。七月二八日に大戦が勃発すると、日本国内では、ヨーロッパの大国が戦争に忙殺されているうちに東アジアでの権益を拡張しようという、積極的な参戦論が盛り上がっていた。元老の井上馨が、大戦を「天佑」と称したことはよく知られている。陸軍の中では、この機会に日本の「アジアモンロー主義」を確立すべきだという強硬論が巻き起こっていた[37]。大隈重信首相、加藤高明外相も参戦に積極的であり、大隈内閣はイギリスから参戦要請を受けた後、七日、八日と閣議を開いて、参戦に向けた協議を続けた。

本来の意図を超えて参戦に積極的になる日本を見て、イギリスのグレイ外相は、九日、一一日に日本への参戦依頼の取り消しを通告した。しかし、既に参戦の決意を固めていた加藤外相は、今さら参戦を取りやめる訳にはいかないと、これを突っぱねた。グレイ外相は、やむなく一三日に日本の参戦に同意した。こうしてイギリスの同意を得た大隈内閣は、八月一五日の御前会議で対ドイツ参戦を最終決定し、松井慶四郎外務次官からドイツの駐日大使レックス(Arthur von Rex)伯爵に最後通牒を手渡した。この最後通牒は、ドイツ海軍の日本近海からの退去と、膠州湾の租借地を日本に無条件で引き渡すことを要求していた。回答期限は、二三日と設定されていた。レックス大使は怒り心頭の様子で、力が入る余り、会見中に座っていた椅子の脚を折ってしまうほどであった[38]。

この頃日本とドイツの通信はほとんど途絶えている状態であった。しかし、八月一四日、検閲の網をかいくぐって、加藤外相が発した一通の電報がベルリンの船越代理大使のもとに届いた[39]。その電報は、ドイツとの国交断絶が迫っていることを告げていた。また、当時ドイツには四三名もの日本軍人が在住していたが、同日彼らに対して退去命令が出されたため、軍人たちは、大使館付の駐在武官を除いて、一四日から一斉に退去を開始した。

船越は今や一刻の猶予もならないと考え、ベルリン在住の日本人に対して緊急告示を出し、ドイツから一刻も早く退去することを勧告した。地方在住の日本人に対しては、「即刻ベルリンに出て、ドイツを退去せよ。特に国境付近にあるものは、直ちにオランダに至《で》られたし。」という電報を発した。さらに、日本倶楽部をこのままにしておくと、日本人の格好の集合場所となり、退去が遅れる可能性があるため、ジャーナリストの老川茂信の尽力を得て、これを閉鎖した。日本大使館は、日独が戦争に突入するとは明言しなかったので、後述の山田潤二のように危機感があまり伝わらず、残留しようとする者もまだいたが[40]、多くの日本人は事態がいよいよ切迫していることを知り、少なくとも、一四日に三〇名、一五日には六八名もの日本人がドイツを脱出した[41]。それまで日本人と間違われて歓待されていた中国人は、あわてて中国国旗のバッジを胸につけた[42]。もっとも、後述する三人の証言やロンドンの日本大使館の調べによれば、一七日までにドイツを脱出した日本人は、甚だしい虐待は受けなかったようである[43]。

八月一五日に東京で最後通牒をドイツ側に示した後、加藤外相は同じものをベルリンでもドイツ政府に示すよう、船越代理大使に連絡した。ただし、この電信がベルリンまで届くかどうか分からなかったため、加藤外相は合計八ヶ所に同じ電信を打電して、船越のもとに連絡が行くようにした。幸い船越のもとには、翌一六日に、加藤外相からの直電の他、ローマの林権助駐伊大使、ストックホルムの内田定槌《さだつち》駐スウェーデン公使経由の電信が到着した。

船越代理大使は、翌一七日の朝、最後通牒を交付するためにドイツ外務省を訪問した。最後通牒を手渡されたツィマーマン(Arthur Zimmermann)外務次官は、「非常に遺憾、遺憾」と三回ほど嘆息した。一五日に東京でレックス駐日大使に通知された最後通牒は、この時まだベルリンには到着していなかったのである。ツィマーマンはなおも最後通牒を読み続け、「破裂!」「海戦!」と叫んだ。もっとも彼は冷静さを失ってはおらず、在ドイツ日本人の安全を確保するために、しばらく最後通牒の公表を保留して欲しいという船越の申し入れを快諾した。

イギリスが参戦して以来、ドイツの新聞は日本の態度を半信半疑の目で見つめてきた。特に、ドイツからの日本人の退去が増加するにつれて、ドイツ人の間では、日独間に何かが起こるのではないだろうかという疑念は増したが、当時ドイツは外国との通信が途絶していたため、客観的な状況を把握することは困難であった。それゆえドイツの新聞では、日英同盟に基づいて日本は参戦するのではないかと言ってみたり、従来の日独の親善からすれば、情誼《じょうぎ》に厚い日本はドイツを敵にはするまいと言ってみたりと、不確かな観測記事しか出ない状況がしばらく続いた。

ところが、八月一九日に最後通牒の情報が漏洩したようで、新聞の論調は日本に厳しくなってきた。この日、『クロイツ・ツァイトゥング（Kreuzzeitung）』紙は、「日本の要求は、到底我々の容認しがたい所である」と論じ、極東のドイツ兵は持ち場に留まり、「光輝ある最後」を遂げるしかないと主張した。また、『ミッターク（Mittag）』紙は、「黄色人種は、イギリスに煽動された結果、我々が多くの経費と努力とをもって築き上げた膠州湾を奪おうとしている」と危機感を煽った。以後、対日感情が悪化していくにつれて、新聞記事でも、一般民衆が発する言葉でも、このような人種論的な色彩を帯びた言説が増えていった。

翌二〇日、ドイツ政府はいよいよ日本からの最後通牒を公表した。ここに至り、ドイツの新聞各紙は日本のことを公然と非難し、敵愾心を全面的に出すようになった。例えば、この日の『ターゲ・プラット（Tageplatz）』紙は、次のように論じている。

「日本は破廉恥《はれんち》極まる最後通牒を提出した。我々は日本の要求に対しては、軽侮の念をもって迎えるばかりである。こんな辻強盗的な行為に対しては、ドイツ国民の敵愾心《てきがいしん》は、さらに高調するであろう。」

また、同日の『フォシッシェ・ツァイトゥング(Vossische Zeitung)』紙には、次のような文章が掲載された。

「事は久しき以前から計画され、今や遂に狡猾《こうかつ》な手段をもって行われた。日本の今回の行動は、アジア人の慣行する詭計中の最も典型的なものと認めなければならぬ。」

このように人種的観点を強調しつつ、日本の行動を「恥知らず」「破廉恥」「泥棒」「狡猾」などと批判するパターンは、この後も様々な場面で繰り返されることになる。ドイツは、日本の最後通牒を一種の文化的恥辱と受け止めたのである。こうした非難の中で、八月一六日には二五人、一七日には二四人、一八日には二八人、一九日には五人の日本人がドイツから退去している[44]。

◆前田利為のドイツ脱出

日本人たちは、どのようにドイツから脱出したのだろうか。以下、三人の人物を取り上げて、ドイツ退去に至った具体的な状況を見ておこう。

一人目は、前田利為《としなり》(一八八五〜一九四二)[45]。百万石で知られる旧加賀藩主前田本家の第一六代当主にして、侯爵であった。陸軍士官学校の第一七期生で、同期からは東条英機、後宮《うしろく》淳そして前田と三名の大将が出た。前田は、一九一一年に陸軍大学校を卒業し、恩賜の軍刀を拝受している。一九一三年八月、前田陸軍中尉は私費留学を許され、ドイツに渡った。旧加賀出身の林銑十郎少佐(一八七六～一九四三、のち首相)、蓮沼蕃《しげる》大尉(一八八三～一九五四、のち侍従武官長)および家従の逸見知久が同行した。彼らの留学費用一切は、前田家が負担した。旧藩主家の当主が欧米に留学する際、同藩出身の俊英が「お目付け役」のような形で同行するのは、当時よく見られたことであった。

当時日本陸軍は、創設以来の「先生」とも言うべきドイツに多数の俊英を留学させていた。ざっと見ただけでも、畑俊六(陸軍中佐、のち陸相)、寺内寿一(陸軍少佐、のち陸相)、梅津美治郎(陸軍大尉、のち参謀総長)、永田鉄山(陸軍大尉、のち陸軍省軍務局長)といった錚々たる面々が含まれている(巻末の表4参照)。ドイツ留学組に選ばれたということは、それだけ前田が陸軍上層部からの期待を受けていたことを意味する。

前田にとって不運だったのは、大使館で留学生を指揮監督する役目を担う駐在武官の河村正彦(一八六八～一九二四)大佐とそりが合わなかったことである。当初前田は、ベルリンに居を構え、語学を学びながら各国の武官と接触したり、さまざまな講演会や会合に顔を出したりしていた。しかし河村には、そのような前田の社交的な生活が癪に障ったようで、両者は感情的に対立するようになった。前田はベルリンを離れたほうが得策だと考え、翌年三月にチェコに程近いドレスデンに移った。林中佐(留学中に昇進)も一緒であった。前田は五月から六月にかけて、田中義一少将に同行して、オーストリア、セルビアなどバルカン方面を視察している。前田は、出発前の日記に、「バルカンは西欧外交紛糾の発酵所」なので、参考になることが多いと思われ「愉快なり」（五月三日）と記したが、まさかこの視察直後に、まさにこの地から大戦争が勃発するとまでは予想しなかった[46]。

六月一一日、前田はドレスデンに帰着した。まもなくサラエボ事件が発生し、七月二三日にオーストリアがセルビアに最後通牒を送ったが、前田は二五日の日記に次のように記している[47]。

「墺塞〔オーストリアとセルビア〕一度旗鼓に相見ゆるに至れば、引いて全欧の波瀾を惹起すべく、予は其欧州の天地に一大騒動起らんことを帝国の為め切望す。」

要するに、オーストリアとセルビアが戦争を起こせば、全ヨーロッパを巻き込む波乱になりそうだが、自分はそれを日本のために切望している、というわけである。

前田は、二九日にドレスデンを発ち、かねて計画していた北海旅行のため、三〇日にハノーファー（Hannover）に入った。この間、ロシアが動員令を発し、ドイツ艦隊も活発に動き出していたため、翌日の北海行きの汽船は航行中止となった。前田は、旅行のキャンセルは残念に思ったが、三一日の日記に「欧土開戦を以て之れに代ゆるとせば、代償は損失をつぐなひて余ありと云ふべし」と記し、むしろ大戦勃発時にヨーロッパに居合わせたことを幸いとした。また、「全欧の紛擾目下の如く緊張せるは稀なり、我為政家たるもの若し敏腕を有せりとせば、此の機を利用して帝国の利権を拡張すべきなり。」とも記し、日本が大戦に便乗して、権益を拡張することを希望した〔48〕。日本国内の大方と同様、前田もこの大戦を「天佑」と見なしたわけである。

前田はすぐにドレスデンに戻った後、三日にベルリンに入った。前田はベルリンで、号外に殺到する民衆、軍楽とともに進軍する騎兵隊などを目撃し、戦争に突入した首都の緊張を肌身で感じた。また、日本がドイツ側に立って参戦したという誤報のため、路上で胴上げされた日本人が少なくないことも耳にした。前田は、大使館で上司の河村大佐に面会した。河村は、確固たる方針を示さず、留学生は数ヶ月のうちに帰国させたほうが良いと述べるのみであった。前田は、これを「言語道断の所見」と考えた。「此の千載一遇の好機」には、日本から特に人員を派遣して視察させるべきなのに、せっかくこの地に居る武官までも帰国させるとは理解できない、というのが彼の考えであった〔49〕。前田はベルリンで情報収集をした後、五日にドレスデンに戻った。

六日、前田は林と今後の方針について協議した。二日前にイギリスが対独参戦し、対日感情の悪化が予想される以上、ベルリンに移ったほうが安全であろうと考えられたが、二人はしばらくドレスデンに残留して、様子を見ることにした。翌日前田は、家主の夫人から、オーストリアにいる家族と離れて当地に取り残されたというロシア領ポーランドの少女が、食に窮して憐れみを乞いに来たが断ったという話を聞いた。前田が「文明の戦争は軍人間の戦争なり。非軍人に対しては敵国人と雖《いえど》も充分に慈仁を以て待すべきなり」と諭し、金を与えて少女を救うよう依頼したところ、夫人は自らを恥じて、日本人の温情を褒めたという〔50〕。前田は、戦争の当事国出身でないので精神的に余裕があったし、「軍人」「非軍人」の区別を前提とした従来型の戦争をイメージしていた。しかしこの後、大戦は「軍人」「非軍人」の区別を無意味にする「総力戦」に発展し、ヨーロッパ各国はどこも「非軍人」をいたわる余裕など無くしていくことになる。

八月八日、「成るべく速に伯林に引き上げよ」という訓令に接した前田は、一〇日にベルリンに移動した[51]。やがて一四日、日本から軍人たちに対して退去命令が届き、前田は一切の荷物を残置したまま、林銑十郎中佐、蓮沼蕃《しげる》大尉および家従とともに、同日午後一一時半にベルリン駅を発った。ふだんは絶対使わない三等車を利用したことから、緊急事態であったことがよく分かる。一行は一六日オランダのハーグに到着した[52]。前田はその後ロンドンに渡り、一九一六年一一月までイギリスに留学を続けた。

前田よりも慌ただしく退去した軍人もいた。例えば、語学研究のためにエルフルト(Erfurt)に滞在していた永田鉄山は、駐在武官からの招電で急遽一六日にベルリンへ向かい、翌一七日に着のみ着のままでベルリンを脱出したという[53]。いずれにしても、いざ開戦となると真っ先に軍人の拘禁が予想されたため、軍人たちはいずれも強い危機感をもって脱出した。結果的に、日本軍人からは抑留者は一切出ていない。そして前田のみならず、彼らの多くはその後もヨーロッパに滞在し、大戦の実況を見聞することになる。

◆河上肇のドイツ脱出

二人目は、河上肇《はじめ》(一八七九〜一九四六)である[54]。河上は経済学者で、当時は京都帝国大学助教授であった。一九一三年一〇月にヨーロッパでの在外研究のため日本を出発し、フランス、ベルギーを見学した。翌年四月にドイツに渡り、第一次世界大戦が勃発した時には、ベルリンに滞在していた。八月一日にドイツがロシアに宣戦布告をすると、ベルリンでは多くの群衆が街に出て「ドイツ万歳」を叫んだ。河上はその日、下宿から地下鉄に乗って繁華街のフリードリヒ街に出て、その風景を見物していた。そのうち日本がロシアに宣戦布告をしたという噂が広がったため、日本人は到るところで「大人気」になり、胴上げをされたりした。河上は「これは面白い時に留学したものだ」とひそかに悦んだ[55]。

河上は、手許の留学費が少なくなっているのが気がかりだったため、翌日に日本大使館を訪問した。すると、船越代理大使がすこぶる緊張した様子で、「できることなら帰朝したら好かろう」と忠告し、「この際日本人はすこぶる慎重の態度を採らなければならぬ、あまり歓迎されているから反動が怖い」とも語った。河上にはこの意味がよく分からなかったが、日英同盟の関係で日本は参戦するつもりなのだろうかと想像したという。騒然とした中に一人で残留するのは心細かったが、河上は断然居残ることを決心した。その心事は、以下のようなものであった[56]。

「私にいわせると、今は戦時経済の大実験が行われつつある最中である。医科や理工科の人々は、大学の実験室がすべて閉鎖された以上、ここにいるのは全く駄目だといっていたが、吾々経済学の書生にいわせると、あたかもそれと反対で、今は独逸全国が非常経済の大実験室に充てられているのである。」

この辺り、立場こそ違うが、前述の前田利為に通じるプロ意識がにじみ出ていて、興味深い。

河上は、その後しばらく大使館にも日本倶楽部にも顔を出さず、やりかけていた三浦梅園の経世論『価原』のドイツ語訳に取り組んだ。日本の父母や妻子に手紙を書こうと思ったが、全てドイツ語で書かなければならず、到着には二ヶ月ほどかかるという話だったので、書いても書いた気分にはならなかった。日本の事情はさっぱり分からなかったが、日英同盟が存在しても、日本に参戦の義務はないという学者の説が紹介され、在ベルリン日本人がドイツの赤十字に寄付を行ったことに関して、「日本人の同情」と題する記事が出るなど、新聞の論調は日本に好意的であった。また、日本倶楽部に顔を出すと、船越代理大使はそれほど慌てた様子ではなかった。そこで河上は、予定通りに落ち着いていた。

ところが、八月一四日午後に友人が河上のもとに飛んできて、「大使館の形勢がただ今一変してしまった。大使館では皆に一刻も早く立退けといっている。」と知らせてくれた[57]。河上が友人の竹田省《たけだせい》(一八八〇～一九五四、法学者、京都帝国大学助教授)と共に大使館に行ってみると、応接間には「今後送金の見込断然無之に付きこの際一刻も早く帰朝致され度《たく》」などと書いてあり、「一刻も早く」というところには点々まで打ってあった。話を聞くと、日独開戦の危機が迫っていて、ぐずぐずしていると生命の危険もあるようだったので、河上は大使館から金を借り、即時に退去の決心をした。

彼は下宿に戻ると、深夜三時半までかけて荷物を整理し、仮眠した後、翌一五日の朝に銀行へ行き、わずかばかりの蓄えを引き出し、ドイツ紙幣をオランダ紙幣に両替した。また駅に行き、汽車の切符を買った。その後下宿に戻って、家主に別れの挨拶をすると、彼らはハンカチを振って日本語で「さようなら」と言ったという。河上は、暑いので夏服を着ていたが、ロンドンに出てから来るべき冬に備えるため、極寒用の外套《がいとう》も身にまとっていた。河上は、出国後に書いた回顧録の中で、この日の様子を書いた部分を「ベルリンの夜逃げ」と題している。

その日の夕方、河上が駅に到着し、汽車に乗ると、乗客の大半は日本人であった[58]。河上の見たところ、前日には一〇〇余人、この日もまた一〇〇人近くの日本人が退去したという[59]。見知らぬドイツ人は日本人をつかまえて、「なぜ帰るのか」などとしきりに質問を発した。前日出発した日本人の一行が、発車間際に軍人のために席を譲らされて、やむを得ず四等車に乗ったという噂があったため、河上は二等車の切符を持っていたにもかかわらず、あえて四等車に乗り込んだ。京都帝国大学の同僚、竹田も一緒であった。

汽車のスピードは恐ろしく遅かった。長時間停車している間に、軍人を満載して西に向かう列車に追い抜かれることもあった。持ってきたサンドイッチとワインは、翌一六日までになくなってしまったので、乗換駅で弁当やレモネードを買ったり、停車駅の待合室でコーヒーを飲んだりして、しのいだ。やがて汽車はザルツベルゲン (Salzbergen) で停車して夜を明かすことになった。経費節減のため、車内は真っ暗であった。誰からともなく、日本は最後通牒を一七日に送るはずだという説が伝わってきた。河上は「最後通牒を送ったら最後、独逸の事だから何をするか分らぬ」と心配になったが、どうしようもない。河上はこの夜、竹田と語り明かした。

八月一七日早朝、汽車は再び動き出し、まもなくベントハイム(Bentheim)という町で停車した。一行はここで国境の検査を受けることになった。相当に厳重な検査があるに違いないと思った河上は、色々と書きためてきた手帳を捨てるなど準備をした。しかし、検査は思いの外簡単で、カバンは開けられないまま検査済という紙片を貼られて終わった。検査が終わると、河上は八時半にオランダのハーグ行きの切符を購入し、汽車に乗り込んだ。ところが汽車はオランダ最初の駅オルデンツアール(Oldenzaal)で停められ、夕方四時まで待たされた。この間河上は、待合室で時間をつぶしたが、その部屋はほとんど日本人によって占領され、彼らは盛んに日本語で語り合っていた。オランダ人は、その様子を不安と驚きをもって見ていたという。

夕方四時過ぎに汽車が動き出すと、周囲にはドイツと異なる、水をたたえた平野の風景が広がってきた。アメルスフォールト駅に停車した際に、オランダの新聞を買ってみると、「日本の最後通牒」と題した記事が載っていた(ドイツ語とオランダ語は似ているので、河上はオランダ語の新聞が読めた)。河上は「これではさぞ独逸人が怒ったであろう、早く逃げ出してよかった」と安堵した。そして、「それにしても日本は偉くなったものだ、愉快愉快、一つ祝盃を挙げよう」ということになり、友人たちとビールを飲んだ。河上は、一七日夜にハーグに一泊した後、一九日にオランダの港町フラッシングから船に乗り、同日夜にイギリスのロンドンに入った。

その後河上は、一九一五年までイギリスで研究を続け、帰国後、第一次世界大戦下で社会問題化した「貧困」の問題を取り上げたベストセラー『貧乏物語』を出版した。その後、マルクス主義経済学に接近し、大戦後の社会改造の主唱者として活躍していくことになる。

◆山田潤二のドイツ脱出

三人目は、一度前述した満鉄社員の山田潤二である[60]。山田は東京帝国大学法科大学を卒業後、満鉄に入社した。一九一三年正月、同じ満鉄の平野万里(満鉄中央試験所技師、詩人)と共に大連を発ち、ベルリンに入った。到着は一月一五日。山田はそれから約一年半をベルリンで過ごした後、ポーランド問題を研究するため、ロシアとの国境近くで約一ヶ月を過ごした。山田によれば、一九一四年八月時点で、満鉄からドイツへの留学者は合計二三名にのぼったという。

山田は、七月二三日にオーストリアがセルビアに最後通牒を送ったという報道に接した時、ヨーロッパ中が戦争になるという説をにわかには信じられなかった。それまで、モロッコ事件(一九〇五年、一九一一年)といい、バルカン戦争(一九一二～一三年)といい、ヨーロッパを騒がせてきた事件が、皆局地紛争に留まってきた歴史を知っていたからである。しかし彼は、「脚下に湧く暗雲を瞰《のぞ》むは会心事なり」との思いを抑えがたく、旅装を整えてベルリンに飛んだ。風雲急を告げる事態をこの目で見ようとしたのである[61]。

八月一日、山田の期待した通り、ドイツがロシアに宣戦布告した。山田は「汎スラビズムと汎ゲルマニズムとの衝突劇」に、フランスの普仏戦争に対する「雪辱」が加味されているのを「大に吾意を得たり」と感じ、大戦勃発が自分のヨーロッパ滞在中だったのは「意外の意外にして、又至幸中の至幸なり」と喜んだ。彼は以後日記のようなメモを書きため、それをもとに同年一二月九日までにまとめた原稿を弟に送って、翌年二月に出版している。この回顧録『伯林脱出記』の中で、彼は、この戦争が仲裁によって終わることを恐れる、「予は此戦を愛好すること甚し」と書いている[62]。軍人も顔負けの好戦振りである。

その後山田は、ベルリンが戦時下に突入していく様子を間近で目撃した。彼は、八月一日にベルリンに大群衆が押し寄せ、王宮前が立錐《りっすい》の余地もないほど埋め尽くされるのを見て、「実に前代未聞のベルリン」と感じた[63]。翌日には、「日本万歳」の高唱の中で胴上げされた[64]。その一方で、開戦直後から自動車や石油の不足[65]、女車掌や女坑夫の登場も見聞した[66]。流言が飛び交い、ドイツの人心荒廃を目の当たりにしたことについては、既に述べたとおりである。山田は一九二二年に満鉄を退社し、大阪毎日新聞に入社するが、彼の好奇心の強さと描写力は、まさにジャーナリスト的である。

山田は、大戦勃発直後に学友の重光葵とビールを飲みながら、次のような会話をしたという。

「戦争をすれば良いが」

「戦争をしてくれれば日本が助かるからな」

「露国政府に対し、日本は決して其尻を突かぬ事にする故、やっつけろと使嗾《けしかけ》る訳には往くまいか」

「それ位のことをしても可《い》いだろう」[67]

山田は、日英同盟の関係上、日本はイギリスに好意的中立をなし、ドイツの東洋艦隊を牽制すべきだと考えていた。そして、その間に中国問題を解決し、「所謂経済的分捕に鞭を揚げて駿足を進むる」ことを期待していたという[68]。実際に日本は、山田の期待通り、参戦(一九一四年八月)、中国に対する二十一ヵ条要求の提出(一九一五年一月)へと突き進んでいくことになる。

八月一四日、日本大使館は邦人に一刻も早い退去を勧告した。大使館、日本倶楽部や日本人のたまり場になっていた松下旅館は、退去準備の日本人でごった返していた。山田も、船越代理大使や重光から退去を勧められたが、笑って答えなかった。「有史以来最も大なる戦争」に遭遇したこのチャンスを、みすみす失いたくなかったのである。彼は、日本とドイツは戦わないだろうと決めてかかっていた。それは、必ずしも合理的な判断からではなく、次のような野心にも似た思いからであった[69]。

「今此壮観を見捨てて去るは情に於て忍びざるなり」

「宝の山に入り乍《なが》ら手を空しくして還るは智に於て肯ぜざる所なり」

翌一五日、ベルリン残留を決め込んだ山田は、戦時経済について研究するため、三冊の本を購入した。しかし、この日の夜に数名の友人がベルリンを去り、山田の周囲には、日本人の友人がいなくなってしまった[70]。

八月一六日、大使館で山田の顔を見た船越代理大使は、「一体君は何を愚図々々して居るのだ」

と声を上げた[71]。山田にとって、温厚な船越が怒るのを見るのは初めてのことだったが、それは情に満ちた叱咤であった。山田が動揺し、重光に相談すると、重光は「自重して去るに如かず」と告げた。ここに至り、山田は翻然退去の決心を固めた。帰途に日本倶楽部に寄ると、閉鎖の準備をしていた。残飯とキャベツ漬けをもらい、熱湯を注ぐと、「天下の美味」であった。

一七日、山田は大きな荷物を大使館の地下に預け、日記や新聞切り抜きなど僅かな手荷物だけを持って出国の途に就いた。途中で松下旅館に立ち寄ると、館主の松下佐八は廃業し、家具などを他人に託して明日出発すると語った。ドイツ人の妻エルゼも、親兄弟と別れて夫と同行することになっていた。山田は車でレアター(Lehrter)駅まで行き、三等の汽車に乗り込んだ。日本人が二〇余名乗車していた。汽車は不規則運行で、発停車の時間は全く不明だったので、山田は約一〇食分のサンドイッチ、六個のゆで卵とサイダー一ダースを持ち込んだ。夜一一時半、汽車が静かに動き出すと、山田は窓の外を眺めた。前年にベルリンに入った時も夜だった。その時窓の外は電気で煌々としていたが、今や街は真っ暗であった。「闇黒なる市《まち》になったものだ。」その時も一緒だった平野が呟いた。

山田を乗せた汽車は、ハノーファーを経て、ザルツベルゲンに着いた。彼はこの駅の待合室で夜を明かさなければならなかったが、幸いビールとオムレツを入手することができた。最後のドイツビールを楽しんで仮眠した後、一行は国境の駅ベントハイムに入った。荷物の検査は予想に反してすこぶる簡単で、旅行券と身元証明書を確認した後、カバンを開いて一覧しただけで、何も聞かれなかった。こうして一行は、八月一九日朝に、無事オランダ側の国境の駅オルデンツァールに到着した。同胞がドイツを出国する際、いずれも「伯林落ち」とか「夜逃げ」と称していたが、振り返ると平穏な脱出であった。山田はオランダを少し見学した後、二一日にイギリスに渡り、一二月まで留まった。日本には、翌年一月三日に帰着している。

ドイツから退去した日本人の一覧は、巻末の表4でも示した。脱出者のうち外交官や軍人の一部は、同盟国であるイギリスや、中立国であるスウェーデンなどヨーロッパの他国で任務を続けた。例えば重光葵は、ベルリンを去った後ロンドンの大使館で勤務をしているし、永田鉄山は日本に一時帰国をした後、一九一五〜一七年にかけてスウェーデンで駐在武官をしている。

学者や留学生にも、戦禍の少ないイギリスやスイスで勉学を続ける者が多かった。例えば、河上肇、小泉信三はいずれもイギリスで研究を続けているし、第三節で後述する小田部荘三郎、植村尚清は、それぞれイギリス、スイスに学んでいる。第一次世界大戦の戦火の中でも、日本とヨーロッパの学問的交流の灯は消えなかった。しかし、敵国となってしまったドイツと日本に限っては、大戦中は交流が中断した。そのため法学の分野では、一時的にドイツ法の影響が途絶し[72]、医学や化学の場合、ドイツとの断交によって日本独自の研究が立ち上がるきっかけができたと言われている。日本とドイツの学問的交流が復活するのは、第一次世界大戦終結後のことである[73]。

◆日本人の拘禁が始まる

八月二〇日午前九時、船越代理大使はドイツ外務省に呼び出され、極東課長のモンジュラ伯爵から、日本の最後通牒は国外では既に知られるところとなったので、やむを得ずこれを公表したと伝えられた[74]。さらに、ドイツ人がこの知らせに激昂し、日本人に危害を与える恐れがあるので、在留日本人を保護する目的で、拘禁することに決定したとも告げられた。

船越は驚愕し、「保護」と「拘禁」とは矛盾も甚だしいと抗議した。彼は、現在ドイツに残留している日本人は、自分の生命財産の確保に相当確かな自信を持つ者ばかりで、保護のために拘禁する必要はないこと、目下オランダ行きの列車で退去中の日本人も少なくないが、彼らは国外に退去しさえすれば身体保護の必要などないこと、仮に日本人を保護しようとするならば、大使館に招集するなど、他に良策がいくらでもあるはずで、拘禁という極端な手段に取る必要はないことなどを訴えた。モンジュラ伯爵は、深い事情は知らないが、「拘禁以外に日本人の完全な保護は不可能と信じて、この挙に出たものと思われる」としきりに弁解したが、拘禁場所、その期間、待遇など具体的なことについては何も知らず、説明は要領を得なかった。

日本人の拘禁は、二〇日午前九時から一斉に実施された。辻高衡《つじたかひら》、老川茂信(両名とも第四節「残留した日本人たち」で詳述)のように、長年ドイツで日本語教師やジャーナリストとして働いてきた人物も拘禁されたし、ベルリン以外の地方都市でも拘禁は行われた。植村尚清、小田部荘三郎のように、オランダとの国境を越えるまであとわずかの所まで来ていた者も、容赦なく捕らえられた。具体的状況は後述するが、拘禁がドイツ各地で徹底的な形で行われたのは間違いない。

翌二一日、船越は再び外務省にモンジュラ伯爵を訪問し、拘禁された日本人の待遇について説明を求めたが、「日本人の拘禁は、全く保護のためであって、何ら刑罰的な意味を含んでいない。今日の情勢の下にあっては、これ以外に保護の良法のないことを悲しむ。」といった説明を繰返すばかりであった。船越は、保護と拘禁の相違を説き、拘禁の必要がないことを再度力説したが、「事は警察事務に関することであるから、詳しいことは余には判らぬ」と言われるばかりであった。

この日の夕方、ジャーナリストの藤沢幾之助から重光葵外交官補のもとに一枚の葉書が到着した。葉書はドイツ語で書かれ、差出し場所はベルリン西郊のシュパンダウ(Spandau)監獄であった[75]。これによって日本大使館は、拘禁された日本人が監獄に入れられていることを知った。二二日、船越は再度外務省を訪問し、藤沢の葉書を示しながら抗議を行い、拘禁者との面会を求めた。船越は、外務省から陸軍の衛戍《えいじゅ》司令部を紹介され、同司令部の主任将校に監獄内の視察を要求したが、「戒厳令の施行後、監獄は軍事官憲の権力内に属して居るので、たとえ外務省の承認があっても、衛戍総督の命令がないことには、許可できない。」と申し渡された。こうして、拘禁はドイツの治安当局が主導したものであり、外務省とのやり取りではいかんともし難いことが判明した。

船越は、それまでの経緯を記した文書と抗議の手紙を夕方に外務大臣宛に送ったが、この時既に最後通牒の回答期限は翌日に迫っていた。ドイツ政府が最後通牒を受諾する可能性はなかったため、日本大使館は、拘禁者に後ろ髪を引かれる思いを抱きながら、ベルリンからの退去準備を進めた。この日、ハンブルク(Hamburg)総領事館を閉鎖した奥田竹松総領事の一行が大使館に入り、ドイツからの退去に備えた[76]。機密書類の類は、館内のストーブを使って全て焼却した。館員たちはこの作業をしながら、大使館を取り囲んでいる警察官たちが「こうして夏の最中にストーブから煙が上るのをみて何と思うだろう」と笑ったという。機密書類以外の公文書は金庫に収め、書籍、銀製の食器などは合計三一個の箱に梱包して封印した。

戦争によって国交が断絶し、外交団が引き揚げる場合、その後の大使館の管理や居留民の保護を中立国に依頼し、「利益代表国」になってもらうのが普通である。この時船越は、アメリカ、イタリア、スペイン、トルコ、オランダといった中立国をその候補として考えていた[77]。しかし、イタリアは中立を宣言していたとはいえ、元来ドイツ、オーストリアと同盟国であったし[78]、トルコは条約国ではない(列強に治外法権を認めている)点[79]、オランダは公使交換国(大使より格下の公使を交換している)である点が不都合であった。他方で、スペインはロシアとフランス、アメリカはイギリスの利益代表国を既に引き受け、多忙な様子であったが、船越はアメリカに委嘱するのが最も望ましいと考え、一七日にジェラード(James Gerard)大使に依頼していた。ジェラードはこれを内諾し(正式受諾は二三日)、日本大使館の荷物の管理も終戦まで引き受けた[80]。ちなみに、この時アメリカ大使館には、のちに駐日大使を務める若き日のジョセフ・

グルー(Joseph Grew)が勤務していた。

◆日本大使館の撤収

八月二三日、日本が設定した最後通牒の期限が来た[81]。この日は日曜日であったが、船越は前もって訪問を予告しており、正午に極東課長のモンジュラ伯爵と会見を行った。モンジュラ伯爵は、

「今日は帝国宰相の訓令を奉じて来たものである。」

と述べた上で、

「ドイツ帝国政府は、一七日附日本政府よりの要求に対しては、何等回答するの理由を認めず。故に駐日ドイツ大使レックス伯は直ちに召還し、同時に在ベルリン日本臨時代理大使には旅券を交附する。」

と告げた。ここについに日本・ドイツの国交は断絶し、両国は敵国となることが確定した。船越は、国交断絶はやむを得ないことであると応じ、大使館員の引き揚げ列車の準備を申し入れた後、握手をして別れた。この間わずかに三〇分ほどであった。

大使館に戻った船越は、館員一同に国交断絶となった旨を告げ、引き揚げに向けて遺憾なきを期すよう訓令した。引き揚げ準備は既に着々と進められていたが、船越はドイツ政府に大使館員、総領事館員、従者などの名簿を提出して旅券を請求し、さらに徹夜で最後の準備を行った。アメ

リカ大使からは、既に利益代表国となることについて内諾を得ていたが、この日に正式に受諾の回答を得た。船越は、公文書のコピーを渡し、拘禁されている日本人の保護を依頼し、それに要する費用と大使館の家賃五年分を寄託した。大使館では、長年ドイツ人の職員も働いていた。大戦勃発後、若い男子職員が兵役に取られたため、その数はだいぶ減っていたが、それでも数名の職員が最後まで残り、引き揚げ準備を手伝っていた。船越は、彼らの今までの労苦に報いるため賞与を与え、そのうちの一人、長年勤続してきた給仕ザイフェルトには、引き揚げ後の大使館の留守番を命じた。彼は涙を流してこれに感謝し、大戦終結まで大使館を守り抜いたと伝えられている。

八月二四日早暁、船越代理大使以下二〇名は、七台の自動車に分乗して大使館を出発した。以前フランス大使、ロシア大使一行が引き揚げた際には、ドイツ人の群衆が大使一行を取り囲み、投石したり、銃やステッキで威嚇したり、汚物をふりまくなど、ひどい侮辱的行為が見られた。そこで船越は、予め自動車を手配し、道中一切の私語・微笑を禁じて、早朝六時に大使館をひっそりと発った。ベルリンからオランダのハーグまでの陸路の指揮は、駐在武官の河村正彦大佐が執った。一行は、シュレージッシェ（Schlesische）駅に入ると、ドイツ兵に護衛されながら、汽車に乗り込んだ。汽車には、ドイツ政府の取り計らいにより、専用の食堂車と貨物車を備えた特別車が連結され、一般の旅客が入って来られないようにしてあった。こうして一行は、幸い虐待や侮辱的行為を受けることなく、その日の夕方にハーグに到着した[82]。船越らは二八日にロンドンに入り（海路の指揮は、海軍駐在武官の佐野常羽大佐が執った）、残務整理をした後、ノルウェー、スウェーデン、ロシアを経て、一〇月に日本に帰任している。

こうして船越代理大使以下、ベルリンの日本大使館スタッフは、「八月の砲声」が鳴り響く中で、四〇〇名以上もの日本人を退去させ、大使館を撤収するという難事を果たした。この間、日本人の死傷者はほとんど報告されておらず、総じて退去は無事に行われたと言って良いであろう[83]。しかし、大使館が撤収した後も、拘禁された日本人たちは、そのままドイツに抑留され続けた。また、抑留者の中には、釈放された後もドイツに留まり続けた者もいた。彼らはどのような経験をしたのであろうか。以下ではまず、抑留された日本人たちについて見ていくことにしよう。

3 抑留された日本人たち

◆第一次世界大戦期の民間人抑留問題

大戦勃発当時、敵国の民間人をいかに取り扱うべきかを定めた国際法規は、存在しなかった。国際法学者の信夫淳平によれば、戦争が勃発した際、交戦相手国民を追放することは違法ではなく、学者の多数説は「追放適法説」であった。ただし、国外に退去させる際には、一定の期限を設けて、その間に財産をまとめさせるのが通則であった。また、退去の許可期限を過ぎても理由なく残留する者、本人の重要身分に鑑みて特に抑留する必要がある者、現役及び予備役・後備役の軍人に関しては、退去させずに抑留するのも止むを得ないと考えられていた[84]。

第一次世界大戦が勃発すると、ヨーロッパ各国は、敵国の民間人に対して厳しい態度を取ることが多かったが、それは故なきことではなかった。開戦時、各国には大量の外国人が在留しており、その中には兵役にある者も少なくなかった。彼らを帰国させると、戦場に出ることが予期されたため、すんなり帰国させることに消極的な国があっても不思議ではない。また、各国はスパイ行為、地図や自国の最新情報の持ち出しに神経をとがらせており、自国の不利になる行為をしている疑いがある者については、躊躇なく検束した。さらに、主だった交戦国は、いずれも拘禁した外国人を一定地域に集めて抑留し、厳しい監視のもとに置いた。これは、敵国人を危険視したためであるが、自国民が敵愾心にかられて彼らに暴行、虐待を加える懸念もあったため、保護するという意味合いもあった[85]。

イギリスは、対独開戦と同時に、イギリスから退去しようとするドイツ人に対しては、指定する港から出港する者に限り、七日間の自由退去期間を与えた[86]。しかし、実際には輸送機関の不足などのため、多くの者が残留せざるを得なかった。そこでイギリス政府は、九月九日以降相次いで外国人取締に関する法令を発し、敵国人の名前や住所を登録し、彼らが許可なく特定地域に入ったり、居住したり、自動車、軍用地図など特定品を所持することを禁止した。この法令に従わない者やスパイの嫌疑がある者は、拘禁された。その結果、開戦後一〇ヶ月を経た一九一五年五月にイギリス政府が議会で発表したところによれば、ドイツ、オーストリアなどの敵国人で、抑留された者が一万九〇〇〇人、抑留はされないものの一定の監視のもとで残留した者が四万人にのぼったという。

ドイツの敵国人に対する待遇は、イギリスに比べて過酷だったようである。例えばイギリス人について見ると、ドイツ政府は、開戦後にイギリスのような自由退去期間を設けず、ドイツ国内に在留するイギリス人男子を、年齢職業などの如何にかかわらず抑留している[87]。一九一四年八月、ドイツ政府は、アメリカの駐独大使を通じてイギリス政府に連絡を取り、イギリス国内に残留しているドイツ人を全て帰国させれば、ドイツも国内のイギリス人に対して同様の措置を取ると提議した。しかし、交渉は難航した。その理由の一つは、それぞれの国に在住する両国民の人数の差にあった。当時ドイツに在住していたイギリス人は約五〇〇〇人と少なかったが、イギリスにいるドイツ人はその一〇倍の約五万人いたため、帰国の条件や方法でなかなか折り合いがつかなかったのである。最終的に一九一七年一月に交渉がまとまり、両国は女子、子供および四五才以上の男子を全て釈放することで合意に至った。これによりイギリスから釈放されたドイツ人は約七〇〇〇人、ドイツから釈放されたイギリス人は約七〇〇〇人であった。

◆日本人の抑留から釈放まで

日本は、日清戦争、日露戦争の際に、敵国となった清国人、ロシア人に引き続き居住を許し、比較的寛大の措置を取ったと言われている。これは、日本在留の敵国人がそれほど多くなかったこと、当時の日本政府が一等国として認められるために、国際法遵守や外国人の待遇に非常に気を使っていたためであろう。第一次世界大戦の際も、日本政府は内務省訓令第一一号(一九一四年八月二三日付)を発して、敵国人となったドイツ人、オーストリア人が引き続き残留し、「平穏且つ適法の業務従事」をすることを許可した。これは、兵役にある者をも含んだ措置であった。日本政府は、その後も終戦に至るまで、国内に居住するドイツ人を組織的に抑留するということはしていない[88]。

ドイツ政府は、大戦勃発後すぐに、敵国人のみならず、ドイツの転覆活動を行う恐れのある者、スパイの嫌疑を持つ者を徹底的に監視することを決定した。八月一七日にプロイセン国防省の名で公表された布告によれば、ドイツ国内の各警察署は、情報収集や外国への情報伝達を阻止するため、「敵性国家の全ての構成員の最も厳しい監視」が義務付けられていた[89]。しかしこの時は、日本人は監視の対象には入っていたと思われるが、イギリス人やロシア人などと違って、拘禁の対象には含まれていなかった。

この状況が一変したのが、八月二〇日のことであった。八月二〇日午前九時、ドイツ政府は一七日に船越代理大使から提出されていた日本の最後通牒を内外に公表すると同時に、ドイツ国内に在住していた日本人の拘禁を一斉に開始した。前述したとおり、船越は最後通牒を手渡した際、日本人の退去を円滑に進めるため、その公表はしばらく見合わせることを要請し、ドイツ側から同意を得ていた。ところがその後、一九日にドイツの新聞紙上に日本からの最後通牒提出を示唆する記事が出るなど、日独開戦の可能性は極めて高いと見られるになっていた。ここに至りドイツ政府は、いよいよ日本人の一斉拘禁に踏み切った。拘禁が日本大使館の前でも行われたこと[90]、ベルリンのみならず地方都市でも一斉に行われ、中立国アメリカ人の従者をしていた日本人までが拘禁されたことからも分かる通り、ドイツ側の意思は強固であった。日本大使館が「国交断絶前の拘禁は国際法違反である」と主張して抗議したのに対し、ドイツ側は「拘禁は身体の保護のための止むを得ない一時的措置である」という説明を繰り返し、以後彼らを抑留して、日本からの解放要求には応じなかった[91]。

二〇日には既に、大半の日本人に大使館からの退去勧告の情報は届いていたようだが、地方にいたためベルリンの様子がきちんと伝わらず判断に迷った者、脱出先をオランダ、スイスどちらにするか悩んだ者、完成間近の論文執筆を優先した者、大戦が長期化しないものと予想して意図的に残留を選択した者などがおり、彼らは二〇日以降続々と拘禁されていった。後の外務省の調査によれば、抑留された日本人の人数は約一〇〇名にものぼった[92]。不完全なデータしか存在しないが、主な抑留者名は巻末の表3のとおりである。

この頃日本では、家族から外務省への問い合わせが殺到していた[93]。新聞では、ドイツから多数の日本人が命からがら脱出したという報道がなされ、ロンドンに避難した日本人の実名報道も頻繁に行われた[94]。『東京日日新聞』は、八月二〇日に「在独日本人大虐待を被る」「四百の日本人危険の状にあり」と報じ、社説「独逸人の無道行為」で、黄禍論の影響を指摘し、ドイツ人による日本人への「大虐待」を強く批判した。

二四日に日独が交戦状態に入り、ベルリンの日本大使館が閉鎖したため、現地の実態を把握できないという極めて困難な状況の中で、加藤高明外相はこの「不快」な事態の早期解決に向けて動き出した[95]。二三日、日本の内務省は、在日ドイツ人の行動の自由は「寛容の精神」をもって平時通りに保障する旨の声明を出した[96]。加藤外相は、二七日以降数度にわたって、開戦前の拘禁という「国際法違反」に対して強く抗議し、抑留者の名簿を提出すると共に、在日ドイツ人の処遇に倣って日本人を解放するよう、利益代表国アメリカを通してドイツ政府に申し入れた[97]。ドイツ側は、一時的で止むを得ぬ措置であるという説明を繰り返すのみで、名簿の提出も拒絶したが、ようやく一〇月二日に至ってベルリンなどで拘禁された日本人四四名の名簿をアメリカ経由で提出し、四日に抑留者の釈放を開始した[98]。この情報をもとに、日本の新聞では抑留者の実名と抑留場所が報道された[99]。

もっとも、ドイツ政府が解放を始めたのは比較的ベルリンの近くで抑留されていた日本人のみであり、地方に同数以上いると思われた日本人抑留者の安否は未だ杳《よう》として知れなかった。そこで加藤外相は、アメリカのみならずイギリス、イタリア、スイスなどの外交ルートも通して被拘禁者の安否確認を急ぐと共に、ドイツ政府に彼らの速やかな釈放を引続き求めた[100]。戦争が長期化の兆しを見せ始める中で、各地方に連絡が行き渡るのにはかなりの時間を要したが、徐々に抑留者の解放は進み、外務省の把握しているところでは、一〇月一六日から一一月四日の間に四九人、一一月五日から一二月五日の間に一四人の日本人が釈放された[101]。こうして、抑留者は一九一四年末までには全て解放され、ほとんどがスイス国境から出国するに至った（オーストリア＝ハンガリー在住の日本人の多くは、イタリア国境から出国）[102]。第一次世界大戦の勃発によって生じた在ドイツ日本人たちの思わぬ抑留生活は、ここにようやく終わりを告げたのであった。

前述したとおり、戦時の民間人の地位については、確たる国際法規約が存在しなかった。また、ドイツ政府も、日本人を含む敵国人の処遇について、必ずしも首尾一貫したプランを持っていたわけではなかった[103]。そのため、抑留場所、抑留期間、解放のされ方などは、個々のケースによって大いに異なった。それでは、抑留された日本人たちは、具体的にどのような体験をしたのだろうか。以下では、彼らが残した手記、書簡や外交記録を活用して、その実態を紹介していくことにしよう。

（一）槇田麟一

まず取り上げるのは、槇田《まきた》麟一《りんいち》（一八六〇？～一九三五）という人物である[104]。槇田は当時五〇代半ばで、大戦勃発の四年前から妻、使用人である婦人と共に、ドイツのエッセン(Essen)市に在住していた。彼は、ドイツ人によって幕末に日本で創業された貿易会社イリス商会(C. Illies & Co.)に勤務し、その駐在員をしていた[105]。槇田によれば、大戦勃発直後の八月初旬、外国人はエッセンからの二四時間以内の退去を命じられた。これは、同市がドイツ有数の重工業企業クルップ(Krupp)社の所在地であったため、軍需品が増産体制に入る中で、軍事機密を守る目的の措置であったと推測される。そこで槇田は、ベルリンの方が何かと便利だと思い、八月九日にベルリンに移った。同地に入って間もなく、日本大使館からの退去勧告に接したが、槇田は、会社との関係やオランダへの旅の困難、さらにイギリス、フランスやロシアの四五才以上の非軍人がいまだベルリンに留まっている現状から判断して、在留続行を決めた。

結果的に、この判断は失敗であった。八月二〇日、槇田は他の一八名の日本人と共に監獄に拘禁された。この監獄の場所ははっきりしないが、諸種の史料を突き合わせると、ベルリン西郊のシュパンダウだったようである[106]。シュパンダウには一八七六年に建築された刑務所があり、ニュルンベルク裁判で禁固刑の判決を受けたナチス戦犯が収容された場所として有名である。妻と使用人は女性であるため、そのまま宿への残留を許可されたが(ただし三日ごとの警察署に出頭することが条件)、予想に反し槇田自身は解放されなかった。監房は個人毎に与えられ、希望食品の買い入れが許され、一日二回各一時間半位の散歩と日本人同士の会話が許されるなど、それほど過酷な生活ではなかったものの、食事はなかなか喉を通らないようなものであったという。また、八月二四日頃からは新聞の購読が禁止された。

九月一日に朝鮮人の金重世が、一〇日には辻高衡が解放されたものの、槇田は解放されなかった[107]。むしろ状況は悪化し、槇田は一〇日にシュパンダウからほど近いルーレーベン（Ruhleben）の民間人抑留所に移送された。ここは競馬場に作られたもので、槇田によれば、ロシア人労働者一六〇〇名、ロシア、セルビア、イギリス、フランスなどの民間人四〇〇名程度が収容されていた[108]。槇田らは馬一頭が入る厩の中に四人で一枚の麦藁袋一枚を敷いて起臥《きが》したといい、場所としては前の監獄に比べてかなり過酷であった。

もっとも、ロシア人労働者が戸外掃除などで使役されたのに対して、槇田はそれほど働かされることなく、新聞購読も許可された。また、他の収容者が食事の度に長蛇の列を作って並んでいたのに対し、槇田はドイツ人監視者と交渉して特別に切符を貰い（このために金を払ったものと思われる）、衛兵の監視付きながら比較的ゆったりと「大に不自由中の快楽」たる食事を取ることができた。一二日には種痘を受け、一日おきに二時間の運動も許可されたという。こうしてみると彼の待遇は、年齢や経済力に対する配慮もあって、他の抑留者の待遇と比べてそれほど悪いものではなかったのではないかと思われる。ただし、日本人の扱いは収容所毎にかなり異なっていたようであり、槇田が後に聞いたところでは、フランクフルト（Frankfurt）では「非常に宜しく」、ハノーファーでは「やや宜しく」、ライプツィヒ（Leipzig）では「非常に不良なり」という様子だったという。

九月二五日、同じ収容所にいる一七名全員が駐独アメリカ大使ジェラードから電報を受け取った。この電報は、同大使が日本人の解放に尽力しつつあることを知らせるもので、日本人一同は「大喜悦」したという。二九日には、アメリカ大使本人が収容所にいる日本人、イギリス人を訪問し、日本人は数日以内に解放されることを明言したため、抑留者の期待はさらに高まった。こうして一〇月三日、槇田は他の日本人全員と共に解放された。

槇田は、ベルリンへの残留を希望していた。しかし、解放直後には三日ごとに警察署への出頭が義務づけられていたものが、五日頃に軍司令部の命令が変わり、「日本人に限り」毎日出頭することとされた。郵便検閲も一層強化され、アメリカ大使もしきりにドイツからの退去を勧告した。こうして槇田は、在留を続行することが到底不可能であることを悟り、退去を決めた。槇田は、日本政府が日本在住のドイツ人を拘束しなかったことが自分たち日本人の解放につながったと考えたが、日本人が「他敵国人より数倍悪まれたる」ため、途中から日本人のみに風当たりが強くなったとも感じていた。この当否は定かではないが、ちょうど日本軍による青島総攻撃(一〇月三一日開始)が迫っていたため、日本人への風当たりが強くなっていたのかもしれない。

ドイツからの脱出に際し、アメリカ大使館は日本人を最大限支援した。ベルリンから日本人が脱出する際は、必ずアメリカ大使館員が付き添い、金銭的支援を行った上で見送るという手筈が整えられていた。おそらく、日本大使館が撤収する際に、船越代理大使が邦人保護費用としてアメリカ大使に託した金が使われたのであろう。槇田の場合、ベルリンからミュンヘン、リンダウを経てスイスに逃れることとなったが、ミュンヘンではアメリカの領事館が汽車の一室を貸し切ってくれたという。アメリカ大使の「仲々」の尽力の中、槇田はドイツ人からの侮辱などにもほとんど遭わなかったようで、無事スイスのチューリッヒ(Zurich)へ脱出した。槇田の出国日は不明であるが、彼は出国後間もない一〇月二一日、加藤外相宛に書翰を送り、自分が経験したことを詳しく報知している。

槇田は大戦が数ヶ月で終結するという予測の下、しばらくスイスに留まる意向であったが、その後の行方は不明である。彼はその後もイリス商会に勤務を続け、一九三五年、同商会監査役の時に亡くなっている[109]。

(二)梅本虎雄

次に、槇田と類似する梅本虎雄の例を見ていこう[110]。梅本は、駐独公使、駐米大使、外務大臣など要職を歴任した青木周蔵(一八四四〜一九一四)の未亡人エリザベート(Elisabeth von Rhade, 一八四九〜一九三二)の従者であった。エリザベートはプロシアの貴族の娘で、一九一四年二月に青木が亡くなった後、ドイツに帰国した。梅本も彼女に従ってドイツに渡ったが、大戦勃発時には、彼女の娘ハナ(花子、一八七九〜一九五三)とその夫アレキサンダー・フォン・ハッツフェルト(Alexander Graf von Hatzfeldt, 一八七七〜一九五三)が居住している、プロシアのシュレージェン

(Schlesien)州(現ポーランド領)のニーブッシュ(Niebusch)という町に寄寓《きぐう》していた。

八月一三日に、ライプツィヒ在住の知人から日本人退去のことを聞いたが、開戦以来のドイツ人の対日感情は非常に良好なので、日独開戦という事態は考えられないと思い、そのまま滞在を続けていた。しかし一七日に日本倶楽部から早く立ち退くべしという電報を受け取ったため、さっそく旅装を整え出発し、一九日朝にベルリンに到着したところ、既に市中はかなりの混乱を始めていた。そこで梅本は、その場に居合わせた日本人留学生三名と共にオランダへ向けて出発し、ハノーファーを経て二〇日夕方にゲッティンゲン(Göttingen)に着いたが、同地で巡査および官憲に逮捕された。槇田と同様に判断ミスによって拘禁された例であるが、梅本の場合、地方にいたため他の邦人の緊迫感が早期に伝わらず、ベルリン到着が遅れたことも、拘禁の原因になったと言えよう。

梅本の拘禁時、ゲッティンゲンの市民は平静な様子だったという。しかし、彼が入れられた収容所の環境は、甚だ劣悪であった。梅本の待遇は「全然罪人の取扱」であり、荷物は一切取り上げられて、四人詰めの監房に収容された。金を払えば一定程度は免除されたものの、便所掃除さえも命じられた。また、食事は「平常無職浮浪の徒に与ふる粗悪極まるもの」で、朝のコーヒーも「黒水の如き」ものであった。差し入れは認められず、四日後に巡査に煙草を渡して以降、ようやく外部から食事を取り寄せることが許されたという。待遇の悪さに怒りつつも、ドイツ人監視者との間で交渉を行い、自らの待遇改善を図る非常に人間くさいやり取りの様子は、前述の槇田とも共通しており、興味深い。

八月二五日、梅本らは学校を利用した収容所に移されたが、ここでは大分待遇が良くなった。一週間二マルクで自分用の布団を借りることができた他、新聞の閲覧も許され、食事も全部自弁で外から取り寄せることができた。開戦前から同市に在住し、同収容所に入れられていたロシア人抑留者に至っては、まもなく帰宅を許されたという。こうして梅本は、一定の自由を許された待遇の下で、約五〇日間の抑留生活を続けた。

やがて梅本は、購読していた新聞によって、アメリカ大使が日本人解放に動いていることを知った。そこで彼は、ベルリン在住の知人に手紙を出して、アメリカ大使館への救援要請を依頼した。アメリカ大使館からはすぐに返事があり、梅本はその斡旋により、一〇月一一日に釈放に至った。彼は、アメリカ大使の好意を「地獄に仏」と評している。槇田より解放が一週間遅れたのは、ベルリンからの情報の伝達が遅かったためであろう。梅本は、フランクフルトを経て間もなくスイスに無事出国した。

日本人の解放がかなり進んだ一一月六日、フランスのリヨン(Lyon)駐在の山崎次郎領事は、加藤外相に抑留者から聞いた話をまとめて報告を送っている[11]。この報告によれば、槇田や梅本が経験した過酷な待遇や労働は、抑留者が多かれ少なかれ経験したものらしい。山崎が彼らの証言を総合したところによると、彼らの多くは当初警察署に付属する監房に拘禁された後、二～三週間で養老院、学校、厩舎などに収容され、ロシア人、イギリス人、フランス人などと共に過ごしたという。この間、軍隊の監視、「食するに堪えざる」粗悪な食事は皆に共通していた他、裸体にした上での所持品検査(婦女子の中にもこれを強いられた者があったという)、所持品の全品没収、「囚人と同様」の苦役、顔に唾を吐かれ、頭を殴られる経験をした者もあり、これら「屈辱的虐遇」は「遭難者の均しく憤慨して語る所」であったという。

なお、ドイツに残留した日本人の中で、最も過酷な扱いを受けたのは、おそらく留学生の馬越徳太郎(大日本麦酒社長馬越恭平の子息)である。馬越は重病を患い、この年四月には既に助かりそうもない病状になっていたようである[112]。

梅本が聞いたところによれば、馬越は大戦が勃発した時、重病のためライプツィヒの病院に入院していたが、退院を強制され、所持金一万五〇〇〇マルクも没収された上で、拘禁されそうになったという。馬越はかろうじて抑留は免れたようであるが[113]、その後病勢は悪化し、同市の名誉領事の尽力で、医師の診察を受けようとしたものの、すぐにそれに応じる医師は現れなかったという。また、入院する場合には入院料の先払いを求められたが、所持金を全て没収されていたため、非常に困難な状況になったという[114]。

これが全て事実かどうかは分からないが、事実の一端は示しているとおもわれる。というのも、馬越は一〇月一〇日にライプツィヒで死去しているからである[115]。その後、同じく入院中だったため抑留を免れ、残留していた榊忠三(ベルリン大学で医学博士号を取得)も、一九一五年一〇月に死去している[116]。大戦勃発後、ドイツで亡くなった日本人は以上二名であるが、その後に体調を崩して亡くなった者もいるし[117]、抑留されている間にすっかり白髪と化した人物もいた[118]。抑留生活がかなり過酷なものだったのは間違いない。

こうして見ると、これまで見てきた槇田や梅本は、暴力までは経験せず、一〇月中にアメリカ大使の助力を得て解放されていることから、比較的幸運な方の例に属すると言えるようである。

(三) 小田部荘三郎

◆留学から抑留へ

これに対し、収容場所がベルリンから離れていたために、アメリカ大使館との連絡がなかなかつかず、一一月まで抑留が延びた不運な例も存在した。この一例として、小田部《おたべ》荘三郎《しょうざぶろう》(一八八六〜一九六七)の場合について見ていこう[119]。

小田部は一九一一年に東京慈恵会医院医学専門学校を卒業した後、同校の細菌学教室で助手を務めていた。一九一二年にドイツに留学し、ハレ(Halle)大学で結核を研究していた[120]。四月に腎臓を患って入院し、体調は万全ではなかったが、研究には熱心に取り組み、八月一日にはドイツ語で小著『深呼吸』を出版した。八月一日はドイツがロシアに宣戦布告をした日である。その頃小田部は、ハレ市内のレストランやカフェで、ドイツ人が興奮して国家や軍歌を大合唱し、日本人を見ると、杯を上げて「日本万歳」と叫ぶのを目撃した[121]。八月四日にイギリスがドイツに宣戦布告を発すると、ドイツ人は狼狽したり、憤激したりして、小田部は「実に目も当てられぬ」感じがした。この辺りの目撃談は、ベルリンなど他の都市でのものと共通している。

八月一四日、日本人の友人二名が小田部のもとにやって来て、日英同盟の結果、日独関係の雲行きが怪しいので、ベルリンに引き揚げ、いざとなればオランダに出国するつもりであることを伝えた。小田部もその方が良いと考え、恩師セチル・フレンケン(Franken)博士[122]にそれを伝えたところ、彼は次のように語った。

「一体君、日英同盟はロシアに対して出来たものではないか。ドイツには何等関係がないばかりか、十年前の敵たるロシアと一緒になって、ドイツに敵対する等とは、絶対に信用出来ぬ」

「他の日本人は、皆逆上《のぼ》せて居るのだよ。君も少し逆上せて来たね!」

当時小田部は論文を執筆しており、その締め切りが一八日であった。彼もそれを終わらせないまま出国するのは不本意だったので、博士の言葉に従って、友人たちと別行動を取り、ハレに数日留まることを決めた。論文は、予定通り一八日に完成した。

八月一九日、ハレの新聞では、日本がドイツに最後後通牒を出したらしいことが報道された。小田部が大学に顔を出すと、フレンケン博士は日本とドイツが戦争になりそうであることを嘆き、「嗚呼、哀れなるドイツ国よ」と叫んだ。小田部はなんと声をかけたら良いのか分からなかったが、博士が「君の論文は、皆見終わった。これで善《よ》い。」と言ってくれたので、急いでドイツを出国することに決め、博士と握手をかわして別れた。小田部が下宿に戻り、下宿の主人一家に別れを告げると、お婆さんが涙を浮かべ、娘たちも打ち萎《しお》れていた。しかし、小田部に感傷に浸っている暇はなかった。彼は慌ただしく別れを済ませると、午後二時四二分のケルン(Köln)行きの汽車に乗り込んだ。彼は、ベルリンでは日本人に対する無礼な行動が増えていると聞いていたが、ハレでは幸いそのようなことはなかった。

小田部の乗った汽車は、「赤ん坊が歩むように」遅かった。汽車が、二〇日にカッセル、シェルフェーデを経て、ブリロンに入ると、その頃既に日本がドイツに最後通牒を出したことは、確定的なニュースとして広まっていた。新聞の一面記事「無礼なる日本」に目を通し、駅の警備兵が小田部に「日本は実に怪しからん国だ、憎むべき敵だ」と怒鳴ってくるのを黙って聞きながら、小田部は内心「しまった、時機を逸した」と叫びながら、出発を遅らせたことを後悔したが、もはやどうにもならなかった。道中では、日本人に同情を寄せてくれるドイツ人もいたが、大方の態度は日本人に厳しかった。小田部は、「間諜《スパイ》」と呼ばれたり、「もう日本は私等の敵です」という「排日演説」を聞かされたりしたが、身の安全を考えてじっと沈黙を守った。こうして小田部は、一人の日本人にも会わないまま、二〇日夜にデュッセルドルフ(Düsseldorf)駅に到着した。

デュッセルドルフ駅に到着すると、兵士が小田部に下車を命じた。彼は夜勤警察の詰所に連行され、所持品を全て押収された後、その夜は一〇畳余りの不衛生な部屋で過ごすことになった。翌朝、小田部は警視から取り調べを受け、「誠に気の毒ですが、貴下は、これから当分監獄に居らなければなりません」と宣告された。「待遇は決して悪くはしません。貴下は、自分の金で自由に飲食することができます」と言われたものの、小田部は「監獄」という言葉を聞いて、「死刑の宣告」を受けたかのような不快を感じた。小田部は、「途中でどんな危害を受けようが、よしや殺されようが、それは覚悟の上です」と釈放を訴えたが、警視は、拘禁は「保護」のためであると繰り返した。こうして彼は、オランダまであと数時間のところまで来ながら、監獄に入れられてしまった。彼は、ベルリンの日本大使館に拘禁を知らせる電報を打ったが、到着したかどうかは不明である。

◆過酷な抑留生活

小田部は鉄格子付きの独房に入れられた。彼は、監獄にいる間、ドイツ人から様々な侮辱的な言葉を浴びせかけられた。二四日には、看守から、君は「日探」すなわち日本のスパイではないかと言われた[123]。二六日には、獄中に来た牧師から、日本は「恩知らずだ」と責められた。多くのロシア人、フランス人が、スパイと見なされて殺されたという噂も耳にした。やがて小田部は、生命に対する執着を去って、立派に死のうと考えるようになった。

八月三一日頃、小田部はウェーゼル(Wesel)の監獄に移送された。この監獄は、三、四〇〇名の兵士が働いている要塞のような監獄で、小田部は、一八〇三年建築の土蔵内にある部屋に収容された。同室には、二二才のベルギー人と二七才のロシア人がおり、いずれもデュッセルドルフに住む労働者であった。ロシア人は、妻と子供四人を国に置いて出稼ぎに来ており、家族と連絡が取れないと言って萎れていた。散歩の時間に庭に出ると、合計一五名の収容者がいた。二人のフランス人軍人がいたが、その他はイギリス、ロシア、ロシア領ポーランド、ベルギー、セルビア、モンテネグロから来た単純労働者(炭鉱夫や農場労働者)が多かった。労働者たちの中には、戦争によって仕事を失い、生活が困難に陥っていたので、監獄に入れられ、衣食の心配をしなくて良いことを却って喜んでいる者もいたという。これに対して小田部は、経済的余裕が多少あったので、出される食事以外に、自費で牛肉、ソーセージ、白パンを購入した。小田部は、労働者たちが痰を吐くのを注意し、結核の原因になりかねないことを教えると、彼らは痰を吐かないようになり、小田部が医師とわかると、やがて軍医たちも彼を頼るようになった。

小田部がウェーゼルにいたのはわずか五日間で、彼は九月五日にゼンネラーガー(Sennelager)へ移送された。一緒にウェーゼルから移送されたのは六四名で、一二名の護衛兵付きで、汽車で移動した。深夜に到着して、汽車を降りると、外はもう霜が下りたかと思われるほど寒く、小田部は思わず身震いをせざるを得なかった。気温は既に、日本の晩秋ぐらいだと感じられた。しかも、大量の捕虜や抑留者を収容していたためであろう、小田部らはテントで寝起きすることを命じられた。テント内には藁束が散乱していて、土間の上にそれを敷いて、仮の布団にするという具合であった。夜明け前などは寒くて寝るどころではなく、ハレ出発前から良くなかった小田部の体調は悪化した[124]。小田部は再び死を覚悟するようになった。

小田部は、収容所内の監視人や見物に来た近所の住民から、相変わらず侮辱的、虐待的な言葉をしばしば浴びせかけられた。日本は、恩知らず、無礼、強盗的、詐欺的、火事場泥棒的と責められたことは、数知れなかった。規則外の行動をしたら「銃殺」すると脅されたのも再三で、実際に銃殺された者もいた。テントの外を歩いている時、若い村娘に「彼は日探(日本のスパイ)だ、なぜ早く殺さないのか」と叫ばれたこともあった。食事のジャガイモと、塩水で煮たようなスープは、豚に与えるものかと思うほどまずく、コーヒーは薄い泥水のようであった。食料をめぐっては喧嘩や窃盗が絶えなかった。小田部はここでも自費で食料を購入し、いざという時のために備蓄をするよう心がけた。

ゼンネラーガー収容所に入れられていたのは、小田部の見るところ、一七〇〇〜一八〇〇名ほどであった。この収容所には、ウェーゼルと同様、民間人のみならず捕虜も収容されており、小田部はしばしばイギリス兵、フランス兵、ベルギー兵の姿を見た。彼らは民間人と区別するため、髪を切られており、小田部は彼らを「半髪」と呼んでいた。小田部が特に親しくしていたのは、ウェーゼルから一緒の労働者たちであった。彼らは皆気安く、夜は「寒い寒い」と言いながら、お互いの身の上をよく語り合った。特にスワン(Swan)という名前の、鉄工所勤務の紳士的イギリス人とは気が合い、よく話をした。日本海海戦に参加したことがあるというロシア人や、ウィリアム(William)という名前の、イギリス国籍の黒人の水夫とも仲良くなった。水夫の間で日本の刺青を入れるのが人気だと聞き、妙な気分がしたこともあった。

小田部にとって幸いだったのは、この収容所で三人の日本人と会ったことである。一名は第一生命保険会社員で、欧米視察のためドイツ旅行中の三宅寛二(一八八三~?)[125]。一名は秋田鉱山専門学校教授の池田正夫(一八八二~?)。そしてもう一名が、氏名不詳の五九才の旅芸人であった(この旅芸人については、次項で詳しく触れる)。彼らは互いに自分たちの苦労を語り合い、慰め合った。九月二五日にこの旅芸人は釈放され、九月末にはロシア人、イギリス人などヨーロッパ人がほとんど解放されたので、三宅、池田の存在は、小田部にとって心強いものであった。

一〇月一日、小田部らは収容所内で移動を命じられた。移転先もまたテントであったが、今度は床板が敷かれていたので、だいぶ寒さはマシになった。この時同行したのは、三宅、池田と、旅費がなくて帰国できない三五名のイギリス人、一名のロシア人、その他「半髪」のイギリス人水夫、フランス人、ベルギー人各一名であったが、その後も入れ替わり立ち代り、新しい捕虜や抑留者がやって来たようである。

収容所内では、新聞を読むこともできた。ドイツの新聞では、戦況がドイツ軍にますます有利であることを知らせる記事が多かったが、小田部は「だいぶ虫の良い文句」が並べられ、不利なことは「明瞭に書かれていない」ことを読み解いた。また、新しい捕虜が到着すると、戦況がドイツ軍に有利にではないことが具体的に分かることもあった。小田部は、しばしばイギリス人のスワンと一緒にドイツ軍の不利を喜んだ。

一〇月に入ると、小田部の生活もやや落ち着き、周囲との交流も増していったようである。厚紙で盤とコマを作り、将棋に興じることもあった。一〇月七日には、二人のフランス人少年が小田部を訪ねてきた。彼らは、ドイツ軍を狙撃した嫌疑で、叔父とともにここに収容されていた。彼らの父親は、長い間フランス領ベトナムに勤務しており、なかなか連絡がつかなかった。小田部は彼らからフランス語で書かれた日記を託され、父親への郵送を頼まれたが、後に出国する際、スパイの嫌疑を受ける懸念があったので、やむなく道中で破棄した（ただし、出国後この二人のことを知らせる手紙は送った）。

小田部は、一〇月一四日に下宿の大家に近況を知らせる手紙を出してみた。すると、さっそく二〇日に返信が来た。大家は小田部の無事を喜び、再会を希望する旨を綴っていた。手紙によると、大家の長男は西部戦線で重症を負い、危篤状態にあり、次男もまた出征中であった。小田部は大家一家の親切に改めて感謝し、戦争の残酷さを思った。

◆「自由の天地」スイスへ

小田部ら三名は、一〇月半ばまでに、アメリカ大使館が日本人の釈放に助力してくれるということを、何らかの形で耳にしたらしい。一同が一〇月一四日に解放のため尽力を乞う手紙をアメリカ大使館に出したところ、二一日に返事が来た。それには、さっそく小田部らの解放のため、ドイツ外務省との交渉を開始した旨が記されていた。小田部らにとって、この手紙はまさに「暗所に差し込んで来た光明」であった。手紙の到着後、小田部らは司令部に呼ばれ、「スイスに友人があるか」と尋ねられた。小田部らはこれを、「自由の天地」スイスへの出国が許可される予兆ではないかと期待した。これまで多くのヨーロッパ人が収容所から釈放されてきたが、小田部の理解するところでは、彼らは皆引き続きドイツ国内に留まり、国外への移動は許されていなかったので、過度な期待は禁物であった。しかし、あるいは外交上の必要から、日本人だけは解放されるかもしれないと、小田部は期待した。この頃小田部は、友人からボロボロになった八月二三日付の新聞を見せてもらい、日本がドイツに最後通牒を出した時の状況をようやく把握している。

一一月六日朝、小田部らは再び司令部に呼ばれた。果たして期待通り、司令官はスイス経由での出国許可を申し渡した。日本に帰る際には、日本船は危険なので、中立国の船を使うようにとも付け加えた。司令部のスタッフは、これを「寛大なる処置」だと強調したが、小田部は、本当に寛大ならば、とっくに解放してくれていて良さそうなものだと思った。ともあれ、二ヶ月半も続いた小田部の収容所生活は、ようやくここに終わりを告げることになった。

一一月七日。小田部は、長い抑留生活ですっかり変色した洋服と靴を知り合いのイギリス人水夫に譲り、司令部で出国許可の証明書を受け取った。小田部は、デュッセルドルフでカバンやステッキを押収されていたが、それはもはや見つからず、諦めざるを得なかった。小田部は、三宅、池田と共にゼンネラーガー駅で汽車に乗り込み、パーダボルン、アルテンベッケン、マールブルク、シュツットガルトと進んだ。小田部は道中で、恩師フレンケン博士に手紙をしたため、検閲のため封をしないままでそれを投函した。汽車は、カッセル、フランクフルト、ブロヒザールと進んだ。この間、汽車の中で外の風景を見ることを許されなかったり、「爆裂弾を持っているだろう」と罵られたりしたが、大きなトラブルはないまま、汽車は八日昼にウルム（Ulm）に到着した[126]。

ここで予期せぬことが起こった。汽車の中に陸軍軍人が入ってきて、小田部らに下車を求めたのである。小田部らは出国許可の証明書を見せたが、聞き入れられず、駅内にある司令官室に連れて行かれた。小田部らが再度証明書を見せると、その軍人は「信用できぬ」「僕は解放しない」と言い放った。小田部らは、私服警察によって警察署に連行され、ゼンネラーガーに電報で問い合わせたので、返事が来るまではここの監獄に居るよう告げられた。小田部らは、茫然として顔を見合わせるのみであった。

このような措置が取られたのは、ドイツ政府が混乱していて、日本人釈放について各地方に周知徹底できていなかったことが原因であろう。小田部らが監獄に入った二〇分後には、一一月六日にクレーフェルトから釈放されてきた医師植村尚清（当時市立札幌病院内科医長、加藤高明外相の従弟、一八八一〜一九六三）、旅芸人の野田松次郎も監獄に入れられてきた。小田部は、同じ運命に遭っている彼ら二人に同情したが、心強くも感じた。その日の夜、五人は夜通し語り合った。

その後ゼンネラーガーおよびベルリンに問い合わせた結果、小田部らの出国証明書は有効であることが判明し、一一月一一日夕方、五人は釈放された。この前日に、日本が青島を陥落させたことがドイツで一斉に奉じられていたことも影響したのか、監視のために汽車に同乗した軍人は、切符を買い直させ、購入した食事を食べることを許さないなど、あからさまな嫌がらせをした。小田部はハレ出発以来、度重なるドイツ人からの侮辱に怒り心頭であったが、解放を目前にしていただけに、この時は一層怒りが募った。

「ドイツが乱暴で野蛮なことは今さら知った訳でもないが、今夕のこの無法なる行動は、実に言語道断である。」

「我々を下等人種視して居るのか、動物視して居るのか、それとも、敵愾心に駆られて、理由なく行ひたるものであるか。」

五人を乗せた汽車は、翌一二日午前一時に、スイス・オーストリアと国境を接するボーデン湖に浮かぶ町リンダウ(Lindau)に到着した。小田部らは約八〇日ぶりに柔らかいベッドの上での睡眠を楽しみ、美味いコーヒーを飲んだ。朝七時二〇分、一行はボーデン湖の対岸ロールシャッハ(Rorschach)行きの蒸気船に身を投じ、昼過ぎにはチューリッヒに入った。当時スイスは、中立を維持するため大兵力を動員するなど、国防に力を入れていたので、往時の賑わいは見られなかった[127]。それでも小田部は、「人情温かく、山水明媚、世界の一大公園たる」スイスの美しい風景を見ると、爽快感を感じざるを得なかった。彼は、何度も独り言で「痛快」と繰り返した。

その後小田部は、しばらくスイスに留まった。彼は、一緒に出国した植村の助力を得て、バーゼル(Basel)でドイツ・フランス国境からの砲声を聞きながら[128]、自らの鮮烈な抑留体験をまとめ、一九一五年九月に日本で出版している。その名も『独逸落ち』。抑留時の何とも言えない悲哀がにじみ出ているタイトルである。植村はその後もスイスにとどまって勉強を続けたが、小田部はイギリスに渡り、大戦後まで病院やサナトリウムで働いた。

ちなみに小田部は、一九二二年にドイツを再訪し、大戦後の実況を見聞する機会を得ている。小田部の見るところ、大戦後のドイツは「残酷の極みの転変」を遂げていた。ハレ大学に昔の面影はなく、恩師や助教授、助手たちは皆病死か戦死していた。小田部はなじみの老女から、青島を取った日本が憎い、日本の「恩知らず」と責められた。また、ベネケー教授からは「日本はけしからん。もう日本人は受け入れない」と言い渡されたが、小田部がかつての三国干渉に言及して反論すると、沈黙したという。いずれにしても大戦は、小田部とドイツの母校の関係をズタズタに切り裂いたのであった。小田部は、帰国後は母校東京慈恵会医科大学で講師を務め、のちに開業している。

(四) 旅芸人たち

日本人抑留者は、槇田麟一のような会社員や小田部荘三郎のような留学生が多くを占めていたが、彼らとは全くバックグラウンドが異なる職業の者も少なくなかった。リヨンの日本領事館の調査によれば、抑留者の中には刀剣師、彫刻師、陶器模様付職人、菓子職人、標本師といった職業の者がいたことが分かる(巻末の表3参照)。これは、当時のドイツやオーストラリアに、日本の伝統的な工芸品に対する一定の需要があったことを示すものであろう。人数という点で特に目を引くのは、芸人である。外務省が把握していた二二六名の抑留者中、約五分の一に当たる二七名が興行師、芸人およびその家族とされている。これは、医師(一七名)、学者(八名)を越える人数である[129]。一体彼らは何者だったのだろうか。

幕末以来、多くの日本人が海外に渡航するようになったが、そのうち留学生、官吏や会社員などと並んで一大勢力を占めていたのが、実は旅芸人たちであった。一八六六年(慶応二)に幕府が正式に海外渡航を認めた七〇名のうち約半分が旅芸人であったこと、現在のパスポートに当たる海外行御印章を発給された第一号も旅芸人であったという事実が、これを端的に示している。明治から昭和初期にかけて、出稼ぎのために海外に渡った日本人は約八〇万人と言われているが、そのうち旅芸人が占める割合はかなり高いと考えられる。中には、鳥潟《とりかた》小三吉(一八四二〜一九〇九)のように、ヨーロッパでトップスターになる芸人までいた[130]。一口に旅芸人といっても、玉乗り、綱渡りやコマ回しをする曲芸師(軽業師)、手品師(奇術師)、音曲師、役者、サーカス芸人など多種多様であったが、本書では彼らを総称して旅芸人と呼ぶことにする。

一九一四年九月六日付の『大阪時事新報』によると、当時ヨーロッパ全土に日本人の旅芸人が四、五〇〇名いたという。また、一九一四年九月一三日付の同紙によれば、東京・大阪方面からヨーロッパに渡航している旅芸人のグループのうち、横田組一二名、浜村組七名、山形組五名など一八組が判明しており、その総人数は、舞台係や衣装係も含めると百余名にのぼったという[13]。正確な人数は分からないが、第一次世界大戦勃発当時、少なくとも一〇〇名以上の旅芸人がヨーロッパにいたことは間違いない。

以下で見るように、旅芸人は、数年場合によっては数十年単位で海外に滞在し、興業を続けるのが普通であった。彼らは、長期の海外居住や国際結婚によって、日本との関係が希薄になっている場合が多く、留学生や各社の駐在員がよく集まる社交団体（ドイツの場合は日本倶楽部）や日本大使館にはあまり寄りつかなかった。旅芸人の多くは、ボヘミアン的気質を持つがゆえに外交官から軽侮されがちだったし、同業者を通じた独自のネットワークを有していたため、大戦勃発後にドイツから出国する際にも、日本大使館に頼らず、自力で脱出しようとしたようである。その結果、大戦勃発後に少なくとも二七名の旅芸人が抑留されたわけであるが、以下では、そのうち小田部荘三郎が出会った二人について見ていくことにしよう。

前項で触れたとおり、小田部荘三郎は、ゼンネラーガー収容所で五九才のコマ回し芸人（氏名不詳）と知り合っている。抑留者や捕虜たちは、この高齢の日本人芸人の存在を珍しがって、あれこれ気を遣っており、彼は収容所内の「名物男の一人」であった。小田部もこの芸人のことを、親しみを込めて「老友」と呼び、いたわっていたが、ある日この芸人の風変わりな経歴を聞く機会があった[132]。

彼は、東京神田に役者の子として生まれた。一八六二年（文久二）、父がアメリカの興行主と話をまとめ、総勢一六名で横浜から渡米した際、彼も同行したという。まだ幕府が海外渡航を認める以前なので、国禁を犯した密航だったということになるが、この渡航年には疑問が残る[133]。ともあれ、一行はサンフランシスコに到着した後、パナマを経てニューヨークに入った。ニューヨークで行った興業は日本人初だったため、大評判になったという。一行はその年に日本に帰り、一八七五年までは日本国内で巡業などを行った。贔屓《ひいき》の客もつき、経済的に充実していたが、一度アメリカ生活を経験した彼らにとって、それは物足りない日々であった。そこで彼は、一八七六年、二〇才の時にロシアに渡り、ウラジオストック(Vladivostok)など、シベリア地方で興業を行った。一八七八年にドイツ、一八八二年にはフランスに渡った。この間、高齢になった父は帰国したが、彼は一人で滞在を続け、やがてベルリンに腰を落ち着けた。そこでドイツ人女性と結婚し、二人の娘もでき、彼のベルリンでの生活は三〇年にも及んだ。

一九一四年七月、彼は興行主と九月までの契約を結び、ミューンデン(Münden)で興業を開始した。しかし、まもなく大戦が勃発し、対日感情が急速に悪化した。興業先では、日本の軍艦がハンブルクを攻めるという噂が飛び交い、彼の芸を見ている客が「日本人め」「盗賊だ」などと悪口を言うようになったため、八月一九日に興業は中止された。彼が仕方なくベルリンに引き揚げようとしたところ、ミューンデンの駅で警察に拘禁され、翌日にゼンネラーガー収容所に移送された。

八月二〇日以来一緒だった三宅、池田によれば、この旅芸人は当初は元気で、荷物も自分で持ち歩くことができた。しかし、抑留生活が長引くにつれて元気がなくなり、足が大変弱ってきた。

収容所内を移動するのも非常に遅いので、そのうち見張りの兵士から大喝されて、突き飛ばされるなど、しばしば虐待を受けるようになった。他の抑留者や捕虜たちは、彼に同情した。小田部ら日本人も同じ気持ちを抱き、ついに九月二一日、係の下士官に老人の解放を訴えた。しかしその返事は、「今度の日本のドイツに対する仕打ちはあまり酷《ひど》いから、君等に対しては何もせぬ」という冷たいものであった。

ところがこの訴えが効いたのか、老人は九月二五日に急遽釈放されることになった。小田部ら他の三名の日本人よりも早く釈放されたのは(彼らの釈放は一一月六日)、長年ドイツに居住し、ドイツ人の妻子がいる上に、高齢であることが考慮されたのであろう[134]。老人は別れの挨拶をすると、商売道具の竹細工を持ち、足を引きずりながら収容所を後にした。

老人は自分の境遇を語った際、「今年は明治何年ですか」と尋ねるなど、日本の現状は全く知らなかった。時々情に駆られ、日本に帰りたいとは思うものの、もはやどこにも寄る辺はなく、帰りの旅費もないので、妻子の住むベルリンに留まり、ドイツの土と化すしかないと思い定めていた。しかし、次のようにも話し、後悔はない様子だったという。

「俺は随分道楽もし、人の見ない処も見て来ましたから、今はどこで死のうと、少しも口惜しいことはありません。」

小田部は、ゼンネラーガー収容所を出た後、もう一人の旅芸人に会っている。名前は野田松次郎。一一月六日に医師植村尚清と一緒にクレーフェルト(Krefeld)から釈放された後、ウルムに入ったところで再拘禁され、小田部の一行と合流した人物である。小田部の見たところ、彼は「芸人らしい粋な扮装《いでたち》」をしていた[135]。

野田の人となりについては、植村がよく書き残している[136]。植村が聞いたところによれば、野田は岐阜の出身で、当時二一才だった。五才の時に芸人の養子となり、ただちにシベリア鉄道でロシアに渡った。それ以来ヨーロッパ中を渡り歩き、一度も日本に帰ったことはなく、実の親兄弟の顔も名前も知らなかった。幼い時から危険な軽業を習うのが嫌だったが、殴る蹴るの暴行を受けるのも苦痛だったので、一生懸命稽古をした。激しい虐待の末に、ようやく芸が身についたが、舞台から落ちて歯を折ったり、足や腕の関節を外したりして、身体は相当傷んでいた。野田は獄中で、しばしば自分の不幸な境遇を訴え、「ああ、私は何でこんなに不幸でしょう」とため息をつくこともあった。彼の日本語はたどたどしく、仮名《かな》も全く読めないので、植村は収容所内で彼に根気よく仮名を教えた。

野田は、大戦勃発時にはベルリンにいた。ベルリンでは、八月初頭に日本人が大歓迎を受けたり、ロシア人が殴られたりする様子を目撃した。八月一六日に、ベルリン駅に大変な数の日本人が集まっているのも見たという。野田がいた当時からベルリンでは男子の数が減っていて、電車の車掌も女性がやっていた。野田は八月一六日にベルリンを出発し、エッセンを経てクレーフェルトに入った。同地の知人を訪ねるためであった。その後クレーフェルトの監獄に抑留され、植村と共に解放された後、途中で小田部の一行と合流してスイスに出国した。チューリッヒに入ると、偶然ドイツから出国してきた芸人仲間に会ったので、一緒に興業を行ったという。これは、次に述べる沢田豊の一行だった可能性もある。野田はその後イタリアに行ったというが、以後の足取りは不明である[137]。

(五)沢田豊

以上二人の旅芸人が、個人で活動中に抑留されたのに対して、サーカス団を率いて興行中に大戦が勃発し、一座ごと抑留の憂き目に遭った者もいた。ヨーロッパを代表するサラザニサーカスで活躍していた沢田豊(一八八六〜一九五七)である。次いで彼の抑留について、大島幹雄氏の研究に拠りながら、紹介していこう[138]。

沢田豊は、一八八六年に愛知県葉栗郡大字大野(現一宮市)に生まれた。祖父は尾張藩の典医、父も医師であった。一八九一年の濃尾大地震で生家が壊滅したため、一家は東京に出た。豊は祖父の勧めで医学を勉強するが、性に合わずに止めてしまい、そのうち浅草で見た「横田一座」の玉乗り芸に夢中になった。芸人を志すようになった彼は、家出をして横田一座に加わり、ウラジオストックに渡った。一九〇二年のことである。沢田は横田一座の一員としてロシア内で活動を続け、帝室技芸員の称号を受けるほど高い評価を受けた。もっとも順風満帆ではなく、ヤルタ(Yalta)公演中に日露戦争が勃発し、敵国人としてセバストーポリ(Sevastopol)で抑留されるという経験をしている。沢田は賄賂《わいろ》を使って脱出し、日本に帰国したが、その後徴兵され、ロシア軍と戦っている。

一九〇七年、横田一座はドイツに渡り、ドレスデン(Dresden)でサラザニサーカスと合流した(横田一座がサラザニサーカスの興行に協力する形である)。サラザニサーカスは、一九〇二年に旗揚げされた一座で、沢田たちが合流した頃はまだ小さな一座だったが、その後一〇年足らずでヨーロッパ一の規模に成長したサーカス団である。団長のサラザニ(Sarrasani)はサーカス界の風雲児と言われ、それまでともすればジプシーの大道芸の寄せ集めと見られていたサーカスを、近代的なエンターテイメントに仕立て上げた人物である。横田座はサラザニから信頼され、命知らずの決死の軽業とオリエンタルな演出で観客を魅了し、このサーカス団の発展に寄与した。一九一三年、横田一座が再編され、沢田は新しい一座七名を率いる隊長となった。同年には、ドイツ人女性と結婚し、長女が生まれている。

一九一四年七月、第一次世界大戦が勃発した際、沢田はサラザニ一座と共にエッセンにいた。大戦が始まると、一座のドイツ人は兵隊に取られ、フランス人など敵国人は抑留され、わずかに残されたのは日本人、スペイン人やアラブ人だけになり、サーカスは開店休業状態になってしまった。仲間や身内が次々に出征するのを見て、沢田もドイツ軍に志願した。しかし、それはすぐに無駄になった。日本がドイツに宣戦布告をしたからである。

日本の宣戦布告の噂が広がり、町に不穏な空気が流れると、沢田らは、ホテルからサーカス団が使う大きな住居用ワゴンに移り、脱出の機会を窺った。しかし、一座から給料を持ち逃げする者が出て、その者がオランダ国境に向かう途中で捕まり、沢田らの存在を密告したために、沢田は仲間とともに拘禁されてしまった。一同は、警察の監獄に、二部屋に分けて収容された。八月二一日のことであった。食事はパンとコーヒーだけの粗末なもので、室内にはトイレ代わりの空き缶が置かれていた。沢田は、サラザニや妻から差し入れをもらったり、看守に取り入って上等な食事やタバコを手に入れたりしながら、苦しい生活を凌いだ。

しばらくして沢田らは、移送されることになった。そのためにエッセンの駅に連れて行かれると、反日感情に燃える群衆が騒ぎ始め、暴行を加えようと押しかけてきた。護衛の軍曹が制止したところ、今度はその軍曹に矛先が向けられ「あの売国奴をやっつけろ」と騒然となり、軍曹がサーベルを抜いて野次馬を追い払うことで、ようやく事なきを得た。汽車に乗り込む時には、見送りに来た沢田の妻に対して「売国女!イヌ!」という罵声が浴びせられた。

沢田らの移送先はゾルタウ(Soltau)の捕虜収容所であった。そこにはイギリス、フランス、ロシアなどの捕虜約一万五〇〇〇名が収容されており、狭い場所で大量の人間が集団生活を送っていた。起床ラッパによって目を覚ますと、一つの洗面台には一〇〇人ぐらいが列をなし、洗面が終わってようやく支給されるコーヒーは、色をつけたお湯のようで不味かった。沢田は、朝から晩まで、森林を切り拓く強制労働に駆り出された。その上、大の日本人嫌いの軍人から、何かといえば殴る、蹴るの暴行を加えられた。このような厳しい生活の中で、一座のひとり横田権次郎が重病に倒れた。彼は、沢田の直訴によって入院を許され事なきを得たが、ドイツを出国後、日本に送還される途中で、乗っていた船がドイツ潜水艦の攻撃を受け、大西洋に沈没したという。

やがて沢田らは、収容所内で新しい軽業の練習に取り組み始む余裕もできたが、一〇月三日に釈放された。一座は一緒に行動することを義務付けられ、ハノーファー、リンダウを経由する条件でドイツ出国を許可されていたが、これでは、エッセンにいる妻やサラザニに一生会えなくなる可能性もある。そこで沢田は、エッセンから移送される際に知り合った軍人に取りなしを頼み、エッセンに立ち寄る許可を得た。エッセンで慌ただしく妻とサラザニに会った沢田は、ベルリンで連絡を待つよう伝え、出国の途に就いた。リンダウからボーデン湖を渡り、ロールシャッハに入ると、税関で一人五〇〇マルクの所持金がないと入国できないことが分かり、リンダウに戻されるという悶着も起きたが、アメリカ大使館の援助を得て、一行は無事スイスに入国することができた。沢田は、当座の金を稼ぐため、一行と共にチューリッヒで活動しているサーカス団のもとで働き、年末に妻と長女を呼び寄せている。

沢田らの到着は、日本の外務省も把握していた。フランスのリヨンにある日本領事館が作成した出国者のリストには、沢田豊ら横田一座の芸人の名前が記載されている[139]。リヨンの山崎次郎領事は、出国してきた日本人たちに極力帰国を勧め、官吏、留学生など信用のある者には、証書作成の上で帰国費用を貸与した。小田部荘三郎、植村尚清のように、留学を続行する者もいたが、一〇月一七日以降、日本への帰国は順次開始された。これに対して旅芸人たちは、官吏や留学生とは全く違う行動パターンを取った。山﨑領事は、一一月六日付の加藤外相宛報告で以下のように述べ、自らの執った処置に了解を求めている[140]。

「救助を願出でたる避難者中、興行師、商人等にして従来欧州各国を巡廻し生計を立て居〔り〕たりしものは、此際本邦に送還せらるるときは、本邦に至り直ちに衣食に窮すべしとの理由にて、本官の説諭に応ぜず。或は英国に頼るべき同業者又は知己ある旨を述べ、或は伊太利国に興行の契約あることを理由とし、或は又西班牙《スペイン》に取引関係あることを申出て、各自其の行先を決定し、且今後官辺の救護を仰がずして衣食の方法を求むべきことを誓ひたるを以て、之等を強制して本邦に送還することを得ず。依て最小額の旅費を給与し、目的地に向はしむることとなせり。」

その後沢田は、ローマの劇場で一ヶ月だけ働いたが、大戦が長引く中で、芸人の働く場所はなくなっていった。横田一座は事実上解散になり、沢田はチューリッヒに住まい、家族のためにあらゆる場所で働いた。沢田がサラザニサーカスの舞台に復帰し、再びヨーロッパを沸かせたのは、大戦の終結後である。

4 残留した日本人たち

最後に、第一次世界大戦勃発後もドイツに残留した日本人について見ていく。

ここまで見てきたとおり、ドイツで抑留された日本人は、一九一四年末までにほぼ全員解放され、出国するに至った[141]。しかし、その後もドイツに残留した日本人が全くいなかったわけではなかった。その代表が、辻高衡《つじたかひら》、老川茂信、藤沢廉之助の三名である。通常、敵国人である日本人がドイツに残留するのは非常に困難だったはずであるが、彼らはあえてその道を選んだ。彼らは、長年ジャーナリストや教師として活動していたため、ドイツ人の知己が多く、ドイツでの生活を一定期間存続させるための基盤を持っていた。また彼らの他にも、ドイツ人と結婚した日本人、ドイツで女中として働いていた日本人、ロシア系日本人などが残留していた模様である。以下、彼らの残留の実態について見ていこう。

(一) 辻高衡

辻高衡(一八八七〜一九二八)は、一九〇二年以来、ベルリン大学附属の東洋語学校で日本語を教えていた人物である[142]。独逸学協会学校でドイツ語を学び、渡独前は、学習院教授、第一高等学校教授を歴任し、ドイツ語学者としてわが国でも有数の地位を占めていた。主な著書として、『実用独逸語学』上中下(一八九九〜一九〇一年)、『独逸会話教科書』(高田善次郎と共著、一八九九年)、『独逸詩文詳解』(高田善次郎と共著、一八九九年)などがある。辻はかねてからドイツ留学を希望していたが、一九〇二年にドイツ政府からベルリン東洋語学校講師を委嘱され、素志を実現する機会を得た。当初の予定では、東洋語学校への勤務は三年間の予定であったが、その後契約が一九一六年まで延長された。一九〇五年から一九一四年までは、プロイセン陸軍大学教師も兼務し、この間一度も日本に帰国しなかった。ドイツ滞在中、辻が日本語を教えたドイツ人は多数にのぼった。教え子の一人であるヴァルター・レェーン(Walther Roehn, のち東京外国語学校講師)によると、辻は幅広い教養と暖かさを持ち、「親切と忍耐、真剣と公正」をもって教え、生徒との間には「相互尊重に基づく美わしい信頼関係」があったという。

一九一四年七月二八日、第一次世界大戦が勃発すると、ベルリンの船越代理大使は、日本人の退去準備を急速に進めた。この時、船越を助けて、日本人が無事に脱出できるよう尽力した一人が、辻であった。大戦勃発当時、辻はデンマークへの旅行を計画していたが、開戦後の旅行は危険が多いと判断して中止し、ベルリンに留まった。辻は、船越の意を受けて、在独日本人からの寄付金合計一八六五マルクをドイツ赤十字社へ届ける役目を果たした。また、八月一五日には、老川茂信(日華月報主筆)、西村富三郎(慶応義塾教授)と協力して、日本倶楽部閉鎖の陣頭指揮を執った。ドイツの事情をよく知る辻は、船越や日本大使館から非常に頼りにされていたのである[143]。

八月二〇日、ドイツ政府による日本人の一斉拘禁が行われた。辻もこの時拘禁された。前述したイリス商会社員槇田麟一は、辻も同じ監獄に収容されたと証言しており、彼ら一九名はベルリン西郊のシュパンダウ監獄に収監されたものと思われる[144]。辻によれば、獄中では毎日多少の運動が許可されたものの、とにかく食事がひどく、パンや芋粥の他にほとんど副食がなく、「純然たる囚人扱い」を受けたという[145]。自費で食事を賄うことを許されてから待遇は改善されたものの、前途に光明が見いだせないと考えた辻は、東洋語学校の校長に手紙を送り、出獄の取り計らいを依頼した。すると、校長の使いの者がやって来て、出獄は不可能ではないが、外界では人心が甚だしく荒れていて、命の保証ができないので、むしろ獄中で我慢する方が安全であるという勧告を受けた。辻はやむなく約三週間滞在を続け、九月一〇日に槇田らと共にルーレーベンの民間人抑留所に移送された。

しかし幸いなことに、辻はこの日に放免を許された。おそらく開戦後しばらく経ち、人々の様子が少しずつ落ち着いてきたので、校長が釈放を働きかけたのだろう。釈放された後、辻は知り合いのロシア人に「もし君が日本人に会った時は、辻は拘禁から釈放されて無事でいると伝えてくれ」と伝言した。このロシア人がシベリア鉄道に乗車したところ、たまたま帰国中の船越代理大使一行と遭遇し、船越に無事を伝えることになったという[146]。

なおこの時辻と一緒に、ドイツの学士院で助手をしていた朝鮮人・金重世という人物が釈放されている[147]。この背景には、学士院からのとりなしがあったようである。辻によれば、彼は朝鮮で文部大臣を務めた人物を叔父に持ち、哲学を修め、高潔で立派な人物だったという。釈放後は、旅費の問題のために出国できず、辻が出国した時点ではまだドイツに残留していた。旅費が工面できず終戦まで残留を続けた朝鮮人がハノーファーにいた模様であり[148]、あるいは彼も戦争が終わるまで滞在を続けたのかもしれない。

釈放後、辻は一週間に二回警察へ出頭することを義務づけられた。散歩はベルリン市内に限られ、郊外に出るときは許可を要した。日本が最後通牒を発して以降、ドイツ人の対日感情は極めて悪化したが、その後日本人がほとんど退去するにしたがって、それも薄らいでいった。辻は、日本でドイツ人捕虜が手厚い待遇を受けていることが、手紙や新聞でドイツに伝わったことも、彼らの対日感情が好転した一因だと想像した。ドイツ人の大半は、日本人が残留しているとは想像もせず、辻のことを中国人かその他の東洋人だとみなしている風だったという。また、辻が危害を受けることも全くなかったという。ちなみに辻は、ドイツに残留した敵国人のうち、イギリス人、フランス人に対しては「厳重なる野外拘留」が行われる一方で、ロシア人の拘留は比較的少数にとどまり、多くは自由居住を許されていたと証言している。

辻は釈放後もベルリン大学で日本語を教えたが、敵国となった日本について学ぼうという学生はほとんどいなくなってしまった。開戦一年目、日本語学科の卒業生はわずか二名で、二年目にはついに就学者は一人もいなくなってしまった。そこで辻は、やむなく日本語辞書の作成など著作に従事し、その作業を一九一六年に雇用契約が切れるまで続けた。東洋語学校の校長は、契約の更新も打診したが、辻の観測によれば、それはドイツの国情が外部に洩れることを恐れていたからに他ならなかった。しかし、家族が安否を心配していることを考慮した辻は帰国を希望し、一九一六年九月一〇日に帰国の途に就いた。帰国に際しては、ドイツの出版物を一冊たりとも持ち出すことは許されなかった。帰路はコペンハーゲン、ストックホルム、ペトログラード経由で[149]、ペトログラードからはシベリア鉄道に乗り、満州、朝鮮を経て、一〇月二四日に下関に到着した。

辻は帰国途上で『東京朝日新聞』のインタビューに応じ、ドイツでの抑留経験について語った[150]。彼は、戦時下のドイツにおいて、自らが見聞したことについても述べているが、彼の見方は、全体的にかなりドイツに同情的な傾向が強かった。

例えば辻は、ドイツ国民の意気が阻《そ》喪《そう》し、講和の気運も生まれつつあるという報道に言及し、それは「誤聞」であると断じている。アルザス地方や海外の植民地を除けば、ドイツは国内への侵入をほとんど許しておらず、戦況は「連合軍に幾分の弱みある」というのが、辻の見立てであった。また、辻によれば、ドイツ国民は「今なお元気旺盛」で、勝利を確信して努力しており、兵役志願者も多数いた。他方で辻は、ドイツを「軍国主義の国家」とする見方には反対で、国家が兵士を訓練するのは「当然の道」であると論じた。

ドイツでは戦争の進展と共に、男子労働力が不足し始めたが、辻は女子がそれを補っているのに注目した。資源に関しては、石炭、鉄はほとんど自給できており、銅のみは不足しがちであったものの、国民からの回収によって解消されつつあった。軍費は国債で賄われ、食料品や日常物資も、代用品の活用や徹底した統制のために欠乏には至っていなかった。辻は、ドイツ国民が

「国家に対する団結心」を強固にしている様子に感銘を受けており、帰国時点では、ドイツが敗北するとは考えていなかったようである。

帰国の翌年、辻は東京外国語学校教授に就任し、ドイツ語を教えた。大戦中も辻の親ドイツ感情は変わらなかった。大戦が終わりに近づいていた一九一八年九月号の『独逸語学雑誌』に、辻は次のような文章を寄せている[151]。

「欧州戦乱の結果は如何あらうか。今日の処では未だ何とも云はれない。しかし其結果は如何であらうとも、独逸が既に今日までに発揮した実力は従来の国民の努力の結果であることは普《あま》ねく知れ渡った。独人が戦後国力に如何な活動をするかは実に見ものである。」

たとえドイツが大戦に敗れても、持ち前の勤勉さで必ずや立ち直るという確信が、辻にはあった。また辻は、大戦によって日本人のドイツ語学習熱が衰えたことに危機感を持っており、戦後の復興過程を観察するためにも、ドイツ語を学ぶ必要があるということを、大戦中から説き続けた[152]。大戦に敗れると、しばらくドイツ国内は混乱状態に陥ったが、やがてワイマール共和国が誕生し、終戦後のインフレによって留学が容易になると、日本人は再び続々とドイツに留学するようになった。辻自身、一九二六年に満鉄および鉄道省の嘱託としてドイツを再訪し、戦後の復興ぶりを実地に見る機会に恵まれた。同行者によれば、辻は「第二の故郷」に来たような感じで、子供のようにはしゃいでいたという。辻はその後も東京外国語学校でドイツ語教育に一層力を注いだが、一九二八年、在職中に急逝した。享年六〇であった。

（二）藤沢廉之助

藤沢廉之助（一八八一〜？）は、ドイツで長年活動したジャーナリストである[153]。彼は、一九〇六年、経済学研究を目的としてドイツに留学したが、その後ドイツの新聞社の特派員（当時の言葉では通信員）として勤務する傍ら、辞書の編纂、絹織物の売買などにも従事するようになった。一九一一年には、『新訳和独辞典』という辞書をベルリンのランゲンシャイド書店から出版している。この間、藤沢にとってドイツは「ほとんど故郷」のような親しみを感じる地になったという。

一九一四年八月、日独の国交が断絶すると、ベルリンに滞在していた藤沢は帰国準備に取りかかったが、間に合わずに大使館前で拘禁された。八月二〇日のことである[154]。藤沢は自動車で連行され、シュパンダウ監獄の独房に入れられた。この時、ドイツ人の刑事は有無を言わせない態度であり、藤沢はどういうわけか自動車代まで支払わされたという。藤沢が拘禁の理由を問うと、「理由は言う限りではない。静かにして居れ。」という冷酷な申し分で、なされるがままにする以外なかった。藤沢は、拘禁されるとすぐにドイツ語で葉書を書き、状況を日本大使館の重光葵外交官補に伝えた。日本大使館は、これによって日本人の抑留が開始されたことを知り、ただちにドイツ外務省に抑留者との面会を申し入れた。しかし、ドイツ側はこれを断固拒絶した[155]。

藤沢が証言する監獄の状況は、槙田麟一、辻高衡が語るところと酷似しており、彼らは同じ監獄に入れられていたのではないかと思われる[156]。藤沢の独房は厳重で、隣の独房と話をすることはできなかった。しかし、一〇時から一二時まで散歩を許されたので、その間は日本人が集まって語り合うことができた。食料は「粗悪極まる物」であった。朝は一杯のコーヒーと、石のように固くてカビが生えたパンが二切れ、昼は芋のスープ、夜は朝と同じようなパンだけで、一週間に一度「肉のような物」が出たという。これではとても我慢ができないので、藤沢は番人に金を払い、食料を買うことにした。番人は大喜びで、最終的には、藤沢らが「お客様」で、番人たちがヘエヘエするような珍現象を呈したという。

約三週間後、藤沢は競馬場を利用した収容所に移送された。おそらく移送先は、前述の槙田麟一と同じルーレーベンの競馬場を利用した収容所だったであろう。藤沢は馬小屋に入れられ、馬一頭の代わりに四、五名と共に収容され、藁布団一枚ずつで寝る羽目になった。南京虫の襲撃が猛烈で、衛生状態はきわめて悪かったため、藤沢は「こんな所にいつまで置かれることか」と悲観していたが、その後約四週間で釈放された。アメリカ大使館の尽力があったというから、槙田、老川と同じ一〇月三日のことであろう。

一九一四年末までに抑留されていた日本人は全て解放され、ベルリンに残った日本人は辻、藤沢と老川茂信ぐらいになった。やがて、一九一五年に老川が、一九一六年には辻がドイツから退去したが、藤沢は踏みとどまった。藤沢は、この戦争で必ずドイツが敗北するに違いないと信じていたので、「内部から瓦解する光景を見てやろう」と考えて、単身残留することを決意したのである。そのため藤沢は、アメリカ大使館からの救助の申し出も断ったようである[157]。

しかし、釈放後の生活は、容易ではなかった。藤沢は、昼間は自由に行動することを許されたが、夜七時以降は外出を禁止された。当初は一日二回警視庁に出頭を命ぜられ、捺印してもらうのが義務であったが、これでは全く自分の仕事ができないため、やがて一週間二回に緩和してもらった。ところが、それでも警察は藤沢のことをマークしており、巡査が時々やって来ては「居るかね?」と様子を窺ったという。

こうして藤沢は、大戦が終わるまでドイツ滞在を続けた。残念ながら藤沢が詳しい記録を残していないため、この間の藤沢の生活についてはよく分からない。ただ、それまでドイツに親近感を覚えていた藤沢が、大戦中の経験を通して、ドイツに悪イメージを持つようになったことは間違いない。大戦後に発表した回顧談の中で、藤沢は、ドイツでは教育が普及して、国民一般に常識が発達しているとする一方で、ドイツ人は「非常な残忍性」を有していると論じ、東部戦線でのドイツ軍の残虐行為をその一例として挙げた。また、ドイツでは戦争中道徳が崩れ、街中で強盗や殺人が頻発したり、人々が享楽的になって、劇や活動写真が戦前よりも盛んになったりしたと振り返った。

藤沢は、ドイツは敗戦したものの、元来「底力のある国民」なので、一〇年もすれば国力はある程度まで回復するだろうと見た。もっとも、多額の賠償金を課せられ、このままではいつまでたっても浮かぶ瀬がないので、ドイツは機会があればまた戦争を始めて、借金を踏み倒すことをもくろんでいると予想した。ドイツに対する高い評価と不信感がないまぜになった観測であるが、その後のナチスの台頭を考えると、それなりに的確な見通しだったとも言える。大戦中のドイツを内部から目撃した唯一の日本人ジャーナリストとしての面目躍如と言うべきであろうか。

(三)老川茂信

藤沢廉之助と同様に、ドイツで長年ジャーナリストとして活動し、ベルリンで大戦勃発に遭遇したジャーナリストとして、老川茂信(一八八三〜?)がいる[158]。次に彼の経験を見ていくことにしよう。

老川は、明治法律学校で学んだ後、一九〇三年にドイツに渡り、同年から一九〇六年までベルリン大学に在籍した。当時ドイツでは、ジャーナリスト玉井喜作(一八六六〜一九〇六)[159]によって、月刊誌『東亜(Ost-Asien)』が発行されていた。この雑誌は、ドイツで日本人によって発行された初めての雑誌で、「日独貿易の大機関」を謳い、貿易に有益な各種の情報を発信していた。発行部数は約五〇〇〇部、そのうち約三割が日本で発行されており、日独で発行されているという利点を活かして、両国の企業から広告を取って運営されていた。一九〇六年、玉井がベルリンで亡くなると、老川は『東亜』の編集を引継ぎ、一九一〇年二月まで発行を続けた。同年五月からは、後継誌『Japan und China』を発行した。当初この雑誌の日本語名は『日清月報』だったが、辛亥革命によって清が滅びたため、一九一二年八月号からは『日華月報』と改められた。この雑誌は、第一次世界大戦が勃発する直前まで発行が続けられていたようである。

一九一四年七月二八日に第一次世界大戦が勃発すると、老川は船越代理公使から退去を勧告されたが、「如何なる危険があっても、断然ドイツに止まる決心なり」と述べ、踏みとどまる覚悟を示した。その後一六日に日本から対独最後通牒が到着すると、船越は老川に重要な仕事を託した。それは、ハンブルクの日本総領事館に、最後通牒の到着を知らせることであった。

船越は、最後通牒の到着後、すぐにそれをハンブルクの総領事館にも電報で知らせ、引き揚げの準備を指示していたが、検閲が厳重を極めていたため、電報の着否は不明であった。また、平時であれば、ベルリン・ハンブルク間は列車で三時間余りの距離であったが、開戦後は交通機関が軍事優先となり、一般旅客は一〇時間以上も要するようになっていたため、連絡が非常に困難な情勢となっていた。そこで船越は、信頼する老川を「密使」に立てて、最後通牒の到着を知らせ、総領事館退去のため適切な措置を取るように伝えることにしたのである。老川は、この任務を首尾良く果たし、一九日にベルリンに戻った。しかし、その疲れを回復する間もなく、彼は翌日他の日本人たちと同様に、拘禁の憂き目に遭った[160]。

老川もルーレーベンに抑留されていたようである。彼の新聞紙上での談話によれば「陸軍拘留所」で、老川は抑留中に、アメリカのジェラード大使から訪問を受け、大使夫妻から「誠に見事なる慰問品」を受け取ったという。アメリカ大使館からの働きかけもあって、老川は一〇月三日に釈放されるに至った[161]。釈放後老川は、アメリカ大使館の業務を手伝い、日本人出国のために尽力した。周囲のドイツ人から特に迫害を受けることもなかったが、本来のジャーナリストとしての活動は、官憲による圧迫や移動の制限のため思うに任せず、老川はついに翌年八月、ドイツからスイスに出国することを決心した。スイスに入国するためには、アジア人に限って四〇〇マルクを所持していることが条件として要求されていたため、老川はこの金をロンドンの日本大使館から借りて準備した。その後、軍事機密の国外持ち出しの嫌疑を受け、九月八日に妻と一緒にミリテールゲワノルサムという地に再拘禁されるという一幕もあったが、八〇余日後に釈放を許され[162]、一一月二七日にベルリンを出発することができた。ドイツ官憲、アメリカ大使館員に付き添われてドイツを出国した老川は、スイスのチューリッヒに入った。

老川はチューリッヒから東京朝日新聞に手紙を送り、自らの抑留体験とドイツ国内の状況を知らせている[163]。多大な苦労をしたにもかかわらず、老川のドイツに対するイメージはそれほど悪くなっていなかった。老川は、ドイツの一般国民は日本人を「火事場泥棒」と見なし、強い反日感情を持っているものの、従来日本人と交際があったドイツ人は、大戦勃発後も親切で、不愉快な態度を取ることはなかったとした。また、ドイツ人はいまだに元気で、食料の欠乏も餓死者を生むほどではなく、戦争はまだ長引くと予測した。その後も老川は、チューリッヒに留まって、ドイツ、ロシアや東欧を中心とするヨーロッパ事情を研究することにし[164]、東京朝日新聞の特派員として、「鉄血生」というペンネームで多くの記事を寄稿した。主な記事のタイトルを拾うと、以下のとおりである。

「ポーランド王国の新軍団」(一九一七年二月二二日)「オーストリア新内閣及最近政変」(一九一七年三月九〜一二日)「オーストリア首相暗殺者の公判」(一九一七年九月三日)「イタリア窮す」(一九一七年九月一二日)「チスチア伯の失脚」(一九一七年九月一六日、一七日)「レーニンと其一派」(一九一七年一一月一九日、二〇日)「ペルシャの将来と英国」(一九一八年三月三〇日)「英仏海峡隧道計画」(一九一八年四月八日、二〇日)「スイスにおけるロシア人」(一九一八年五月二六日)「ドイツの握れるルーマニアの富源」(一九一八年七月一三日、一四日)「コーカサス共和国」(一九一八年八月二二日、二三日)「アルメニヤ人の惨苦」(一九一八年九月一六日)

一九一八年一一月、第一次世界大戦が終結すると、老川はドイツからの出国者などに取材を行って、一一月革命(ドイツ革命)やその後のベルリンの混乱の様子を日本に伝えた[165]。翌年二月中旬、老川はバーゼルのドイツ領事館に赴き、ドイツへの入国手続きを行った[166]。館内には、アルザス・ロレーヌ(Alsace-Lorraine)から追い出されてスイスにいたドイツ人が、多数押しかけていた。彼らは、敵国人だった日本人が大胆にも入国しようとしているのを不思議そうに眺めていたが、手続きは順調に済んだ。老川は、バーゼル市郊外のドイツとの国境の町オッテルバッハ(Otterbach)まで行き、フランクフルト(Frankfurt)行の列車に乗った。老川は出発前、旅券検査場で、ドイツから戻る際には一人五〇マルクまでしか国外に持ち出せないと告げられ、ドイツが外貨流出の防止にいかに腐心しているかを知った。もっとも、老川自身が三〇〇〇マルクを所持していたため、持ち出しの上限は三〇〇〇マルクまで引き上げられた。

駅で出会うドイツ人は、スイス人と違って絶望の色を浮かべ、見るからに物資が欠乏した様子が分かった。また彼らが「貴様達のために己れの国はこんな悲惨な眼に遭って居るのだぞ」とでも言いたそうな目でジロジロと見つめるため、老川は実に不愉快で不安だったという。まさに敗戦国の悲哀であった。

老川は、大戦後のドイツに初めて入国した日本人ジャーナリストであった。そのため、ドイツ政府はその安全に気を遣い、列車内で乗客から危害を加えられることがないかどうか、車掌に確かめさせていた。実際に何か被害を受けることはなかったものの、老川は車内でもジロジロと見つめられ、「孤独で敵地に入ってきた心細さ」を感じざるを得なかった。老紳士から「どうして日本は吾々の敵になったのです。お互い別に敵同士になるような深い恨みもないではありませんか。」と問い詰められることもあった。老川が、三国干渉以来の日独関係について述べると、話はそれっきりで途切れたという。

列車は、夜にダラムシュタット(Darmstadt)で停車した。車掌の好意によって、老川は市内のホテルを予約することができたが、ドイツでは戦後も食糧の配給制度が続いており、老川はあいにく切符を持っていなかった。そこで彼は、ホテルのボーイに金五マルクを渡してようやく芋と肉を入手し、空腹を満たした。

翌日、老川はフランクフルトで下車した。老川が街中を散策したところ、洋服店には通常の洋服はなく、靴屋には革で作った靴が一足もなかった。あったのは、紙製のシャツ、ズボン、靴下、靴などであり、いずれも通常の品物が欠乏しているために作られた代用品であった。ホテルに入ると、夜具のシーツが十分にはなかった。これは、戦時中に包帯用の布として徴発されていたからであった。また、室内には敵の飛行機に警戒せよという紙が貼られたままになっているなど、まだ戦時色が濃厚に残されており、老川を驚かせた。

老川がフランクフルトに立ち寄ったのは、知人を介してフランクフルター新聞(Frankfurter Zeitung)の社長から取材への協力を得られることになっていたからである。ドイツでは、通貨の統制およびスパルタクス団、ボルシェビキの監視などのため、戦後も厳しい検閲体制が敷かれており、日本語での外国との通信は容易ではなかった。彼が日本語で書いた手紙を外国向けに投函した場合、当時ドイツでは日本語を読める者がきわめて少なくなっていたので、その手紙はドイツ国内で長時間放置され、ニュースとしての価値を失う可能性が高かった。そこで彼は、フランクフルター新聞の記者を通じて、取材内容をドイツ語で国外に知らせることにしたのである。

こうして老川は準備を整えると、ベルリンに入り、ドイツでの取材を本格的に開始した。彼は四月一〇日に執筆した記事で、ベルリンで、物資不足のために、さまざまな代用品が使われたり、人心が荒廃し、あちこちで略奪品が売られたりしている様子を、生々しく伝えた[167]。四月一七日に、日本の宇都宮鼎《かなえ》海軍主計総監、渡辺錠太郎陸軍大佐らが俘虜引渡しの交渉のためにベルリンを訪問すると、さっそくインタビューを行い、青島問題の見通しなどについて質した[168]。五月八日、ドイツ共産党の指導者カール・リープクネヒト(Karl Liebknecht)が暗殺された事件の公判が始まると、法廷に出向いて裁判の様子を記事にした[169]。このように、老川は持ち前のドイツ語力と戦前から培った人脈を駆使して、大戦後にいち早くドイツでの状況を日本に伝える役割を担ったのであった。

老川はその後、一九二六年までドイツに留まった。ドイツではあれこれ日本人の世話を焼いたため、「日本人の父」と呼ばれていたという[170]。帰国後は、大戦後のドイツでの見聞を活かして、『独逸貨幣没落物語』(万里閣、一九三一年)という著書を発表している。

(四) お兼

老川茂信によれば、一九一五年一二月に彼がドイツから退去した際、前述した辻高衡、藤沢廉之助以外にも、ドイツ国内に数人の日本人女性が残留していたという。それは、柏村《かしむら》英子他四、五名の、ドイツ人の女中をしていた女性であったという[171]。

彼女たちのその後については残念ながら不明であるが、大戦終結まで、少なくとも一人の日本人女中がベルリンに残留していたことは確認される。その女性の名はお兼《かね》といい、日本の第一高等学校などで長年ドイツ語を教えたエルンスト・ユンケル教授(Ernst Emil Junker, 一八六四〜一九二七）の娘の女中をしていた[172]。

ユンケルは、一八六四年にザクセン州で生まれた。バウツェン（Bautzen）市の師範学校を卒業後、一八八六年に来日し、以後、第四高等学校、第一高等学校、独逸学協会学校などで教鞭をとった[173]。この間、雑誌『独逸学雑誌』の編集顧問を務め、『袖珍和独辞典』（権田保之助と共編、有朋堂、一九一九年）を編纂するなど、日本のドイツ語教育に多大な貢献を行った。アメリカ人の妻カタリーネとの間に、イレーネ、カーチャという二人の娘がいた。このうちどちらかが、一九〇五〜〇七年頃、一三歳の時に教育上の理由でドイツに行った。淡路島出身で、ユンケル家で女中をしていたお兼は、この時一緒にドイツへ渡った。両親が既に亡くなり、故郷に兄弟しかいなかったためだったという。以後彼女は、主人が学校を卒業し、結婚してからも奉公を続け、大戦中もベルリンに残留した。大戦中、彼女は一日二回役所への出頭を義務付けられ、一度でもそれを怠ると担当者が調べにやって来たという。ただし、女性ということで、抑留されることは一度もなかった。ちなみに彼女は、日本語は方言しか話せなかったが、英語ができ、ドイツ語は日本語よりうまく話せた。服装は、ドイツでもずっと和服、下駄で通していた。

ところで、ベルリン西部のウィルマースドルフ（Wilmersdorf）という地域に、ストローナー夫人と呼ばれる女性がいた。彼女は下宿を経営しており、大戦前には多くの日本人がここに寄宿していた。大戦中日本人は全て退去したが、大戦が終わると、再び日本人はここに下宿を始めた。一九二〇年には、いつも一、二名の日本人が下宿し、週末ともなると一〇名ほどの日本人が集まって日本食を食べるのが常となっていたという。もっとも、ストローナー夫人の日本料理のレパートリーが少ないことから、下宿人から不満が出て、ある日お兼の存在を知った角田という海軍軍人が、彼女をストローナー夫人のもとに呼び、日本料理を習わせることを発案した。この案は実現し、この年の夏のある晩、角田、三菱に勤務していた野間、その他五、六名の日本人とストローナー夫人、お兼が集まって会食する機会が催された。

このように、大戦下のベルリンに留まり、戦前・戦後の在ドイツ日本人コミュニティーが連続性を維持するのに貢献した女性がいたことは、興味深い事実である。

(五) ベルツ花

大戦勃発から終戦までドイツに留まり続け、その経験を記録した女性もいた[174]。東京帝国大学で日本人に長年医学を教えたお雇い外国人エルヴィン・フォン・ベルツ(Erwin von Bälz、一八四九～一九一三)[175]の妻花(一八六四～一九三七)であった。次いで、彼女の大戦経験について見ていこう[176]。

彼女の夫ベルツは、一八四九年に南ドイツの小都市ビーティヒハイム(Bietigheim)で生まれた。チュービンゲン大学、ライプツィヒ大学で医学を学び、軍医として普仏戦争に従軍した後、一八七六年にお雇い外国人として東京医学校(のち東京大学医学部、東京帝国大学医科大学)に招聘された。

専門は内科、産婦人科で、三浦謹之助、入澤達吉ら多くの後進を育成した。一八九〇年頃からは、明治天皇や皇太子嘉仁親王の侍医も務めた。この他にも、日本人の人類学的研究、温泉の研究などを行い、日本の近代化のため大きく貢献したことで知られる。

花は一八八七年頃にベルツと結婚した。父荒井熊吉は、神田明神下で商人をしていた。一八八一年頃からベルツ家に入って身の回りの世話をするようになり、その後ベルツがその人となりを認めて、結婚に至ったようである。二人の間には、一八八九年に長男徳之助(トク)が誕生している。一九〇五年、ベルツが長年滞在した日本を離れ、ドイツに帰国すると、花も一緒にドイツに渡った。二人は、シュトゥットガルト(Stuttgart)でベルツの年老いた母や兄弟姉妹のそばに住んだ。ベルツはここで研究に没頭する毎日を送ったが、一九一三年八月に病気で亡くなった。

花は、夫の喪が開けたら一度日本に帰ろうと思っていたが、翌年七月に第一次世界大戦が勃発してしまった。花は、ドイツ人に嫁した以上「祖国」ドイツのために尽くすのが当然と考え、シュトゥットガルトに留まった。年老いた姑や義妹を抱え、対日感情の悪化したドイツで暮らすのは並大抵のことではなかった。また、長男徳之助は軍籍に身を置いていたため、対戦勃発後まもなく召集され、花の心労は増した。しかし彼女は、家族のためにかいがいしく働き続け、その忍耐強さは町の人々から賞賛され、敬愛の念を持って親しまれたという。

花は、帰国後に出版した回顧録『欧州大戦当時の独逸』の中で、大戦中の苦労を語っている。それによると、大戦中の食糧や物資の不足は、シュトゥットガルトでも深刻だったことが分かる。

大戦勃発直後に徴発令が施行され、ドイツ国民はさまざまな物資を徴発された。特に甚だしかったのは、金銀銅などの金属だった。花は、日本から持ってきた金貨は出さなかったが、日本刀の目貫や笄《こうがい》の類、銅製の洗濯用の釜、銀製の食器などを納めたという。一九一五年四月からは、食料品の配給が伝票制になった。支給量は徐々に減り、コーヒー、紅茶はやがて代用品が使われるようになった。食料不足を補うため、公園が残らず野菜畑になった時期もあった。

ドイツでは戦争中、一人息子は一年二回、一週間位ずつの休養帰宅が許可された。そこで、この時期を利用した結婚がよく行われた。こうした「戦時結婚」が流行した結果、赤ん坊ができた直後に父親が戦死する悲劇が多発する一方で、一家断絶の悲運から免れる家も多数あったという。徳之助も一九一五年九月に、シュトゥットガルト工科大学教授の娘ヘレーネと結婚したが、幸い戦死することなく無事に帰還した。

戦時中ドイツと日本との連絡はほとんど途絶えたが、全く日本のことが分からないというわけではなかったらしい。手紙の発送は途中から全面的に禁止されたが、当初はローマ字で書かれた葉書は許可されていた。花は、一九一四年一一月に開戦後初めて日本からの手紙を受け取り、翌年一月には、駒場農学校などで教えていた獣医学者ヨハネス・ヤンソン(Johannes Ludwig Janson, 一八四九〜一九一四)の死去を知らせる手紙を日本から受けている。また、開戦の翌年までは、日本から送られた都新聞を受け取っている。

花は、戦況が悪化してからの様子についても、書き残している。多くの男子が出征し、国内では労働力が不足したので、教員免許を持つ者は学校に駆り出されて代用教員を務めた。一九一五年八月には、電車の運転規定が改正され、車掌は全て運転手か出征軍人の妻が務めることになった。シュトゥットガルトの町はフランス国境に近く、飛行機の偵察、襲撃が頻繁に行われていた。ドイツ側がそれを撃ち落とすため、高射砲を使って攻撃したため、市内は弾丸が炸裂する音が響き渡り、「さながら地獄の中に居るようであった」という。終戦前後は人心が荒廃し、スパルタクス団(ドイツ共産党の前身)が徘徊し、盗賊行為を行った。彼らが勝手に略奪、強盗を繰り返すのを見て、花は「日本の幕末に似て」いると感じたという。花は幼少時に、上野彰義隊の戦いやその後の江戸の混乱を間近で経験していた。

花は、大戦集結後もしばらくドイツに留まった後、一九二二年に日本に帰国した。帰国後の花は、亡夫ベルツの顕彰を通して日独交流に貢献し、一九三七年に亡くなった。長男徳之助も、一九三一年にベルツの日記を公刊するなど[177]、日独の相互理解のために尽力した。第一次世界大戦後、戦時中に途絶した日独の文化交流を回復させるにあたって、ベルツ一家は大きな役割を果たしたのであった。

(六)スモレンスキー

最後に、大戦後にドイツに抑留されていた日本人と思しき人物について、簡単に触れておきたい。

一九一五年一月三〇日、珍田捨巳駐米大使は加藤高明外相に対して、ただ一人の例外を除けば、もはやドイツに抑留されている日本人は残っていないと思われると報告した。その例外というのは、スタルガルト(Stargard)に拘禁中のスモレンスキー(Smolenski)を名乗る人物であった。日本人を自称していたが、日本の姓とは思えなかったため、珍田はアメリカの駐独大使に調査を依頼していた。スモレンスキーは、ケーニヒスベルク(Königsberg)からロシア人の一群と共に移送され、国籍を証明する書類を何も持っていなかったため、珍田は、あるいは「朝鮮人にしてロシア人の姓を名乗れる者」ではないかと疑った[178]。

七月にようやくアメリカの駐日大使に入った連絡によると、彼の経歴は「頗る変化に富み居る」ものであった。スモレンスキー自らが言うところによれば、彼は日露戦争の際にロシアと戦って捕虜となり、戦後に六年間ロシアの軍務に服した。第一次世界大戦が勃発すると、彼はロシアと戦うために、ドイツ軍に志願した。ところが、その後彼はスパイの嫌疑を受け、ドイツから拘留されるに至ったのだという[179]。

実は、これと全く同じ情報が、ドイツ側にも残っている。ドイツの史料によれば、彼ウラジミール・スモレンスキーは、日露戦争後にロシアの捕虜となり、その後六年間兵役に就くことを強制された。大戦勃発と共に、彼はロシアと戦うため志願兵として申し込んだが、どうやらその時拘禁され、捕虜収容所に送られたようである。ドイツ軍にとって、ロシアのためのスパイの意図ありと見なしうるスモレンスキーは、不審者だったのである。ロルフ＝ハラルド・ヴィッピヒ(Rolf-Harald Wippich)氏によれば、彼は一九一八年九月までドイツで抑留され、その後シャルロッテンブルク(Charlottenburg)の仕立屋の親方のところで仕事を見つけたようだという[180]。

彼が本当に日本人だったのかは定かではない。開国以来、多くの日本人がシベリアに渡り、日露戦争勃発時にはウラジオストックだけで四〇〇〇人の日本人が暮らしていたというから[181]、ロシア人との混血児やロシア姓を名乗る日本人がいたとしても、何ら不思議ではない。あるいは彼は、そういった一人だったのであろうか。いずれにしても、彼の話が本当だとすれば、何とも数奇な人生だったとしか言いようがない。彼の不思議な運命は、第一次世界大戦の複雑さを象徴していたと言えるかもしれない。

5 忘れられた「総力戦」経験

最後に、ここまで述べてきたことをまとめておこう。

第一部ではまず、第一次世界大戦勃発に対するベルリンの日本大使館の対応と、日本人のドイツからの退去をめぐる動向について検討した。一九一四年七月二八日に大戦が勃発した当時、ドイツには外交官、軍人、留学生、旅芸人など、六〇〇名近い日本人が在住していた。彼らの多くは、当初戦争の行方を楽観視していたし、ドイツ人の多くも、日本と戦うことになるとは予想せず、むしろ日本に期待感を抱く者すらいた。しかし、まもなく急速に戦時色が増していったため、船越光之丞代理大使は八月七日に邦人に退去勧告を出し、以後日本人は続々とドイツを退去した。外国との通信が途絶する中で、日本大使館および多くの日本人は、事態の変化に概ね適切に対処したと評価することができよう。

八月一四日に、日本が対独参戦準備を進めていることを知った船越は、邦人に即刻退去するよう告示を出した。この前後に、多くの日本人が大挙してドイツから脱出した。他方で、日本の行動に疑念を抱いたドイツ人の間では、日本に対する悪感情が急速に増した。八月一七日に船越がドイツに最後通牒を手渡した後、しばらくはその事実が公表されなかったため、日本人はドイツ人の冷たい視線を浴びながらも退去を続けていたが、八月二〇日にそれは不可能となった。この日ドイツ政府は、日本からの最後通牒を公表すると共に、国内にいる日本人を一斉に拘禁した。船越はこれに抗議し、釈放を求めたが、ドイツ側は拒絶した。こうして日本大使館は、ドイツ国内に拘禁された日本人を残したまま、八月二四日に撤収した。日本とドイツが交戦状態に入った翌日のことであった。

以上の退去をめぐる状況については、当時大使館に勤務していた船越、重光葵が詳しい記録を残している。また、軍人の動きについては前田利為が、民間人の動きについては、山田潤三、河上肇、小泉信三が詳しく証言している。彼らの行動や証言には、いくつかの共通点がある。第一に、彼らは、大戦勃発当初は事態を深刻視せず、むしろ戦争を楽しむ風さえあったことである。第二に、その後、大使館や他の在留邦人の動向に気を配って、日独関係やドイツ人の対日感情の悪化の兆しを的確に把握し、退去を決断したことである。第三に、ドイツから退去する際には、友人や同僚と行動し、周囲との軋轢を生じないよう、慎重に行動したことである。彼らは、オランダ経由でイギリスに渡ったという点も共通している。またいずれの人物も、大戦勃発時のベルリンの混乱ぶりや、ドイツ人の対日感情の変化について、よく伝えている。これらは、第一次世界大戦勃発の瞬間に立ち会った日本人の行動や心情の記録として、大変貴重なものであると言うことができるだろう。

ドイツ政府によって拘禁された日本人は釈放を許されず、長期的に身柄を拘束される抑留者となった。その人数は約一〇〇名、抑留期間は、最も短い者で二〇日間ほど、長い場合には八〇日間にも及んだ。本書ではこのうち、史料によって足跡を辿ることができる一〇名の抑留経験を検討した(釈放後にドイツに残留した者も含む)。槇田麟一、梅本虎雄、小田部荘三郎、氏名不詳の老芸人、野田松次郎、沢田豊、辻高衡、藤沢廉之助、老川茂信、植村尚清の一〇名である(植村についでは、第二部で詳しく検討している)。

彼らは、「日本人」だというただ一つの理由に基づいて抑留された。したがって、彼らの職業、年齢や拘禁場所はバラバラである。職業は、会社員が一名、留学生が二名、教員が一名、ジャーナリストが二名、従者が一名、旅芸人が三名である。年令は、五十代が二名いるものの、二十代(四名)から三十代前半(三名)までが中心である(一名は不明)。これは、ドイツ在住の日本人は二十〜三十代が多かったことを反映しているのであろう。拘禁された場所は、ベルリン(四名)、ドイツ北西部の現ニーダーザクセン(Niedersachsen)州(二名:梅本、老芸人)、西部の現ノルトライン=ヴェストファーレン(Nordrhein-Westfalen)州(四名:小田部、野田、沢田、植村)に大別される。ベルリン以外の場所は、いずれもオランダと国境を接する州である。これは、偶然の要素もあるが(老芸人と沢田はたまたま仕事中に拘禁された)、オランダに出国しようとする途中で拘禁された者が多かったことと関係している。

興味深いことに、取り上げた一〇名のうち九名までが、八月二〇日に拘禁されている(野田は不明だが、二〇日か、その直後と見て間違いない)。ドイツの軍・警察組織の統制ぶりが窺え、興味深い。しかし、その後の抑留施設は、拘禁場所によってまちまちであった。ドイツ政府は、なるべく日本人を設備の整った警察の監獄に入れようとしたのではないかと思われる。しかし、最初から最後まで監獄にいたのは、クレーフェルトの植村、野田だけで、あとの者は他の施設に移送されるか、最初から監獄以外の場所に入れられた。ベルリンの四人は、監獄から競馬場を利用した民間人抑留所に送り込まれているし、梅本は学校を利用した抑留所に収容されている。想像もしなかったほど大量の民間人抑留者が発生したため、ドイツ政府は彼らを収容するための場所の確保に四苦八苦していたのである。

抑留者は、皆大変つらい思いをした。退去の必要を感じていながら突然拘禁された精神的ショックは大きかった。とりわけ、オランダ国境目前まで来ていながら捕縛された者はそうであった。肉体的にも過酷で、一日数時間程度の散歩、不自由な会話、藁布団での起臥、不衛生な環境、掃除の強要、看守からの暴言や嫌がらせなど、監獄や収容所内の生活は、若い者にも耐え難いものであった。抑留者がこぞって感じたのは、食事のひどさである。固いパン、まずいスープ、泥水のようなコーヒーというのが、どこでも相場であった。

収容先は監獄や抑留所だけは足りなかったようで、中には小田部、沢田のように、捕虜収容所に入れられた者もいる。小田部の証言を見る限り、収容所内では捕虜と抑留者は区別されていたようであるが、戦争に参加していない者を、文民向けの監獄や収容所で処遇しなかったのは、国際法上の慣行に照らしても異例であった[182]。特に、沢田が経験したという強制労働が事実であったとすれば、大きな問題であったと言える。上記の一〇人中では、この二人の待遇が特にひどかったと考えられる。

多くの人間が強制的に集住させられた抑留生活では、さまざまな人間ドラマが生まれた。日本人は人数が限られていたので、皆すぐに互いの存在を知ったが、抑留生活でもなければ決して知り合わなかったと思われる者同士も多かった。特に、小田部と老芸人、植村と野田のように、医師と旅芸人が長時間生活を共にすることなど、このような機会でなければまず考えられなかったはずである。虐待を受ける老芸人の釈放を小田部が嘆願し、欧州滞在が長く日本語が不自由な野田に植村が仮名《かな》を教えるなど、彼らの間には明らかに精神的一体感が生まれた。

このような一体感は、日本人同士に限られなかった。小田部、植村が詳しく書き残しているように、彼らは、ロシア人、イギリス人、フランス人、ベルギー人などヨーロッパのさまざまな国の人々と出会い、互いに慰め合いながら抑留生活を乗り切ろうとした。知り合いから差し入れをもらえる者の中にはそれを日本人に分け与える者もいた。手紙の出し方について助言してくれたり、日本の新聞記事を見せてくれたりするなど、親切な者は多数いた。

看守や監視の兵士、警察官には、人種的偏見や日本人に対する敵愾心を持った者もいたようで、彼らから暴言を吐かれたり、虐待的な扱いを受けたりする者もあった。しかし、小田部や植村が証言するように、日本人に同情を示す者も少なからず存在した。また、看守に金を渡して待遇を改善したり、ましな食事やタバコを手に入れたり、外界と連絡を取ったりすることは、皆少なからず行っていたようである。過酷な抑留生活の中でも、人間くさい微妙な取引や駆け引きが繰り広げられていたことを考えると、少し微笑ましくもある。

上記一〇名の抑留者のうち、ドイツ国内に家族や特別なコネを持っていた老芸人と辻は、九月中に釈放された。その他の者の釈放は、一〇月三日(四名)、一一日(一名)、一一月六日(二名)であった。釈放されるにあたっては、アメリカ大使館からの助力があった。中には、梅本のように、釈放される前に自らアメリカ大使館に連絡を取ったケースもある。一〇名のうち六名は、釈放されると直ちに出国を目指した。出国は、スイス経由でのみ許可されていた。槇田、小田部・野田・植村、沢田は、皆南ドイツのリンダウからボーデン湖を経由して対岸のロールシャッハに渡り、スイスに入国している。スイスから入国許可を得るためには、最低限の所持金が必要で、持ち合わせがない場合は、アメリカ大使館からの支援を仰いだようである。

釈放後、老川と辻は引き続きドイツに留まったが、やがて彼らの教員、ジャーナリストとしての仕事を継続するのは困難になり、それぞれ一九一五年、一九一六年にドイツから退去した。一方、釈放された老芸人はベルリンの家族のもとに向かった。おそらく大戦中ドイツを出ることは一度もなかったであろう。彼以外の日本人では、藤沢廉之助、お兼という女中、ベルツ花が、大戦中もドイツに留まったことが確認される。

第一次世界大戦勃発時、ドイツに多数の日本人がいたことは、これまでほとんど注目されてこなかった。彼らが必死の思いでドイツから退去したこと、逃げ遅れた約一〇〇名が抑留されたことは、その後ほとんど忘れ去られ、歴史の影に埋もれてきた。筆者は、彼らの存在が忘れ去られてきたこと自体が、日本にとっての第一次世界大戦を考える上で、少なからぬ意味を持つのではないかと考えている。

第一次世界大戦は、人類がそれまで経験したことのない「総力戦」であり、特に戦場となったヨーロッパにおいては、政治、経済、軍事、思想、芸術、文化など各方面に巨大なインパクトを及ぼした。一方、日本にとっての大戦は基本的には「対岸の火事」であり、せいぜい権益拡張や大戦景気のきっかけを提供した「天佑」でしかなかった。そのため、日本人は同時代において

「総力戦」に参加しているという意識を持たなかったし、大戦後も「総力戦」の経験や遺産――正も負も含めて――を深刻に認識することができなかった。「総力戦」の世界を垣間見た彼らの経験がこれまで忘れ去られ、顧みられて来なかったのは、どうもこのことと関わっているような気がするのである。

第一次世界大戦勃発時に青島で捕虜になり、日本で捕虜収容所生活を送ったドイツ人については、これまで多くの研究が行われてきたが[183]、当時ドイツにいた日本人抑留者については全く研究がない。一方、日本では民間人抑留者に関する研究が近年増えつつあり、日露戦争期[184]、第二次世界大戦期[185]については新しい成果が出ているが、第一次世界大戦期については研究が進んでいない。このように、捕虜・抑留者研究の現状一つを見てみても、日本における第一次世界大戦研究がいまだ不十分であることが明らかである。本書で発掘したさまざまな事実が、今後第一次世界大戦が日本に及ぼしたインパクトを検証していく上で、一つの手がかりとなることを期待したい。

註

1 「在独本邦人移動調査表」(「欧州日独戦争ノ際在外公館及本邦人引揚一件」(以下「引揚一件」)三巻、「外務省記録」5.2.1.24 外務省外交史料館所蔵)。

2 Rolf-Harald Wippich, Internierung und Abschiebung von Japanern im Deutschen Reich im Jahr 1914, in *Zeitschrift für Geschichtswissenschaft* Jg.55 Heft1 (2007)

3 ドイツの膠州湾経営については、浅田進史「膠州湾租借条約の成立」（工藤章・田嶋信雄編『日独関係史　一八九〇－一九四五』I、東京大学出版会、二〇〇八年）、本庄比佐子編『日本の青島占領と山東の社会経済　一九一四－二二年』（東洋文庫、二〇〇二年）、ヴォルフガング・バウアー著、大津留厚監訳『植民都市・青島　一九一四－一九三一　日独中政治経済の結節点』（昭和堂、二〇〇七年）を参照。

4 ドイツの南洋諸島取得と第一次世界大戦以降の同諸島をめぐる国際関係については、Woodrum Smith, *The German Colonial Empire*, University of North Carolina Prss, 1978, 平間洋一『第一次世界大戦と日本海軍　外交と軍事の連接』（慶応義塾大学出版会、一九九八年）、等松春夫『日本帝国と委任統治　南洋諸島をめぐる国際政治　一九一四－一九四七』（名古屋大学出版会、二〇一一年）を参照。

5 一九一四年六月に杉村虎一大使が帰任したため、当時駐独大使は空席で、船越参事官が代理大使を務めていた。船越は、独逸学協会学校を経て、ドイツで博士号を取得した後、一八九四年、外交官試験に合格した。一九〇三～〇六年、オーストリア公使館、一九〇六～〇九年、ドイツ大使館に勤務し、一九一二年四月、ドイツ大使館の参事官に任じられている。一九一六年、退官。一九一六～二七年、貴族院議員。

6 以上の経緯については、船越光之丞『日独国交断絶秘史』（日東書院、一九三四年、復刻版龍渓書院、二〇〇二年、以下『秘史』）五三～六一頁、『重光葵外交回想録』（毎日新聞社、一九五三年）一二頁、山田潤二『伯林脱出記』（千章館、一九一五年二月）一三頁、四三～四四頁を参照。

船越の回顧録は、外交文書やドイツの新聞に基づいて詳細に記されたもので、大戦勃発当時の日独関係を知るための最重要史料である。また、当時外交官補として日本大使館に勤務していた重光葵、ベルリンに滞在していた満鉄(南満州鉄道株式会社)社員の山田潤二の回顧録も、船越の記録を補う貴重な史料である。なお、『日本外交文書』大正三年第三冊(外務省、一九六六年)、「外務省記録」(外務省外交史料館所蔵)にも重要な史料が収められているが、大戦勃発以降日本とドイツの通信がほとんど途絶えたため、点数はそれほど多くない。

7 『秘史』五九頁。

8 河上肇『西欧紀行　祖国を顧みて』(岩波文庫、二〇〇二年、原著は実業之日本社、一九一五年一一月)一二七頁。同書は、河上が脱出先のロンドンから日本に原稿を送り、『大阪朝日新聞』に連載した手記をまとめたものである。

9 吉本明光編『お蝶夫人』(大空社復刻版、一九九六年、原著は右文社、一九四七年)一一頁。

10 前掲、『重光葵外交回想録』一二頁。

11 『秘史』五四〜五五頁。

12 『青年小泉信三の日記　明治四四年 - 大正三年　東京 - ロンドン - ベルリン』(慶應義塾大学出版会、二〇〇一年)一九一四年八月四日、五日。

13 前掲、山田潤二『伯林脱出記』四三頁。

14 同右、八三〜九〇頁。大戦勃発後のドイツ人の反英感情については、Sir Horace Rumbold, *The War Crisis in Berlin July-Augst 1914*, Constable & Company., 1940、大戦下のベルリンの状況については、ディーター・グラツァー、ルート・グラツァー編著、安藤実他訳『ベルリン・嵐の日々　一九一四 - 一九一八　戦争・民衆・革命』(有斐閣、一九八六年)を参照。

15　シュリーフェンプランについては、石津朋之「『シュリーフェン計画』論争をめぐる問題点」(『戦史研究年報』九号、二〇〇六年三月)を参照。なお、山田潤二の記すところによれば、シュリーフェンプランの大要は、日本陸軍の間では周知の事実となっていた(前掲、山田潤二『伯林脱出記』四八頁)。

16　バーバラ・W・タックマン著、山室まりや訳『八月の砲声』(筑摩書房、一九六五年)一四八頁。原文を踏まえて、多少訳を変えている。

17　「八月四日外務省公示　欧州戦争ニ対スル帝国政府ノ態度表明ノ件」(『日本外交文書』大正三年第三冊、九九頁)。

18　『秘史』六一～六二頁。以下ドイツの新聞からの引用は、特に断りのない限り、同書からによる。

19　前掲、『重光葵外交回想録』一一～一二頁。

20　一九一四年八月三日付井上駐英大使宛加藤外相電信(「引揚一件」一巻)、『秘史』八〇頁、一四四～一四五頁。

21　退去勧告が日本倶楽部委員の名前で出されたのは、大使館が前面に立つことでいたずらにドイツ側の猜疑心を招かないようにするためであった(『秘史』八八頁)。

22　船越は長谷を派遣したと書いているが、重光は自分が行ったと述べている(『秘史』一四四～一五〇頁、前掲、『重光葵外交回想録』一三頁)。

23　なお船越によれば、ドイツの銀行に預けられている外国政府の預金は、差し押さえられる可能性があり、現にロシア政府の預金の一部は開戦後差し押さえられていた。そのため彼は、この際邦人の退去費用確保を名目として、なるべく大金を引き出しておいたほうが将来のため有利だと考え、預金の引き出しを図った面もあるという(『秘史』一五〇〜一五四頁)。

24 一九一四年九月四日付加藤外相宛船越代理大使電信別紙五号「大正三年退独者名簿」(「引揚一件」一巻)。

25 今村武雄『小泉信三伝』(文藝春秋、一九八三年)九七〜九八頁。当時の小泉周辺の様子については、小泉信三「ドイツ退去―第一次欧州大戦追想―」、三辺金蔵「伯林より倫敦へ:大戦当時の思出」(『三田評論』五〇六号、一九三九年一〇月)も参照。

26 前掲、『青年小泉信三の日記』七月二八日。

27 同右、八月二日。

28 同右、八月三日。

29 同右、八月六日。

30 同右、八月七日。

31 曾我廼家五郎は、日本で最初の本格的喜劇団を創設し、「喜劇王」と呼ばれた人物である。彼は一言も外国語ができなかったが、西洋の演劇を見てみたいという思いから、一九一四〜一九一五年に女優志願の愛人と二人でヨーロッパを旅した。この抱腹絶倒の珍道中については、和田久一『曾我廼家五郎洋行日記』(博多成象堂、一九一五年、復刻版は同『曾我廼家五郎の滑稽世界見物』井上盛進堂、一九二五年)に詳しい。曾我廼家五郎『喜劇一代男―曽我廼家五郎自伝』(大毎書房、一九四八年)も参照。

32 前掲、『青年小泉信三の日記』八月八日。小泉は大西猪五郎と記しているが、誤記であろう。

33 同右、八月九日、一〇日。

34 同右、八月一一日。

35 同右、八月一二日。
36 日本の第一次世界大戦への参戦外交については、山室信一『複合戦争と総力戦の断層―日本にとっての第一次世界大戦』(人文書院、二〇一一年)、斎藤聖二『日独青島戦争』(ゆまに書房、二〇〇一年)、大久保利謙他編『日本歴史大系一六 第一次大戦と政党内閣』(山川出版社、一九九七年)一章三節(小池聖一執筆部分)、Peter Lowe, *Great Britain and Japan 1911-15*, Macmillan, 1969を参照。
37 小林道彦「世界大戦と大陸政策の変容――一九一四~一六年」(『歴史学研究』六五六号、一九九四年三月)。
38 松井明編『松井慶四郎自叙伝』(刊行社、一九八三年)七九~八〇頁。
39 以下八月二〇日までの状況については、『秘史』六一~九八頁を参照。
40 前掲、山田潤二『伯林脱出記』一四五~一四八頁。
41 前掲、一九一四年九月四日付加藤外相宛船越代理大使電信別紙五号「大正三年退独者名簿」。
42 前掲、『重光葵外交回想録』一二頁。
43 一九一四年八月二二日付加藤外相宛井上駐英大使電信(「引揚一件」一巻)。
44 前掲、一九一四年九月四日付加藤外相宛船越代理大使電信別紙五号「大正三年退独者名簿」。
45 以下、前田利為の経歴については、『前田利為』侯爵編(前田利為侯伝記編纂委員会、一九八六年)、軍人編(同会、一九九一年)を参照。
46 前掲、『前田利為』軍人編、七七頁。
47 同右、八三頁。
48 同上。

49 同右、八四頁。
50 同右、八五頁。
51 林銑十郎の日誌にも、八月八日の項に「引上命令来る」と記されている(宮村三郎『林銑十郎：その生涯と信条』上、原書房、一九七二年、八三〜八四頁)。
52 前掲、『前田利為』侯爵編、一六〇〜一六二頁。
53 永田鉄山刊行会編『秘録永田鉄山』(芙蓉書房、一九七二年)三一八頁。永田のドイツ留学については、森靖夫『永田鉄山』(ミネルヴァ書房、二〇一一年)四三〜四九頁を参照。
54 河上の経歴やドイツ留学については、前掲、河上肇『西欧紀行』の解説(住谷一彦執筆)を参照。
55 同右、一二七頁。河上は八月二日と記しているが、八月一日の誤りであろう。
56 同右、一二九〜一三〇頁。
57 同右、一三二〜一三四頁。
58 以下、ドイツからの退去までは、同右、一三六〜一四〇頁を参照。
59 この数字は、前述した大使館の調査に比べると人数が多いが、実数は不明である。
60 山田の経歴については、和田桂子「山田潤二」(和田博文他『言語都市・ベルリン 一八六一―一九四五』藤原書店、二〇〇六年)を参照。
61 前掲、山田潤二『伯林脱出記』三〜五頁。
62 同右、三七〜三八頁。
63 同右、三八頁。
64 同右、四四頁。

65 同右、四五頁。
66 同右、一三一～一三六頁。
67 同右、八頁。
68 同右、一二四～一二五頁。
69 同右、一四五～一六二頁。
70 同右、一六九頁、二〇二～二〇五頁。
71 以下ドイツからの退去までは、同右、二〇五～二三四頁を参照。
72 奥田昌道「日本における外国法の摂取―ドイツ法」(伊藤正巳編『外国法と日本法』岩波書店、一九六六年)、小高健『日本近代医学史』(考古堂書店、二〇一一年)第一一章。
73 第一次世界大戦後の日本人のドイツ留学については、加藤哲郎『ワイマール期ベルリンの日本人 洋行知識人の反帝ネットワーク』(岩波書店、二〇〇八年)を参照。
74 以下八月二〇～二三日の状況については、『秘史』一二四～一三八頁。
75 『秘史』一三一～一三二頁、前掲、『重光葵外交回想録』一三～一四頁。
76 当時日本は、ドイツ国内では、ベルリンの大使館の他に、ハンブルクに総領事館を設置していた。
77 アメリカへの利益代表国依頼については、『秘史』一五四～一五八頁。
78 イタリアは一九一四年八月三日に中立宣言をしたが、翌年の五月二三日にオーストリアに、八月二六日にドイツに宣戦布告する。
79 トルコは、幕末から明治までの日本と同様、列強に治外法権(領事裁判権)を許していたが、一九一四年九月七日に治外法権撤廃を一方的に宣言する。なおトルコは、同年八月二日にドイツと秘密同盟条約を締結しており、一一月一日にロシアに宣戦布告する。

80 アメリカ大使館による日本人抑留者の出国支援については、James W. Gerard, *My Four Years in Germany*, George H, Doran Company, 1917, pp.97-98を参照。一九一七年にアメリカが参戦した後は、スペインが日本の利益代表国を引き継いだ。

81 日本大使館撤収の様子については、『秘史』一一〇〜一九七頁。

82 『秘史』一七六頁。

83 もっとも、松永直吉書記官の妻静子（江原素六の娘）がドイツを退去した後、帰国途中で病死している。また、留学生の馬越徳太郎、榊忠三の死去については、第一部第三節「抑留された日本人たち」において触れる。

84 信夫淳平『戦時国際法講義』第一巻（丸善、一九四一年）九三七〜九四二頁。

85 第一次世界大戦期のイギリス、フランス、ドイツにおける捕虜に対する敵愾心、暴力については、Heather Jones, *Violence against Prisoners of War in the First World War: Britain, France and Germany, 1914-1920*, Cambridge University Press, 2011を参照。

86 前掲、信夫淳平『戦時国際法講義』、九四三〜九四四頁、Panikos Panayi, An Intorelant Act by an Intorelant Society: The Internment of Germans in Britain During the First World War in David Cesarani and Tony Kushner eds., *The Internment of Aliens in Twentieth Century Britain*, Routledge, 1993.

87 前掲、信夫淳平『戦時国際法講義』、九四六〜九四七頁、Matthew Stibbe, *British Civilian Internees in Germany: The Ruhleben Camp, 1914-1918*, Manchester University Press, 2008.

88 前掲、信夫淳平『戦時国際法講義』、九五〇頁。

89 Rolf-Harald Wippich, op.cit.

90　一九一四年九月四日付加藤外相宛船越代理大使電信（「引揚一件」一巻）

91　『秘史』一二四〜一三八頁、一九一四年九月一一日付加藤外相宛珍田駐米大使電信（「引揚一件」一巻）。

92　「在独本邦人移動調査表」（「引揚一件」三巻）。この文書は外務本省作成の史料（作成部局不明）で、表紙に「在独本邦人数」は五五六名、「退独本邦人数」三三四名、「大使館報告以外の者にして事実退独の者」九七名という人数が記されている。残る一二五名が、外務省が把握していた抑留者の概数ということになるだろう。ただし、外務省は必ずしも正確な情報を入手し切れていたわけではない。同文書二頁目以下には、アルファベット順で人名が列挙され、各人のドイツでの状況が記されているが、明確に「拘禁」「拘禁?」とされている者の合計は八一名である。また、これとは別にリヨン領事館が作成した抑留者のリストがあるが、そちらには合計約九〇名の氏名が記載されている（「大正三年自十月十六日至十一月四日独逸ヨリノ避難者一覧表（里昂領事館）」「避難本邦人名表」「大正三年自十一月五日至十二月五日独逸ヨリノ避難者一覧表（里昂領事館）」「引揚一件」二巻）。重複を除いてこれらを整理すると、抑留者の数は一二六名となる。具体的には、巻末の表3を参照。もっとも、いずれのリストも不完全であることは否めず、抑留者の実数は、もう少し多い可能性もある。

93　「邦人保護及行方安否等取調ノ件」全二巻（「外務省記録」5.2.1.24-1、外務省外交史料館所蔵）。

94　『東京日日新聞』一九一四年八月二〇〜二五日、『読売新聞』同年八月一一日、二一日、二四日、二七日、九月八日、二七日。

95　一九一四年一一月一四日付珍田駐米大使宛加藤外相電信（「引揚一件」二巻）。

96　『東京日日新聞』一九一四年八月二四日。

97 一九一四年八月二七日、九月八日(推定)、一五日、二五日、一〇月五日付珍田駐米大使宛加藤外相電信(「引揚一件」一巻)。
98 一九一四年一〇月二日、七日付加藤外相宛珍田駐米大使電信(「引揚一件」一巻)。
99 『読売新聞』一九一四年一〇月四日。
100 一九一四年一〇月五日付井上駐英大使宛加藤外相電信、一一月一〇日付珍田駐米大使宛加藤外相電信(「引揚一件」一巻)。
101 「大正三年自十月十六日至十一月四日独逸ヨリノ避難者一覧表(里昂領事館)」「大正三年自十一月五日至十二月五日独逸ヨリノ避難者一覧表(里昂領事館)」(「引揚一件」二巻)。
102 一九一五年一月三〇日付加藤外相宛珍田駐米大使電信(「引揚一件」二巻)、一九一六年七月一八日付グリーン駐日イギリス大使宛石井外相電信(「引揚一件」三巻)。オーストリア=ハンガリー在住の日本人の退去については、小野寺龍太『日露戦争時代のある医学徒の日記　小野寺直助が見た明治』(弦書房、二〇一〇年)二〇六～二一七頁を参照。
103 Rolf-Harald Wippich, op.cit.
104 以下槇田の経験については、一九一四年一〇月一〇日付石井駐仏大使宛槇田書翰、同年一〇月二二日付加藤外相宛槇田書翰(「引揚一件」二巻)に基づく。
105 イリス商会については、『イリス商会創業百年史(日独貿易史に対する一寄与)』(イリス商会、一九五九年)を参照。
106 槇田、辻高衡、藤沢廉之助らベルリンで拘禁された日本人(巻末の表3を参照)は、皆最初はシュパンダウ監獄に収容され、その後ルーレーベンの民間人抑留所に移送されたようである(一九一四年一〇月二日付加藤外相宛珍田駐米大使電信、「引揚一件」一巻、前掲、一九一四年一〇

月二一日加藤外相宛槇田書翰、「引揚一件」二巻、前掲、『重光葵外交回想録』一四頁)。

107 後述するとおり、辻の証言によれば、金の釈放は九月一〇日であった。

108 ルーレーベンの民間人抑留所への収容者の中には、のちにトロント交響楽団の指揮者になったアーネスト・マクミラン(Ernest Macmillan)もいた。彼は、アメリカのジェラード大使の支援を得て、抑留所内でしばしばコンサートを開催した。また、同抑留所内ではスポーツもよく行われた(David Ketchum, *Ruhleben: a prison camp society*, University of Toronto Press, 1965, Matthew Stibbe, *British Civilian Internees in Germany: the Ruhleben camp, 1914-18*, Manchester University Press, 2008)。

109 『東京朝日新聞』一九三五年一一月一八日。

110 以下、一九一四年一〇月二二日加藤外相宛石井駐仏大使書翰(「引揚一件」二巻)に基づく。この報告は、陸軍省にも送付されており、大正四年「欧受大日記 二月上」(陸軍省/欧受大日記/T4-3)に同文がある。

111 一九一四年一一月六日付加藤外相宛山﨑リヨン領事電信(「引揚一件」二巻)。第一次世界大戦前まで、スイス公使はオーストリア大使が兼任し、スイスには日本人の外交官が駐在していなかった。そのためスイスの情報は、チューリッヒ駐在の名誉領事(スイス人)の助力を得ながら、イタリアの林権助大使とフランスのリヨン駐在の山﨑次郎領事が収集していた。

112 小田部荘三郎『独逸落ち』(警醒社書店、一九一五年九月)三六六頁。

113 梅本は、馬越が抑留を免れたと聞いたが、老川茂信は彼が抑留されたと聞いている(一九一四年一一月一四日付加藤外相宛老川書翰、「引揚一件」二巻)。

114 前掲、一九一四年一〇月二二日加藤外相宛石井駐仏大使書翰(「引揚一件」二巻)。

115 死去した日は、医師小田部荘三郎が友人の永井熙八(大日本麦酒社員)から聞いた情報による

(前掲、小田部荘三郎『独逸落ち』三六六頁)。

116 『秘話』一三〇頁。

117 植村尚清によれば、一緒にドイツから出国した池田正夫(秋田鉱山専門学校教授)は、抑留生活で健康を害し、スイス経由で日本に帰国後肺結核で死去したという(第二部、植村尚清「ドイツ幽閉記」)。

118 医師橋田邦彦(一八八二～一九四五、のち東京帝国大学教授、文相)は、大戦が勃発すると研究論文を没収され、厩屋に収容され、釈放時に頭髪は「美しい銀髪」と化していたという(東京大学医学部生理学同窓会『追憶の橋田邦彦』鷹書房、一九七六年、二四八頁)。

119 以下の記述は、特に断りのない限り、前掲、小田部荘三郎『独逸落ち』に基づく。同書の概要は、瀬戸武彦「青島をめぐるドイツと日本」(一二)(『高知大学学術研究報告 人文科学編』四八巻、一九九九年一二月)でも簡単に紹介されている。

120 小田部の経歴は、小田部荘三郎『深呼吸による健康法』(雄鶏社、一九五五年)二〇九頁を参照。

121 小田部はこのエピソードを七月三〇日のこととしているが、宣戦布告をした八月一日の誤りではないかと思われる(前掲、小田部荘三郎『独逸落ち』三三頁)。

122 フレンケンは有名な細菌学者コッホの弟子で、ハレ大学医学部長を務めた人物である(前掲、小田部荘三郎『深呼吸による健康法』)。

123 この頃日本国内では、「独探」すなわちドイツのスパイという言葉が横行していた。

124 小田部は四月に腎臓を患い、入院していた。

125 植村尚清「ドイツ幽閉記」(第二部)によれば、彼は住友商事会社員とされているが、外務省の記録では第一生命保険相互会社契約課長とされている(「身元証明書下附願」「引揚一件」二巻)。

126 ウルム到着からスイス入国までのできごとについては、第二部も参照。

127 もっとも大戦が激化すると、スイスにはヨーロッパ中から亡命者が流入した。特に「亡命都市」の様相を呈したチューリッヒには、芸術家、学者、革命家など多くの者が流入し、賑わいを見せた。一九一五年からロシア革命が起こる一九一七年までの間、かのレーニンもチューリッヒに在住した(土肥美夫編『ドイツの世紀末五　チューリヒ』図書刊行会、一九八七年)。

128 前掲、小田部荘三郎『独逸落ち』の巻頭陳言。

129 なお、ドイツから退去した日本人で、芸人やその家族とされている者は四名であるが(巻末の表4)、実際の人数はもっと多かったものと思われる。

130 幕末以降、海外に渡航した日本の旅芸人については、宮岡謙二『異国遍路旅芸人始末』(修道社、一九五九年)、三好一『ニッポン・サーカス物語　海を越えた軽業・曲芸師たち』(白水社、一九九三年)、大島幹雄『海を渡ったサーカス芸人　コスモポリタン沢田豊の生涯』(平凡社、一九九三年)を参照。

131 前掲、大島幹雄『海を渡ったサーカス芸人』一〇六〜一〇八頁。

132 以下このコマ回し芸人については、前掲、小田部荘三郎『独逸落ち』一八一〜二〇〇頁を参照。

133 アメリカで初めて興行を行った曲芸師としては、一八六六年(慶應二)に幕府から渡航許可を受けて渡米した高野広八ら帝国日本芸人一座の存在がよく知られている(宮永孝『海を渡った幕末の曲芸師　高野広八の米欧漫遊記』中公新書、一九九九年)。彼ら以前にニューヨークで大成功した曲芸団は知られていないので、この年代は、小田部、老人いずれかの勘違いまたは脚色ではないかと思われる。帝国日本芸人一座の中には、この老人と年令が近い者が数名いるので、彼がこの一員だった可能性もあるが、彼が述べている興行期間や旅程は、この一座のそれとは符合しない。この老人の昔話は、実体験を踏まえた大雑把なものだと理解すべきであろう。

134 彼は釈放前後、日本政府やアメリカ大使館と連絡を取ることはなかったようで、外務省の記録に彼らしき名前は見当たらない。

135 前掲、小田部荘三郎『独逸落ち』三二八頁。

136 以下野田松次郎については、第二部を参照。

137 外務省の記録で判明するのは、野田がドイツを出国後、チューリッヒ、リヨンに到着したということまでである(「在独大使館報告以外各国在留本邦人調書」、「引揚一件」三巻)。

138 以下沢田豊については、前掲、大島幹雄『海を渡ったサーカス芸人』の特に第一～四章を参照。第一次世界大戦中の沢田の抑留体験に関する同書の記述は、主に沢田豊「流転三十年のサーカス人生を語る」全一六回(『日本新聞』(サンパウロで発行されていた邦字新聞)一九三四年八月二二日～一二月五日)に基づいている。

139 大島幹雄氏は、沢田と一緒に出国したのは、光谷、三田梅吉、中山文吉、横田権次郎の妻おかよ、西村貞雄、西村勇の六名だとしている(前掲、大島幹雄『海を渡ったサーカス芸人』一一九頁)。このうち光谷、三田梅吉の名前は、外務省の記録には出てこないが、光谷というのは、外務省の記録中の水谷清元(チューリッヒ滞在の芸人)ではないかと思われる。また、横田権次郎は、大島氏の著書では、ゾルタウで入院した後に沢田一行と別に帰国したとされているが、外務省の記録には沢田らと一緒に名前が並べられており、一緒に出国したのではないかと思われる。

140 一九一四年一一月六日付加藤外相宛山﨑領事書翰(「引揚一件」二巻)。

141 一九一五年一月三〇日付加藤外相宛珍田駐米大使電信(「引揚一件」二巻)。

142 以下辻高衡については、特に断りのない限り、上村直己『明治期ドイツ語学者の研究』(多賀出版、二〇〇一年)第一二章「ベルリン東洋語学校講師　辻高衡」を参照。

143 『秘史』九四〜九六頁。

144 前掲、一九一四年一〇月二一日加藤外相宛槇田書翰。

145 以下、辻の大戦下のドイツでの経験については、特に断りのない限り、辻高衡「独逸断然衰へず(上)(中)(下)」「戦乱中の伯林」「独逸はこんな現情」(『東京朝日新聞』一九一六年一〇月二二日〜二五日、二八日)を参照。

146 『秘史』一九四頁。

147 前掲、辻高衡「独逸断然衰へず(上)」「独逸はこんな現情」。老川茂信は、その名は金重也であったとしているが、記憶違いであろう(老川茂信「瑞西より」『東京朝日新聞』一九一六年二月六日)。槇田麟一も金の釈放に触れているが、釈放日を九月一日としており、辻の証言とは日付が食い違っている(前掲、一九一四年一〇月二一日加藤外相宛槇田書翰)。

148 Rolf-Harald Wippich, op.cit..

149 当時ペトログラードには、五、六〇名の日本人がいたという(『東京朝日新聞』一九一六年一〇月二六日(辻高衡談))。

150 同右。

151 辻高衡「本紙創刊当時を想て」(『独逸語学雑誌』一九一八年九月号)。

152 辻高衡「独逸語修学と其目的」(『独逸語学雑誌』一九一八年一月号)。

153 以下、藤沢については、特に断りのない限り、藤沢廉之助「大戦中の独逸に居残って」(『新青年』二巻七号、一九二一年七月)を参照。

154 藤沢は、八月二三日に拘禁されたと回顧しているが、他の日本人の拘禁状況および外務省の記録などから判断して、八月二〇日のことと見て間違いない(一九一四年九月四日付加藤外相宛船越代理大使電信、「引揚一件」一巻)。

155 『秘史』一三一〜一三六頁、前掲、『重光葵外交回想録』一四頁。

156 藤沢は、四〇名ほどの日本人と共に監獄に収容されたと回顧しているが、槇田がより具体的に証言している通り、抑留されたのは合計一九名だったと思われる。

157 一九一五年一〇月一三日付石井外相宛井上駐英大使電信(「引揚一件」三巻)。

158 老川茂信の経歴については、泉健「ベルリンの玉井喜作」(『和歌山大学教育学部紀要　人文科学』第五五集、二〇〇五年二月)を参照。

159 玉井喜作については、湯郷将和『キサク・タマイの冒険』(新人物往来社、一九八九年)、大島幹雄『シベリア漂流―玉井喜作の生涯』(新潮社、一九九八年)および前掲、泉健「ベルリンの玉井喜作」、同「文献に見る玉井喜作：没後一〇〇年を記念して」(『和歌山大学教育学部紀要　人文科学』第五六集、二〇〇六年二月)をはじめとする、泉健氏の一連の論考を参照。泉氏の著作については、同氏の運営するサイト「玉井喜作記念館」(http://www2u.biglobe.ne.jp/~izumi/index.html)を参照(二〇一三年二月アクセス)。

160 『秘史』一一四〜一一七頁。

161 以下、老川のドイツ出国までの経緯については、特に断りのない限り、老川茂信「瑞西より」(『東京朝日新聞』一九一六年二月六日)を参照。

162 一九一五年一〇月一三日付石井外相宛井上駐英大使電信、同年一一月四日付石井外相宛珍田駐米大使電信、同年一二月一七日付船越代理大使宛老川書翰(「引揚一件」三巻)。

163 前掲、老川茂信「瑞西より」。

164　老川がチューリッヒに入った一九一五年一二月当時、同地には二四、五名の日本人が滞在していたという。

165　鉄血生「革命勃発当日の伯林」(『東京朝日新聞』一九一九年二月二四日、三月三日、四日)、鉄血生「騒擾の伯林より」(『東京朝日新聞』一九一九年五月五日、六日、八日、一〇日)。

166　以下の記述は、鉄血生「ベルリンに入るまで(一)〜(五)」(『東京朝日新聞』一九一九年五月一七〜二一日)に基づく。老川がドイツに入国した正確な日付は不明であるが、この記事の末尾に「二月中旬」と記載されている。

167　鉄血生「前代未聞伯林の泥棒市(上)(下)」(『東京朝日新聞』一九一九年六月一三日、二一日)。

168　鉄血生「伯林に入れる日本軍事委員と語る」(『東京朝日新聞』一九一九年六月二六日)。

169　鉄血生「リーブクネヒト殺害事件公判」(『東京朝日新聞』一九一九年七月一日)。

170　『東京朝日新聞』一九二六年一一月二九日、一二月九日。

171　老川茂信「瑞西より」。

172　以下、お兼については、「ベルリンのお兼さん(上)(中)(下)」(『東京朝日新聞』一九二〇年八月一七〜一九日)を参照。

173　ユンケルについては、上村直己「一高及び四高教師エミール・ユンケル」(『日独文化交流史研究』二〇〇五年号、同年一二月)、今井一良「四高で西田幾多郎と同僚だったドイツ人教師エミール・ユンケルとその妻」(『石川郷土史学会々誌』二八号、一九九五年)を参照。

174　ベルツ花子『欧州大戦当時の独逸』(審美書院、一九三三年)。

175　エルヴィン・ベルツの評伝として、フェリックス・ショットレンダー著、石橋長英訳『エルウィン・フォン・ベルツ:日本に於ける一ドイツ人医師の生涯と業績』(日本新薬、一九七一年、復刻版は大空社、一九九五年)、石橋長英編『現代に生きるベルツ』(日本新薬、一九七八年)、安井広『ベルツの生涯：近代医学導入の父』(思文閣出版、一九九五年)、ゲルハルト・ヴェスコヴィ著、熊坂高弘訳『エルヴィン・ベルツ：日本医学の開拓者』(文芸社、二〇〇一年)がある。

176 以下ベルツ花については、特に断りのない限り、鹿島卯女『ベルツ花』(鹿島研究所出版会、一九七二年)を参照。ベルツ花に関する文献としては、シュミット・村木真寿美『「花・ベルツ」への旅』(講談社、一九九三年)もある。

177 ベルツの日記については、トク・ベルツ編、菅沼龍太郎訳『ベルツの日記』上下(改訳版、岩波文庫、一九七九年)、エルヴィン・ベルツ著、若林操子監修、池上弘子訳『ベルツ日本再訪 草津・ビーティヒハイム遺稿・日記篇』(東海大学出版会、二〇〇一年)を参照。

178 一九一五年一月三〇日付加藤外相宛珍田駐米大使電信(「引揚一件」二巻)。

179 一九一六年七月一八日付在日英国大使宛石井外相電信添付の参考資料(「引揚一件」三巻)。

180 Rolf-Harald Wippich, op.cit.

181 原暉之『ウラジオストク物語 ロシアとアジアが交わる街』(三省堂、一九九八年)二三二〜二三三頁。

182 Rolf-Harald Wippich, op.cit.

183 捕虜の研究史・研究状況については、内海愛子『日本軍の捕虜政策』(青木書店、二〇〇五年)序章に詳しい。第一次世界大戦期の日本におけるドイツ人捕虜については、多くの研究があるが、近年の代表的なものとして、以下が挙げられる。瀬戸武彦「青島をめぐるドイツと日本」(一)〜(五)(『高知大学学術研究報告 人文科学編』四四巻、一九九五年一二月〜五二巻、二〇〇三年一二月)、瀬戸武彦『青島から来た兵士たち 第一次大戦とドイツ兵俘虜の実像』(同学社、二〇〇六年）、冨田弘著、冨田弘先生遺著刊行会編『板東俘虜収容所』（法政大学出版局、二〇〇六年）、棟田博『板東俘虜収容所物語』（光人社、二〇〇六年）、田村一郎『板東俘虜収容所の全貌 所長松江豊壽のめざしたもの』（朔北社、二〇一〇年）、『「青島戦ドイツ兵俘虜収容所」研究』『Ruhe（鳴門市ドイツ館館報）』各号所収の論文・記事。

184 前掲、原暉之『ウラジオストク物語』二三〇〜二四〇頁。

185 近年の代表的なものとして、鶴見俊輔・加藤典洋・黒川創『日米交換船』（新潮社、二〇〇六年）、永田由利子『オーストラリア日系人強制収容の記録』（高文研、二〇〇二年）、小宮まゆみ『敵国人抑留　戦時下の外国民間人』（吉川弘文館、二〇〇九年）が挙げられる。

II

植村尚清「ドイツ幽閉記」

植村尚清（1881〜1963）

解題

◆植村尚清の経歴

第二部では、医師植村尚清《ひさきよ》が第一次世界大戦中にドイツで抑留された体験を綴った手記を全文掲載する。本文を紹介する前に、まずは著者植村の経歴とドイツに抑留されるに至った経緯を確認しておきたい[1]。

植村尚清は、一八八一年（明治一四）に植村玄秀《げんしゅう》・琴子夫妻の二男として、尾張国海西《かいさい》郡開治《かいじ》村（のち愛知県海部《あま》郡八開《はちかい》村、現愛西《あいさい》市）の上東川《かみひがしかわ》という集落に生まれた。植村玄秀は、父尚桂《しょうけい》の後を嗣《つ》いで医師となり、橘井村舎《きつせいそんしゃ》という医院を開業していた。学問を好み、貧しい者には無料で診療を行うなど、大変尊敬されていたという。

母琴子は、近在の須成村（のち愛知県海東郡須成村、現蟹江町）出身で、性格温順にして、上品な婦人であった。琴子の父寺西伊予守家班《いえのり》は、先祖代々須成神社の宮司を務めていた。ちなみに、琴子の長兄蔵之丞（佐野七五三之助《しめのすけ》）は、幕末に新選組に参加して壮絶な最期を遂げた人物である。

琴子の姉久子は、尾張藩の下級役人（代官手代）である服部重文に嫁いだが、その二男が、大正末期に首相となった加藤高明である（幼少時に親戚の養子に入ったため、苗字が変わっている）。奇遇なことに、加藤は第一次世界大戦勃発時の外相であり、植村尚清を含む抑留邦人救出のために奔走することになる。

一八九二年（明治二五）、尚清が高等小学校に在学していた時、父玄秀が脳溢血で急逝した。植村家の生活は、これにより一変した。尚清は、先に上京していた兄俊二（一八七六〜一九四五、のち外科医）[2]を追って東京に出、やがて母琴子も家屋敷を整理して上京した。尚清は、従兄の加藤高明（外務省に勤務）から学資の支援を得ながら、医師を目指して勉強に励み（加藤が学生時代に植村玄秀から援助を受けていたので、その返礼の意味もあったという）、独逸学協会学校尋常中学校[3]、第一高等学校を経て、東京帝国大学医科大学に入学した。

一九〇六年（明治三九）に優秀な成績で東大を卒業すると、植村尚清は内科学の青山胤通《たねみち》教授（一八五九〜一九一七）の医局（青山内科）に入局した。青山は、ベルリン大学留学を経て、帝国大学の初代内科学教授となった人物で、東京帝国大学医科大学校長、伝染病研究所（現東京大学医科学研究所）所長などを歴任し、明治天皇の侍医も務めた、内科学の権威であった[4]。青山内科に在籍中、植村は青山教授の媒酌により、産婦人科医で櫻井病院を開業していた櫻井郁二郎（一八五二〜一九一五）の三女常磐と結婚している[5]。

一九〇九年（明治四二）、植村のもとに、札幌市立病院から内科医長に招聘したいという知らせが来た。植村は、医局に留まって研究を続けたいという希望も持っていたが、学資が続かないため、青山教授の了承を得て赴任を承諾した。こうして植村は、この年一二月に札幌に着任した。二八歳の時であった。植村が東京で学んだ最新の治療法を持ち込んだため、札幌市立病院の内科・小児科は患者数が激増し、活況を呈したという。他方で植村は、診察の傍ら、免疫学、血清学、細菌学の専門書や雑誌に目を通すなど、研究への意欲も持ち続けた。

植村の着任後、札幌市立病院からは、石原弘院長がオーストリアへ、秦勉三外科医長がチェコへ相次いで留学した。植村もかねてから留学の希望を持っていたようで、一九一三年(大正二)一〇月、ついに現職のまま留学する機会を得た。こうして植村は、同年一一月にヨーロッパに渡り、チェコ[6]のプラハ(Praha)にあるドイツ大学(現在のカレル大学)[7]の細菌学教室で研究を開始した。ドイツ大学には、先輩の秦勉三も留学していた(秦は病理学教室所属)。

植村がチェコに到着して半年余り経った一九一四年八月、第一次世界大戦が勃発した。この時ちょうどドイツを旅行していた植村は、ドイツ政府によって捕らえられ、約八〇日もの間、抑留生活を送った。この抑留から日本に帰国するまでの経験を詳細に記したのが、この後紹介する手記であるが、抑留生活の詳細については次項に譲る。

一九一四年一一月、ドイツから出国を許された植村は、スイスに入り、チューリッヒ大学[8]の細菌学教室で研究を続けた。植村は、同大学で二年間研究に励み、無事学位論文を完成させた。主論文のタイトルは「小脳と脳幹を結ぶ経路についての、病理学的及び解剖学的研究」で、植村はこの研究により、一九一九年に東京帝国大学から博士号を授与されている[9]。

一九一六年(大正五)一一月、植村はチューリッヒを離れ、日本への帰国の途についた。パリ、ロンドンを経由して、リヴァプールから乗船した植村は、アメリカを訪問した。アメリカ滞在中は、ロックフェラー研究所に野口英世を訪ねている。野口は、雑誌に掲載された植村の論文のことをよく覚えていて、内容について色々と質問をしたという。その後、シカゴ、シアトルを経由し、植村が横浜に到着したのは、一九一六年一二月のことであった。

帰国後まもなく、新設の北海道帝国大学から植村に教授就任の依頼があった。しかし植村は、ヨーロッパ生活での無理がたたり、体調にあまり自信がなかったため辞退し、引き続き札幌市立病院に勤務を続けた。その後、留学後四年間の勤務義務年限が過ぎたのと、腰の神経痛を発して体調が悪化したのをきっかけとして、植村は一九二一年に病院を退職し、札幌市内で植村病院を開業した。病院経営は順調に進んだ。留学前に長女尚子《なおこ》、開業後には長男尚寿《ひさとし》と二女節子《せつこ》が生まれ、家庭も円満であった。植村は、一九四七年まで札幌で医師を続け、戦後は東京に転居して、新たに医院を開いた。一九六三年(昭和三八)、八二歳で亡くなっている。

◆ドイツでの抑留生活

植村尚清のドイツでの抑留生活については、本人の残した手記が最も詳しいが、まずはここで簡単にその経過を要約しておこう。

一九一四年八月に第一次世界大戦が勃発した時、チェコは直接の戦場とはならなかったものの、チェコが属しているオーストリア＝ハンガリーはロシアに宣戦布告し（七月二八日）、オーストリア＝ハンガリーの同盟国である隣国ドイツも、ロシア、フランス、イギリスとの戦いに突入していた（ドイツが八月一日にロシアに、三日にフランスに宣戦布告、イギリスが四日にドイツに宣戦布告）。この時日本はまだ参戦していなかったし（日本の参戦は二三日）、ヨーロッパでも多くの人は、これが四年間も続く大戦争になるとは想像していなかった。植村も、戦争がそれほど深刻なものになるとは考えなかった。そこで、大学がちょうど夏休みに入ったのを機会に、岳父櫻井郁二郎からの依頼に従い、フライブルク大学[10]に留学中の義弟の櫻井功（郁二郎の二女敏子の夫、のち櫻井病院二代目院長）の勉強を手伝うため、ドイツに旅行することにした。

結果的に見ると、これは大失敗であった。植村がプラハを出発したのは八月八日だったが、この時既に兵士の輸送のため汽車の便は相当悪化しており、ドイツとの国境近くで一週間も足止めを余儀なくされた。八月一四日にようやく汽車が動き出したが、度重なるルート変更と足止めのためフライブルク（Freiburg）に到着したのは一六日夕方で、しかも櫻井功は既に他の留学生と共にベルリンに向かい、ドイツから退去しつつあった。事態の急変を知った植村は、同市の日本名誉領事（ドイツ人）や新聞などから情報を得た上で、ドイツ退去を決心した。植村は、オランダ、スイスどちらの国境を目指すかで大いに悩んだが、一八日にオランダ行きを決断し、フライブルクを出発した。

この時、交通事情はさらに悪化していた。植村が乗った汽車は、相変わらず定刻通りに運行されない上に鈍行運転であったし、対日感情が極めて悪化していたため、植村はしばしばドイツ人から「吾等の敵」「恩知らず」などと罵詈《ばり》を浴びた。それでも植村は、なんとか汽車を乗り継いでハイデルベルク、ケルンへと進み、二〇日夕方にオランダまであと三〇キロに迫るクレーフェルト(Krefeld)に到達した。しかし、ここまでであった。この日の午前からドイツ政府は日本人の一斉拘禁を開始しており、「死んでも構わぬから」旅行を続行させてくれとの抗議も空しく、植村は所持品のほとんどを取り上げられ、警察署の監獄に収容されることになった。

以後約八〇日間、植村はクレーフェルトで抑留され続けた。植村は、獄中では労働を科されたり、虐待を受けたりすることはあまりなかったが、「驚くほど硬い」ベッドや枕での寝起きは相当に辛く、徐々に秋が深まり、寒さも厳しくなる中で、「死」を強く意識せざるを得なかった。植村の頭には、「日本人として恥になる死態はしたくない」という一念が常にあったという。また、他の敵国捕虜がクレーフェルトを去らず、毎日警察署へ出頭するという条件で解放されたのに対して、植村は解放を許されず、他の日本人(野田松次郎)一名、ドイツ無産政党員と共に抑留され続けた。この間の植村の心の揺れは、和歌を交えつつ、手記に詳細に記されている。

一一月六日、植村と野田に、出国を許すという命令が届いた。獄中生活はようやく終わりを告げ、植村は翌日、野田と共にケルン行きの汽車に乗った。第一部で紹介した槙田麟一や梅本虎雄

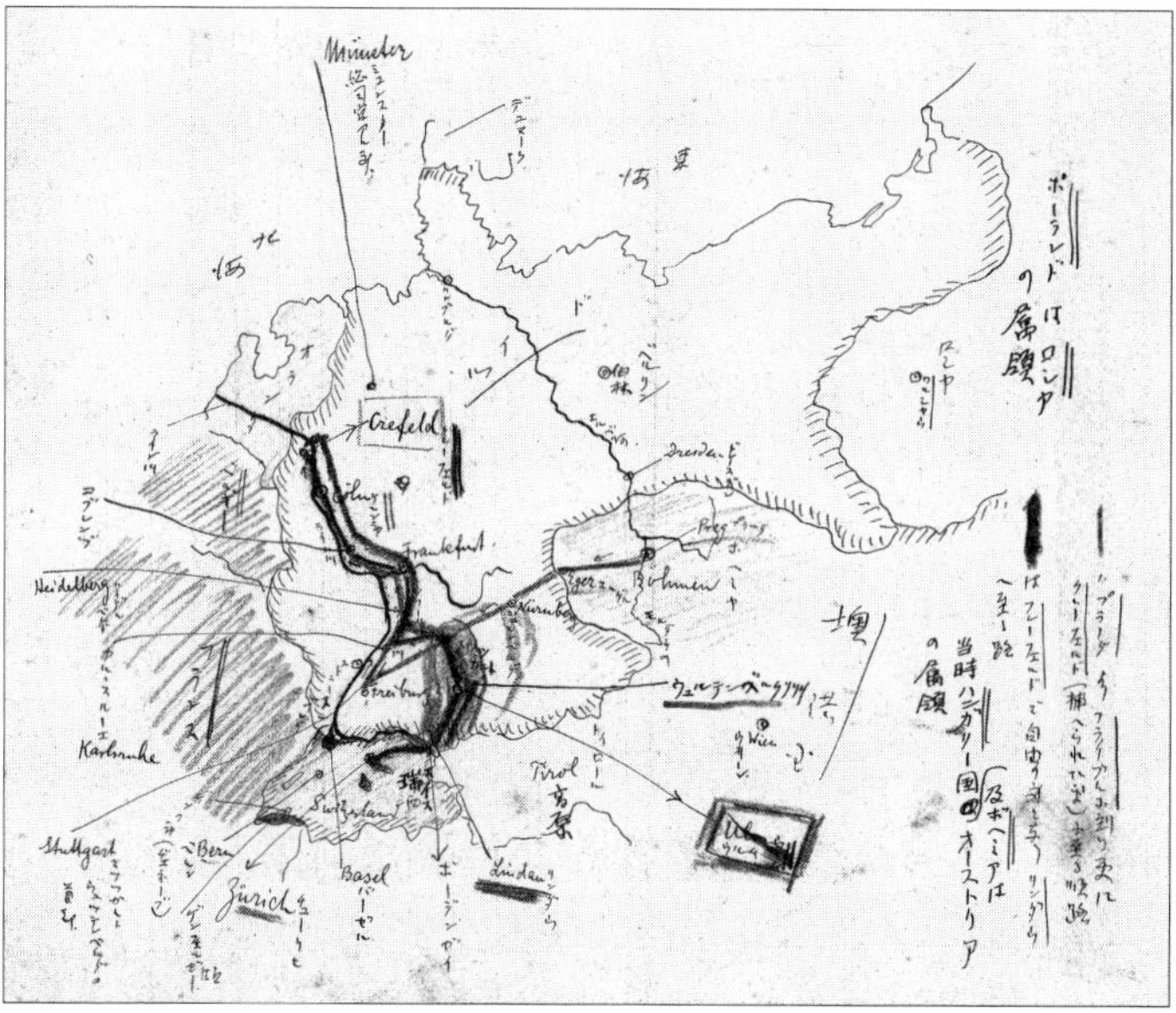

◆抑留から解放までの植村の足取り
鉛筆書きの地図に色鉛筆で行程が書き込まれている。
抑留されたクレーフェルト、帰路の要衝ウルムなどの地名も見える。

は、それぞれ一〇月三日、一一日に帰国許可が出ているが、植村への許可は、それよりもだいぶ遅い。その理由は、クレーフェルトがベルリンから離れ、前線に近い上に、収容されている日本人の数が少なかったためではないかと推測される。

　植村を乗せた汽車は、ケルンからフランクフルト、シュツットガルトを経て、ウルム（Ulm）に到達した。この頃ちょうど青島が日本軍の攻撃によって陥落したという報がドイツに入ってきたため（陥落は一一月九日）、対日感情は最悪の状態であり、植村らはウルムで手荒い取り調べを受け、市民からも「日本の泥棒」「間諜《スパイ》を殺せ」といった罵声を浴びせられるなど、かなり辛い目に遭った。前述の槙田や梅本と異なり、アメリカ大使館員の同行を得られなかったことも、このようなひどい扱いを受けた一因となった。

ドイツ側の手荒い待遇に、温厚な植村も内心怒りを禁じ得なかったが、大きなトラブルが起こらなかったのは幸いであった。また、第一部で見たとおり、ウルムではゼンネラーガー(Sennelager)に抑留されていた小田部荘三郎ら三名の日本人に偶然出会う幸運もあった。植村、野田は彼らと合流し、一緒にリンダウへ向かった。一行五人がスイスへ脱出し、チューリッヒ(Zurich)で祝杯を上げたのは、実に一一月一二日のことであった。植村が日本人抑留者一二六名中最後に解放された一人であったこと、ドイツ出国に際してアメリカ大使館員による直接の助力を得られなかったことを考えると、植村の体験は、抑留者の中でも特に過酷なものであったと言えよう。

植村は翌年春に、北海道の新聞『北海タイムス』に「独逸囚獄記」と題する手記(後述)を寄稿し、この経験を語っている。植村はこの手記を結ぶに当たって、日本でドイツ人捕虜を「優遇」していると聞いて嬉しい、以後も日本人が「自重君子的態度を保持」するよう願う、と結んでいる。ここから、植村のドイツでの体験がいかに過酷であったかが窺われるように思われる。

◆加藤高明外相と植村尚清

植村がドイツで抑留されていた時、日本の外相はたまたま従兄の加藤高明であった。加藤や外務省は、抑留中の植村の動向をどのように把握していたのだろうか。以下では、この問題を検討しておきたい。

大戦勃発直後から、日本の外務省は在ドイツ・オーストリアの日本人留学生の行方を懸念していた。八月一五日に日本がドイツに最後通牒を発すると、ドイツの対日感情は悪化し、八月一九日には、在ドイツ日本人が危険な状態にあるという報道が日本でなされるようになった。加藤外相は同日すぐに、井上勝之助駐英大使に事実確認を指示しているが、オーストリア（チェコ）に留学中の植村が抑留された可能性があることも認識していたものと思われる。その後、外務省は在ドイツ・オーストリア日本人の行方を調査し始めたが、植村の足取りは不明であった。長女と共に東京の実家に住んでいた妻常磐のもとにも、植村からの連絡はなかった[11]。

八月二七日、ドイツ政府による日本人拘禁の知らせが入ると、これを「国際法違反」と認識した加藤外相は、ドイツ政府に抗議した。この頃から、行方不明者の家族からの問い合わせが外務省に殺到したが、イギリスやアメリカからの情報が少しずつ入り始めたものの、交戦中のドイツからは直接情報が取れなかったため、外務省は安否確認のため、各方面との連絡に追われた。植村の家族は、しばらく全く行方が分からなかったので、植村は「最早この世の者ではあるまい」

と思いつめることもあったという[12]。

九月八日、加藤外相は「目下所在不明」の日本人四七名のリストを珍田捨巳《ちんだすてみ》駐米大使に送り、調査を依頼したが、その中には「在留地不明」の者として、植村の名前があった[13]。翌日、井上駐英大使から加藤外相に電報が届いた。それによると、オーストリアから避難した者への聞き取りによって、植村が八月一五日に駐オーストリア大使から身分証明書を交付されたこと、一八日頃にフライブルクに到着したらしいことまでは判明したものの、その後の「消息不明」ということであった[14]。加藤は、外務省の公信以外に私費でも電報を打って、植村の消息を確かめようとしたが[15]、彼の行方は杳《よう》として知れなかった。

植村がクレーフェルトに抑留されていることが判明したのは、一〇月九日のことであった。この日、ローマにいる林権助《ごんすけ》駐伊大使から加藤外相に届いた電報には、次のように記されていた。

「植村尚清(Uemura Hisakiyo)は日本臣民なる廉《かど》にて八月二十日よりKrefeldに拘留中なるが、チューリヒ(Zurich)名誉領事に対し、同氏妻へ電報の上、二千麻克《マルク》電送方依頼せり。芝区葺手《ふきで》町《ちょう》二十六櫻井方同氏妻へ右金額本使宛にて電送あらば、当地より送達方取計ふべき旨伝へられたし[16]。」

すなわち、植村がクレーフェルトの獄中からチューリッヒ名誉領事に対して送金依頼の電報を打ったところ、それが林駐伊大使に伝わり、林大使から加藤外相に連絡が入ったわけである。こうして植村の無事は、イタリアルートを通じてようやく判明した。加藤外相は、このことをさっそく珍田駐米大使、井上駐英大使に知らせた[17]。また、イタリア経由の送金が不確実であることが分かったため、アメリカの日本大使館に金を送り、それをさらにアメリカの在ドイツ大使館を通して植村本人に送るよう、アメリカ政府に依頼した[18]。植村の手記によれば、この金は無事にクレーフェルトの監獄に抑留中の植村のもとに届いたようである。

その後も加藤外相は、植村の動向に注意を払っていたが[19]、釈放の知らせはなかなか入って

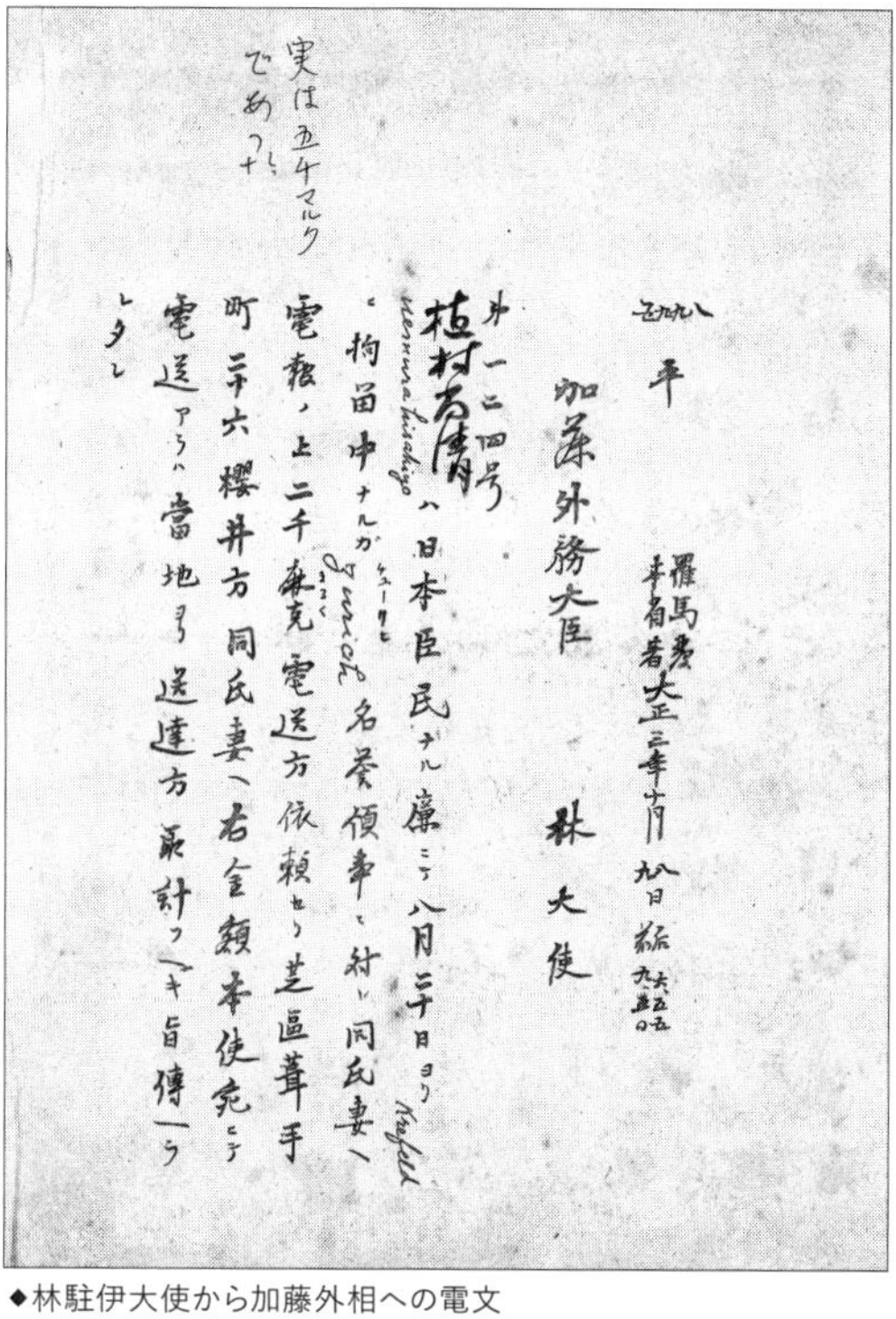
乙九九八
平
羅馬発 本省着 大正三年十月九日
加藤外務大臣　林大使
第一二四号
植村尚清ハ日本臣民ナル處ニテ八月二十日ヨリ Krefeld
ニ拘留中ナルカ Zurich 名誉領事ニ対シ同氏妻ヘ
電報ノ上二千麻克電送方依頼セリ芝區葺手
町二十六櫻井方同氏妻ヘ右金額本使宛ニテ
電送アラハ当地ヨリ送達方取計フヘキ旨傳ヘラ
レタシ
実は五千マルクであった

◆林駐伊大使から加藤外相への電文
抑留された植村が送金を求めていることを知らせる
在イタリア日本大使館から本省への電報。

来なかった。植村が仲間四人と共にドイツを出国し、スイスのチューリッヒに入ったのは一一月一二日のことで、手記によれば、植村はすぐに日本の家族宛に電報を打ったというが、外務省が植村の出国を初めて確認したのは、一七日のことであった。この日、林駐伊大使から加藤外相のもとに、植村が釈放され、チューリッヒに安着したことを知らせる電報が届いた[20]。加藤はすぐに珍田駐米大使に電報を打ち、このことを知らせた[21]。幸い植村の出国と相前後して、残る抑留者の出国の知らせも続々と外務省に届き、ようやく抑留問題は決着に近づいた。この頃加藤外相は、中国に二十一ヵ条要求を提出する前の国内折衝で疲弊していたが[22]、植村の出国を知って一安心したに違いない。

植村は、一九一六年に帰国した後間もなく加藤に面会し、「抑留中の御配慮を謹謝」している。実は、植村の手記には、加藤外相が彼の無事を初めて確認した、前述の一〇月九日到着の電報が挟み込まれている(前頁の写真)。これは恐らく、植村に面会した際、加藤が記念に渡したものに違いない。加藤は、当時の苦労を思い浮かべながら、「あの時は心配したぞ」とでも言ったのではないだろうか。

◆「ドイツ幽閉記」について

クレーフェルトの監獄に収容された当初、植村は鉛筆一本持つことを許されず、何等記録を取ることはできなかった。しかし、やがて同室のベルギー人ミューレンが差し入れによって入手した紙と鉛筆を譲ってもらい、看守と打ち解けることによって、不十分ながらも、時々手紙やメモを書くことができるようになった。植村が監獄を出て、ドイツを出国する際、このメモを持ち出すことができたのかどうかは不明である[23]。

スイスに滞在中、植村は、札幌市立病院の秦外科医長に抑留体験を書き綴った手記を郵送した。この手記は、一九一五年四月二九日から五月八日にかけて、北海道の新聞『北海タイムス』に「独逸囚獄記」と題されて掲載された。また植村は、一緒に出国した小田部荘三郎（一八八六〜一九六七年、内科医）が同年九月に『独逸落ち』と題する手記を出版した際、その原稿の大部分に目を通し、添削している。植村にとって、八〇日間に及んだ抑留は非常に衝撃的な体験であり、これを記録し、日本の人々に知らせる必要性を早くから感じていたのであろう。

第二次世界大戦後、東京に移住した植村は、孫の将来の参考とするため、折を見て自らの半生を書き綴った。この手記は、「生いたちの記」と題されている。「生いたちの記」では、第一次世界大戦中のことにはほとんど触れられず、「在独日誌（別記）を参照」と記されている。植村は、ドイツでの抑留という特異な体験については、別途詳しく書き残そうとしたのである。長男尚寿の夫人・朋子氏によれば、尚清は晩年食事を済ませると、よく一人で手記を整理している様子だったといい、二つの手記執筆が晩年のライフワークだったようである。

植村が第一次世界大戦中の経験を綴った手記は、「第一次世界戦争中ドイツ幽閉記」と題され

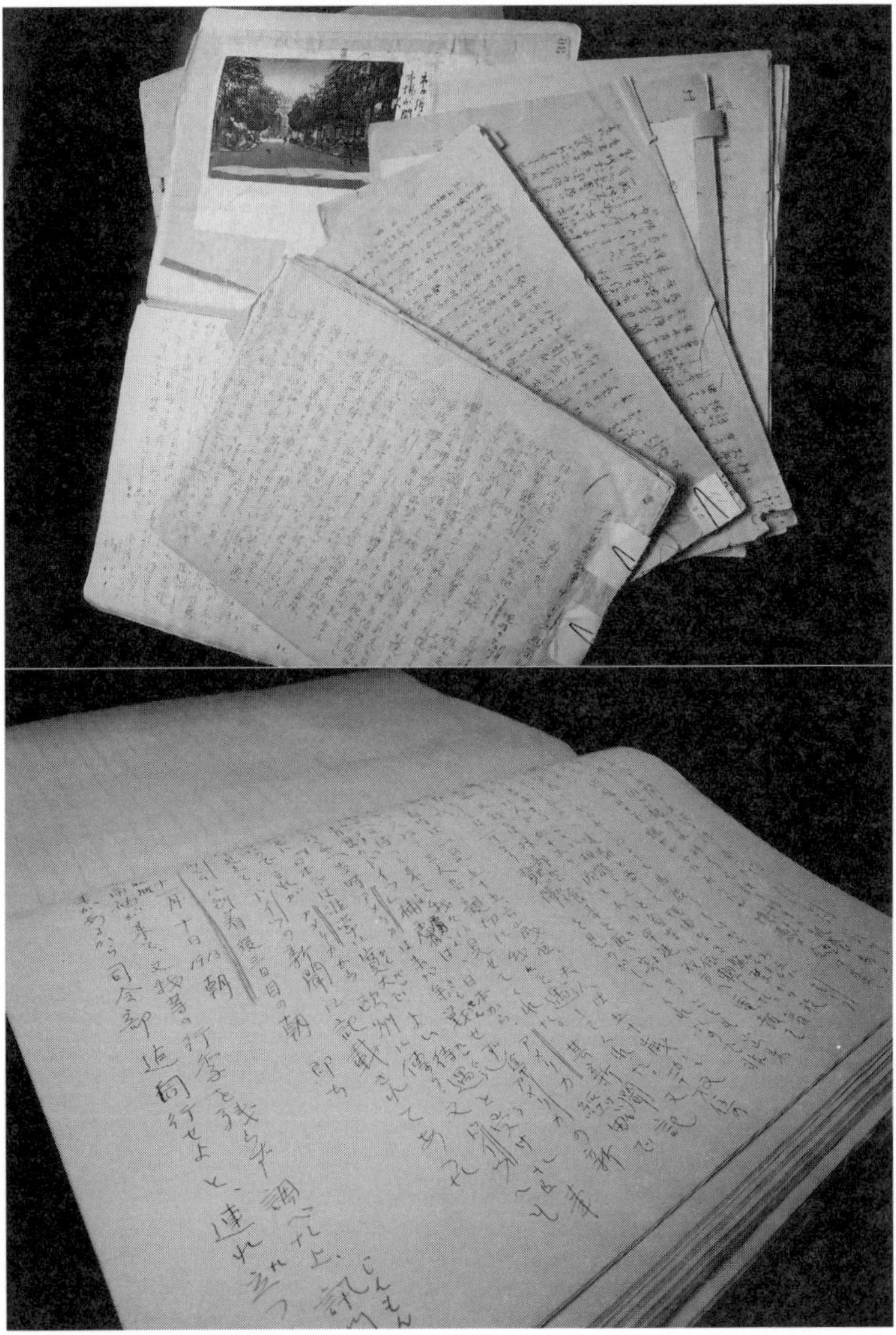

◆「ドイツ幽閉記」の全冊と本文の一部

ている。A4判大の紙数十枚とノート一冊にペンで書かれ、字数は合計約九万字に上る。ところどころに自筆の絵や地図も描かれ、当時の絵葉書や加藤高明から譲り受けたと思われる電報も挟み込まれている。冒頭には、獄中で記したメモを「自らの記憶を呼び起こして書き綴ったものだ」と記されている。実際、手記の記述は非常に具体的で、当時の心境の変化を詳細に追っており、獄中のメモを基にして執筆したのは、間違いないと思われる。他方で、手記中には、出獄後あるいは、第二次大戦後に書かれたことがはっきり分かる記述も散見される。手記のどの部分がどの時期に書かれたのかを確定することは難しいが、手記は、獄中のメモを基に書かれた部分、出獄後間もなく書かれた部分と、第二次大戦後に整理された部分とが混在していると見て良いだろう。

手記の文意は概して明瞭で、分かりやすいが、元々身内に向けて書かれたという性格上、章立てはなされず、小見出しも付けられていない。また、推敲が十分ではない部分があり、繰り返し、誤記や古めかしい表現も散見される。そこで、本書に収録するに際しては、タイトルを分かりやすく「ドイツ幽閉記」に改めると共に、全体を五部に分け、小見出しを付けた。また、明らかな誤記や意味の通らない部分を改める、記述場所を入れ替える、一部記述を省略する、本文の記述を注に移す、句読点や括弧を付すなど、手記の趣旨を損なわない範囲内で、必要最小限の修正を行った。地名や漢字の表記については、凡例に従って、表記を統一したこともお断りしておく。

註

1　以下、植村尚清の経歴については、特に断りのない限り、植村尚清「生いたちの記」「植村尚桂府君墓誌銘」(植村朋子氏所蔵)に基づく。

2　一九〇五年、東京帝国大学医科大学卒業。朝鮮総督府医院外科部長、京城医学専門学校教授などを歴任した後、一九二四年京城で開業(前掲、植村尚清「生いたちの記」、井関九郎監修『大日本博士録』第三巻、発展社出版部、一九二六年、三三九頁)。

3　現在の獨協中学校・高校の前身。新宮譲治『独逸学協会学校の研究』(校倉書房、二〇〇七年)を参照。

4　伝記に鵜崎熊吉『青山胤通』(青山内科同窓会、一九三〇年、復刻版は大空社、一九九八年)がある。

5　東京医学校でベルツ(Erwin von Bälz)に師事。東京大学助教授を経て、日本橋に櫻井病院を開業。産婆教育や母性衛生の啓蒙に尽くし、近代日本における産婦人科学の先達の一人に数えられている。伝記に『櫻井郁二郎先生伝』(一九四一年、柳井貴三、復刻版は大空社、一九九四年)がある。

6　第一次世界大戦前、現在のチェコはオーストリア＝ハンガリー帝国に属していた。一九一八年、チェコスロバキア共和国が成立し、チェコはスロバキアと共に独立した。

7　一三四八年に神聖ローマ皇帝カール四世によって創立された中欧最古の大学。教育・研究方針をめぐるドイツ人とチェコ人の争いにより、一八八二年にドイツ大学とチェコ大学に分裂した。植村尚清が留学したのが前者である。

8　一八三三年に創立された、スイスで最大規模の大学。

9　この記述は、前掲、植村尚清「生いたちの記」に基づくが、前掲、井関九郎監修『大日本博士録』第三巻の三四四頁によれば、主論文のタイトルは「人類に於ける小脳及脳幹の連結経路に就ての病理解剖的研究　附聴神経三叉神経及迷走舌咽神経の中枢内経路に就て」（独文）とある。また、同書および『読売新聞』一九一八年一二月二四日によれば、医学博士号授与日は一九一八年十二月二三日で、論文審査要旨全文が一九一九年一月三〇日に官報に掲載されたとある。

10　正式名称はアルベルト・ルートヴィヒ大学。一四五七年創立。

11　外務省による植村尚清の調査ファイルには、植村の妻常磐、義兄（櫻井郁二郎の二男）櫻井卓二の名刺と、植村のプラハでの連絡先（Sokolstrasse 18, Prag）が記された紙片が残されている（「八、植村尚清」「欧州日独戦争ノ際在外公館及本邦人引揚一件　邦人保護及行方安否等取調ノ件」（以下「取調ノ件」）二巻、「外務省記録」5.2.1.24-1、外務省外交史料館所蔵）。

12　前掲、「生いたちの記」。

13　一九一四年九月八日付珍田駐米大使宛加藤外相電信（「欧州日独戦争ノ際在外公館及本邦人引揚一件」（以下「引揚一件」）一巻、「外務省記録」5.2.1.24、外務省外交史料館所蔵）。

14　一九一四年九月八日付加藤外相宛井上駐英大使電信（「引揚一件」）。

15　前注の電報の欄外には、「大臣自弁電報」という書き込みがある。また、前出の植村尚清の調査ファイルには、「植村尚清 Crefeld に抑留中。委細は大臣より」という書き込みがあり、加藤が個人的に植村の動向に注意を払っていたことが窺われる。なお、加藤は公私の区別に非常に厳しく、私用の通信には役所の紙類を一切使用しなかったと言われている（澤田壽夫編『澤田節蔵回想録―一外交官の生涯―』有斐閣、一九八五年、五二頁）。この時一部の電報を私費で打ったのも、職権と公費を利用して身内を贔屓にしないためだと思われる。加藤らしいエピソードである。

16　一九一四年十月八日付加藤外相宛林駐伊大使電信(植村尚清「ドイツ幽閉記」挟み込み資料)。欄外に「実は五千マルクであった」と書き込みがある。おそらく後日尚清が書き込んだものと思われる。

17　一九一四年一〇月一〇日付珍田駐米大使および井上駐英大使宛加藤外相電信(「引揚一件」一巻)。

18　一九一四年一〇月一四日付加藤外相宛林駐伊大使電信(「引揚一件」一巻)、一一月三日付加藤外相宛林駐伊大使電信(「引揚一件」二巻)。

19　一九一四年一〇月二三日付付珍田駐米大使宛加藤外相電信(「引揚一件」一巻)、一一月三日付珍田駐米大使宛加藤外相電信(「引揚一件」二巻)。

20　一九一四年一一月一六日付加藤外相宛林駐伊大使電信(「引揚一件」二巻)。

21　一九一四年一一月一七日付付珍田駐米大使宛加藤外相電信(「引揚一件」二巻)。

22　二十一ヵ条要求と加藤の関わりについては、拙著『加藤高明と政党政治　二大政党制への道』(山川出版社、二〇〇六年)、拙稿「加藤高明と二十一ヵ条要求—第五号をめぐって」(中西寛・小林道彦編著『歴史の桎梏を越えて　二〇世紀日中関係への新視点』千倉書房、二〇一〇年)を参照。

23　手記の記述を見る限りでは、おそらく日記風のメモを書いていたのではないかと思われる。残念ながら実物は現存していない。

ドイツ幽閉記

【凡例】

・地名は、現在一般的に用いられている表記に統一した。例：独逸、独乙→ドイツ、墺国→オーストリア、瑞西→スイス、露国→ロシア、白耳義→ベルギー、仏蘭西→フランス、伊太利→イタリア、和蘭→オランダ、英国→イギリス、丁抹→デンマーク、印度→インド、欧州→ヨーロッパ、ガリシャ→ガリツィア、ボヘミヤ→ボヘミア、チェック→チェコ、伯林→ベルリン、巴里→パリ、チューリヒ→チューリッヒ、プラーク（Prag ドイツ語）→プラハ（Praha チェコ語）。

・現在一般的でない漢字の表記は、平仮名や別の漢字に改めた。例：仲々→なかなか、丁度→ちょうど、若し→もし、為→ため、兼ねて→かねて、已に→既に、其の→その、茲→ここ、是→これ、事→こと、迄→まで、許→もと、ばかり、乍ら→ながら、又は→または、積もり→つもり、有る→ある、無い→ない、然し→しかし、此処→ここ、暫く→しばらく、止む無く→やむなく、兎も角→ともかく、呉れる→くれる、然も→しかも、独帝→ドイツ皇帝、矢張り→やはり、侭→まま、只管→ひたすら、仕舞う→しまう、一寸→ちょっと、稍→やや

・外来語は、現在最も一般的と考えられる表記に統一した。パッス→パス、ソップ→スープ

・原文では、人名や地名を片仮名で表記する際、横に傍線が引いてあったり、括弧がついていたりするが、これらは全て省略した。

・手記本文中には一部、今日では差別的表現と見なされる文言が用いられている。しかし日録という文書の性格、および筆者に差別的意図がないことなどに鑑み、そのままとした。

・写真として掲載した資料は、特に断りのあるものを除き、手記に添付されていたものである。

1——抑留されるまで

❖チェコ留学

左に記す書は、私がドイツでやった牢獄生活の概略だ。何分にも牢中公然と筆を執ることは禁ぜられ、初めのうちは鉛筆を持つことも絶対にできなかった。牢中生活の半ばに至って初めて一本の鉛筆を得て記し始めた日記を、自らの記憶を呼び起こして書き綴ったものだ。

一体私がなぜ、ボヘミア[1]（現在のチェコ）の首府プラハ市[2]のドイツ大学に留学していながら、

---

1 ボヘミア（Bohemia）は現在のチェコ中部・西部を指す歴史的地名。

2 プラハ（Praha）はチェコ共和国の首都。現在の人口約一二〇万人。

わざわざドイツのフライブルク[3]まで旅行したのか、その理由をまず記す。

私は大正二年(一九一三)十月に自分の勤務している札幌市立病院から欧州派遣(出張)を命ぜられたので、十月末札幌を発ち東京へ向かった。東京滞在中、櫻井郁二郎翁(江戸見老と自称す)から送別会の宴を催され、京橋の支那料理店・階楽園[4]で櫻井一家及び櫻井病院勤務の職員等と共にご馳走になっての帰途、櫻井老は、その養子の櫻井功(神奈川県厚木出身)がドイツのフライブルク大学病理学教授のルートヴィッヒ・アショッフ氏(Ludwig Aschoff 一八六六〜一九四二)[5]の教室で研究中であったが、日本を出発後、既に九年か十年になるのにいまだ研究が完成せず、学位論文が出来ないので、依然フライブルク市に滞在する故、もし夏休みか冬休みになって時日があったら、一度フライブルクに赴き、様子を見てきてくれ、場合によっては少しでも研究を手伝って、早く帰国するように頼む。自分も追々老齢になって多数患者を診療するのはなかなかつらいと懇々と頼まれた。

私はヨーロッパでまずベルリンへ行き、細菌学の教室で研究しようと思ったが、当時ベルリンには日本の留学生が多く、どこの教室でも有名な所はこれら日本人留学生で充満し、至極不快のことが多かったので、一ヶ月のベルリン滞在後、チェコの首府プラハのドイツ大学細菌学教室へ行くことと決心した。当時、チェコはオーストリアの属領で、あたかも第二次世界戦争前の日本と朝鮮の如き関係であった（第二次世界大戦で、朝鮮が日本から独立したように、第一次世界大戦後に、チェコもオーストリアから独立した）。

私が東京を出発したのは、時恰《ときあたか》も大正二年（一九一三）十一月三日、家族や櫻井一家の人々に見送られ新造の旅客船・鹿島丸[6]（一万トン）で横浜港を出発し、途中神戸、長崎、上海、香港、シンガポール、ペナン、コロンボ（インド東南の一島セイロンの首都）、アデン（アラビアの南海岸）から紅海に入り、右はアラビアの大砂漠、左は樹木のない赤土のアフリカを眺めながらスエズ運河に入り、更にポートサイトに数時間上陸後出発、地中海を経てイタリアのシシリー島のメッシーナの夜景の美を賞し、フランスのマルセイユ着（横浜を出発して四十七日目）。ここで一泊後クック会

3　フライブルク（Freiburg）はドイツ南西部の都市。現在の人口約二二万人。
4　東京で初の高級中華料理店とされる。谷崎潤一郎の親友笹沼源之助の生家。
5　ドイツを代表する病理学者で、一九一五～一六年にはフライブルク大学学長も務めた。日本人留学生を数多く受け入れ、一九二四年に訪日したこともある（Eduard Seidler, Peter Ackermann, *Freiburg und die Japanische Medizin*, Dr. Dr. H. Faik, 1986）。
6　日本郵船のヨーロッパ航路用客船。一九一三年六月竣工。
7　イギリスの旅行代理店トーマス・クック（Thomas Cook）のこと。近代的意味で世界最初の旅行代理店とされる。

◆ドイツ大学の細菌学教室
写真に植村直筆の書き込みがあり、自席のある部屋の窓が示されている。

社[7]の社員の世話でドイツベルリン行き二等車に乗り(夜行)、リヨン市で朝食をし、夕刻ドイツ・フランス国境の税関で簡単な荷物調べを受け、翌十二月二十五日朝ベルリン市のフリードリッヒ停車場[8]へ着いた。

かねて電報を打っておいたので、同級生福士政一氏[9](札幌の福士成豊氏[10]の養嗣子)が出迎えに来てくれ、福士の案内で、一時的日本人のよく宿泊する素人下宿ウィルメルスドルフ区の「エリクセン」というスウェーデン出身の人の家に落ち着いた。

当時のベルリンは、世界中で最も清潔と言われる都市で、街路は全部アスファルトで、紙屑一つ落ちていない。家屋は、全部五階建てであった。これは、一階から五階まで、どの家も同じ高さで防火用「はしご」をかけるのに便利にするためであるそうだ。市街の各所には小公園があり、樹木を植え、小児用運動設備が設けられ、子供の遊び場となっている。こうした処にも紙屑一つ落ちていない清潔さにはつくづく感心した。

ベルリン滞在一ヵ月後、ボヘミアの首都プラハ市ドイツ大学細菌衛生学のバイル先生の教室にて研究することになった。バイル先生(Prof. Bail)は、非常に親切で、勉強家で、毎日午前七時頃出勤、夕刻はかなり遅くまで自分の研究をしている。日曜も祭日も休まない。その精力の旺盛なるは驚くばかりで、多数の研究論文を発表している。

そのバイル先生のもとに助教授のワイル氏(Weil)。これも当時既に六十余りの論文を発表し、頭脳明晰の人で、その他一人の助手がいるだけで、小使いは二人(うち一人はフッツルという)。教室内も掃除がよく行き届き、実に清潔である。

当時のプラハはボヘミアの首都で、民衆の大多数はスラブ族で、大学はドイツ大学とチェコ大

8　ベルリン中心部のフリードリッヒ通り駅だと思われる。停車場とは駅のこと。
9　のち日本医科大学教授(病理学)。
10　一八三八～一九二二年。北海道開拓使に勤務し、気象観測、測量、地図作成など幅広い分野で功績を残した。

学の二つが並立している。プラハは人口六十万、うちドイツ人は十万人位で、税金の負担はドイツ人が八十％以上であるという。スラブ民族の中にはドイツ語を話すのを嫌う人もおり、スラブ人の書店やレストランへ行っても、チェコ語でないと応対しない店がある。劇場もドイツとチェコの双方がある。宗教は多く旧教徒である。

❖第一次世界大戦勃発直後のドイツ旅行

大正三年（一九一四）の夏、教室内外のペンキ塗り替えのため、三週間の夏休みがバイル先生から申し渡された。それで、ドイツのフライブルクにいる櫻井功の研究を少しでも手伝い、岳父桜井老との約束を果すため、私がプラハから南ドイツのフライブルクへ旅行に発ったのは、大正三年（一九一四）八月八日であった。その頃は既に、イギリスが戦争に加わり、ヨーロッパの禍乱が益々拡大された時であった。日英に同盟があることは敢えて考えないでもなかったが、日英同盟は東洋に限られているから、例えこのイギリスが立ったにしても、まさか日本が加わろうとは信じなかった。

当チューリッヒ[11]へ着いてから、初めて友人より萬朝報《よろずちょうほう》[12]を借りて読んだ。そして八月初め、日本が日英同盟を守ってドイツに向って戦端を開くべく決定せられたことを知り、いかに故国より遠く離れて事情が分からなかったとは言いながら、自ら好んでノコノコとドイツに行った馬鹿馬鹿しさ。こんなことを早く知ったらとっくに避難したろうものを。

時恰《ときあたか》も夏休みで、教室は閉じられ、暑い夏をプラハで送るのはいかにもつらい。殊《こと》に、長い間過度の勉強で疲れた頭を休めんがため、一方ではもし出来るならフライブルクで序《ついで》に教室、病院を見、もしドイツに留まることが出来なくなれば、スイスへ行って大学の様子を見るか、または、直ちにプラハへ帰るつもりであった。

プラハの停車場へ行って、駅員に聞いたら、この数日間はドイツ、オーストリア国境は汽車が不通であったが、二、三日前より通じ始めたから、ドイツへは自由に行ける。しかし、プラハを発するには、プラハ市長の証明を貰い、ドッエントのワイル氏から得た教室の証明を携える必要があり、プラハを発ったのは、八月八日の午後。

汽車は翌日国境近くへ着いたが、何事ぞ、汽車はドイツ兵がオーストリア援護のためにガリツィア方面に送られるため(これはその土地の人の話であった)不通となって、一両日中に再び通ずる

11 チューリッヒ(Zürich)は、スイス最大の都市。現在の人口は約三九万人。
12 一八九二年、東京で創刊された日刊新聞。

ということであったから、国境近くの市の宿屋で一日と待ち、二日と待ち、遂に一週間となった。余りに長引くので、プラハに帰ろうと思ったら、ちょうどその時汽車開通、しかも、午後一時十五分の汽車で出発すれば、翌早朝フライブルクへ着くというので、いよいよエーゲル市を出発したのは、去る八月十四日であった。この駅員が翌早朝フライブルクへ着くと言ったことを信じたのはそもそも間違いの元であって、飛んで火に入る夏の虫の悲劇はこれから始められるのだ。

汽車は約一時間も走ったと思うと急にミュンヘンへ行くこととなって、我々ニュルンベルクの方向へ行く旅客は、乗り換えることとなって、マルクトレドヴィッツで降りねばならなかった。そしてこの駅で待つこと約六時間、午後八時過ぎ、汽車はニュルンベルク市へ向った。

八月十五日朝の二時半、ニュルンベルクへ着いたら、またここで朝の八時まで待たねばならなかった。それから幾多の乗り換え毎に時を費やし、時にはシュツットガルト市の手前でセルビア人とかロシア人と間違えられたが、日本人と分かって却《かえ》って歓待を受けながらカールスルーエ市、オッフェンブルクの町を越え、目的のフライブルクへ着いたのは、十六日の夕刻であった。早速馬車で功兄の宿所へ駆け付けた。やれやれと思って電鈴を鳴らしたが、誰も居ない。しばらく待っていたがなかなか帰る様子もない。やむなく去って近所のホテルへ行ったが、士官が大勢宿泊していたから、初め部屋がないと断られたが、ようやく一室空けてもらってそこへ投宿した。

さらに夕食後、功兄の宿所へ行ったら、今度はおかみさんが面会した。聞けば、功兄は、既に五、六日前ベルリンに向って去ったという話だ。故を聞いたが、おかみさん(功の宿の主婦)は、充分知らなかった。何でも、功兄の話に、

「日本が動員令を下したから、日本はロシアの背後を衝《つ》くだろう。自らは、軍籍にあるから(日露戦争中、軍医であった)、ベルリンへ行った模様でオランダへ行くかもしれぬ。しかし、大抵はまたフライブルクへ帰るだろう。もし手紙が来たら、ベルリンの日本倶楽部へ回送してくれ。」

と言って出発したそうだ。

私はさらに、他の日本人はどうしたと尋ねた。おかみさんは、他の日本人はドイツとフランスの国境の戦争のため、危険が来るかもしれんと言って、皆ベルリンへ引き上げたそうだ。どうも合点が行かぬ。私は、別れてホテルへ帰ったが、

「いくら独仏国境で戦争があると言っても、フライブルクからはいまだ程遠い、これには何か他に理由がありはしまいか。どうもおかみの話は信じられない。」

と考え、翌朝ホテルを引き払って功さんの部屋へ移った。

さらに日本名誉領事のシンチンゲル(H. Schinzinger)氏を訪問した。氏は左の如く語った。

「八月上旬、十五名の日本留学生中十名は、一日私を訪れ、『ヨーロッパ大乱のため我々留学生

は目的を達せられまい。かつ日英同盟があるため、いつ如何なる誤解を招いて、市民から暴行を加えられるかもしれぬ。ゆえに、我々は一先《ひとま》ずベルリンへ引き上げる』と言った。それで自分は、そんなことは決してない、研学も続けられようし、赤十字社病院で実地の学問も出来よう。かつ、市民の暴行など絶対にない。もし、そういう暴民があったら、私は身を以って諸君を保護するからここに留まれと言ったが、その十名は聞かずしてベルリンへ去った。

而《しか》して、櫻井功をはじめとして五名の者は、なお残って居た。しかるに今から一週間程前に、ベルリン大使館から、日本人全部をベルリンに送るか、またはオランダへ発つように命令してくれという報知が来た。それで私は、五名の日本人に発足を伝え、今から六日程前に日本人全部はこのフライブルクを去った。」

さらに領事は語を次いで語った。

「私には、ベルリン大使館が留学生全部を、あるいはベルリンに呼び寄せ、あるいはオランダへ旅行させる理由はさらに分からぬ。あるいは日英同盟の結果、日本がドイツ領膠州《こうしゅう》湾《わん》(青島《チンタオ》)に向って開戦準備をしているのではあるまいか、しかし日英同盟は、東洋に限られて居るし、日独の国交は親善である。どうも自分は信じられない。」

領事の言は、私の考えと同じであった。さらに領事は、とにかく君の今後取るべき手段についてベルリン大使館へ問い合わせてみようと言って「ドクトル植村[13]が来たが、どこへ送るべきか回答を待つ」と言う電報を大使館へ打ってくれた。

私は、翌朝の再会を約して去った。私はさらにベルリン倶楽部宛に、功兄とプラハの友人井岡忠雄君[14]へ電報を打って返事を待ったが、翌朝になっても返事来らず、領事を訪問したが、大使館からも何等の返電が来なかった(これは後から没収されたことが分かった)。領事は、

「ケルン市[15]に日本の領事館がある。彼所《あそこ》にも日本人が居るから、とにかくケルン市へ行き領事に様子を聞いたがよかろう。その模様でベルリンなり、オランダなりへ旅行することを決定せよ。」

と言って、ケルン領事館への紹介状及び旅行のパスをくれた。私は厚く礼を述べて立ち去った。

---

13 ドクトル(Doktor)とは、医師、博士の意。
14 産婦人科医。のち大阪赤十字病院副院長。
15 ケルン(Köln)は、ライン河畔に位置するドイツの都市。現在の人口は約一〇二万人。

❖ドイツ脱出の決心

私は途中考えた。ドイツから中立国へ行くには、三つの道がある。一つはスイス、一つはオランダ、一つはデンマーク。そのうち最も近いのはスイスだ。ベルリンへ行こうか、ケルンへ行こうか、またはひと思いに中立国へ行こうか、領事の口振りではいまだ時があるようである。まず家へ帰ってさらに熟考しようと思って、途次停車場へ行って、ケルン行きとスイス行きの発車時間を聞けば、いずれも午後三時半前後に出る。スイスに行くならば二、三時間でバーゼル[16]へ着く。オランダへ行くならば、ケルンを通らねばならぬ。ベルリンへ行けばデンマーク国へ行くのが最近路。三時までは時があるから、功さんの部屋へ帰って種々と考えた。日本がイギリスと同盟国たるの故を以ってヨーロッパ戦争の渦中に投ずることは、私にはいまだ半信半疑であった。否、信じようとはしなかった。私は、自らの考えの足らざることを表白する訳だが、到底そんな事は起こるまいと思った。

それに一両日前、途中で読んだドイツ新聞には、イタリア駐在日本大使の談として次の如く出ていた(この記事は後から考えると反対の意味にも充分取れる)。

「日本はこの戦争には中立を維持して立たない。しかし、もしドイツが東洋の平和を侵害するようなことあらば、その時は止むを得ずして立つかもしれぬ。」

而《しか》して大使は、私が信じた如く、日英同盟は東洋に限られているからとの意味をも附記してあった。私はこの記事で、自分の所信を一層強くした訳だ。そして、膠州湾にあるドイツ軍隊艦隊といっても数は知れている。しかも本国から遠く離れた土地で、東洋の平和を害し、自ら窮地に陥るような愚は演ずるまいと思った。

ところが、これが私の思い違いであった。近頃読んだ新聞には、ドイツの軍隊が日本やイギリスの汽船を抑留し、戦時規制品にあらざる品までも取り上げ、しかもイギリス船を撃沈したという記事も読んだ(チューリヒ着後に読んだ)。しかもこれらの記事は、当時ドイツ新聞には少しも出ていない。一説に、ドイツ皇帝(カイザー)が膠州湾総督へ向け「軍隊艦隊常に決して出動するなよ」と打電せしめたそうだが、ドイツの陸海軍省でにぎりつぶして打たなかったため、膠州湾総督は右のような行為をやったという説がある。

序《つい》でながら附記して置くが、第二次世界大戦でも、日本陸軍海軍共にアメリカに散々な目に遭って敗戦、無条件降伏し、台湾、樺太、千島、朝鮮の領土を失った。軍閥の強圧のために官

16 バーゼル(Basel)は、スイス北西部の都市。ドイツ、フランス、スイスの国境が接する地点に位置する。現在の人口は約一七万人。

僚は無力で、徒《いたずら》にこれに追随し、日本歴史上極大汚名を残した。日本及び日本国民は領土を失い、家を焼かれ財産を無くし、一夜乞食の貧乏国となった。しかも世界の憎まれ者となった。恐るべく戒むべきは、軍閥（軍人）の跳梁《ちょうりょう》跋扈《ばっこ》である。

私は政治の方にはさらに知識はないが、ドイツが新興国として、物質的な面、特に医学、工業化学、農業の方面に著しき進歩を示し、将来日本がなお取って学ぶべきもののあることは、一度ドイツへ来た者はいずれもこれを認めるところだ。また、戦争においてもイギリス、フランス、ロシアがドイツ、オーストリアに打ち勝ったならば、かつドイツに再び起《た》つ能《あた》わざる程の打撃を与えたならば、ロシアは後顧の憂いなく翼を東洋に伸ばすだろう。イギリスもやって来るだろう。ドイツが勝ったらば、ロシアはバルカン半島の野心を捨て、東洋に向うに違いあるまい。ドイツ勝つも、ドイツ敗るも、恐らく日露の再戦は逃れられまい。しからばこの際、日本は中立を維持してドイツに好意を持たせ、後日の憂いに備える方が日本の将来のために得策ではあるまいか。

かつドイツは、軍隊の多数将卒の精鋭、武器の完備、殊に挙国一致、愛国心強く、母国のために死を惜しまざる点は、大日本と酷似している。そして私は、当時ドイツの兵はよくイギリス、ロシア、フランスの軍を敗ることが出来ると信じていた。故に、仮令《たとえ》遼東の還付[17]の恨みがあるにせよ、この際日本はドイツを敵とするようなことはあるまい、のみならず東洋の君子国として自ら任じ、公明正大を以て世に誇る日本が、この際ドイツの弱点に付け込んで火事場の泥棒のような挙に出《い》づることはあるまいと思った。

かつ、当時ドイツ、オーストリアの新聞は、日本はロシアの背後を衝くとか、日独関係はますます親善であるとか、日本の世論はドイツ、オーストリア軍旗に満腔の同情を寄せているとかいう東京日日新聞[18]、萬朝報の記事の翻訳を出している(これも後で考えると、ドイツ新聞の虚構の記事であろう)。当時それらの記事に迷わされ、かつ私同様に迷わされたドイツ人から非常の歓待を受けたのも、間違いの元であった。

しかし、もし戦争起こらば、どうしたら良かろう、とはこれも私の頭へ起こる問題だ。オランダに避けんか、スイスへ去らんかの途二つあるのみ。デンマークは余りに遠い、スイスは最も近きも、中部、北部は皆ゲルマンの血を分けてドイツ語を話す国民で、自然ドイツに同情を有することは明らかだ。スイスよりイタリアへ去るも、イタリアはドイツ、オーストリアと三国同盟の

17 一八九五年にロシア、ドイツ、フランスが日本に対して行った三国干渉のこと。これにより、日本は日清戦争で獲得した遼東半島を清国に返還した。

18 一八七二年、東京で創刊された日刊新聞。大正期には東京五大新聞の一つに数えられた(他の四紙は、東京朝日新聞、時事新報、国民新聞、報知新聞)。

仲であって、その向背が分からぬ。今日イタリアへ去るのは危険だ[19]。フランスよりイギリスへ赴《ゆ》くとするも、よくフランス語の話せない私には旅行の困難のみならず、どんな間違いが起こらぬとも限らぬ。

今から思えば、これは私の思い過ぎであったが、その当時の状態で、私としては止むをえない。まず取るべき路は、オランダである。功兄は、五、六日前既にベルリンへ去ったというから、たとえオランダへ去ったとしても、いまだオランダに居るだろう。功兄がオランダよりイギリスの首都ロンドンへ行けば、帰朝することは分かっているから、今さらぜひ面会して話さねばならぬ用事はもはやないが、私は何としても会いたくて仕方がなかった。そして一目でも会って、功兄上帰朝後、フライブルクに残した書物、アルバイト荷物の始末もしたい(自分はオランダに残って研究を続けるつもりであった)という考えであった。

たとえ日独戦争起こるとするも、宣戦布告後二十四時間の猶予は我に与えられるべき規則である。かつ、たとえ旅行に手間取って捕らえられるとしても、日露戦争当時日本はロシア国民を送り返した例もあるので、私は、大丈夫オランダへ行けると信じた。平素ドイツは何事も規則ずくめの国であるから、この際やはり規則は規則として厳守するだろう。一方には日本の公明正大で敵国を優遇したことを思い、他方にはドイツがこんな野蛮な国ではないと信じて買いかぶったのは、私の不幸の最大原因である。

この時、偶然にも功兄の机上に日本倶楽部[20]委員から来ていた手紙が目に付いた。すまないとは思ったが、何かこの辺の消息はないかと読んだ記事は、次の如き意味であった。「ヨーロッパ禍乱のため、我が留学生の研学の目的も恐らく達せられまい。この際、親善国の感情を害さないように帰朝するが得策であろう。」

この手紙を読んで、私が今少しく利巧《りこう》であったら、直ちにそれと知ってスイスへ逃げたろう。しかし、私の愚は、この緩慢な言語では一刻も早く立ち去れとは受け付けなかった。その上、右に述べた私の所信、功兄への用事、これらは私をしてオランダへ向うべく決定をさした。このチューリッヒで面会した邦人(ドイツで捕らえられた人)は、皆この緩慢な手紙を私同様に考えたため、出発が遅れた。

それで、私は朝鮮在住の兄(俊二)[21]、母[22]、姉(四谷)[23]、江戸見坂[24]、常磐へ各一通宛の書

19　実際にはイタリアは、八月三日に中立を宣言していた(翌年五月にオーストリアへ、八月にドイツへ宣戦布告する)。

20　在ドイツ日本人の親睦団体。

面を認《したた》め投函を宿のおかみに頼んで、三回分の弁当(バターとパン)を作って貰い、おかみに停車場まで送られ、旅行許可書を貰いフライブルクを去ったのは、八月十八日の午後三時半であった。その時、ドイツの士官(停車場司令官)は、親切に次の如く言ってくれた。

「お前は日本人だ、お前は到るところ安心して旅行ができるだろう。」

旅行は困難であった。乗り換え、また乗り換えて、そのたび毎に多大の時間を費やし、汽車の進行は虫の這《は》うよう、遅々《ちち》として捗《はかど》らない。平時ならば十数時間でオランダの国境へ達せられるが、翌朝になってもいまだ半分も来ない。

しかしその時は、一般のドイツ人は日本人がドイツの味方であると信じていたため、頗《すこぶ》る親切であった。途中、カールスルーエの手前の駅で、番兵は私をロシアの人と思い誤り、私を調べた時は、周囲のドイツ人は頻《しき》りに私を保護してくれて、その親切や私の書類で、私は危から逃れることができた。

❖脱出直前の拘留

八月十九日朝、暁にハイデルベルク駅で乗り換え、疲労のまま車中で居眠りをして居ると、周囲のドイツ人の口から頻《しき》りに日本人の事を話しているので、聞くともなしに小耳に入る言葉は、日本の対独最後通牒として、北京電報の記事について論ずるのであった。私は、心密かにスイスへ去らざりしことを悔いしも、もはや及ばず、ひたすらオランダへ路を急ぐ他はなかった。

今まで日本人が自分の味方と信じて親切であったドイツ人の態度はがらり一変した。実に人心の変化は恐ろしいものだ。乗り換えの時間を聞いても、教えてくれる者はない。多くの者は聞いても返事もしない。返事をする者は、ただ一言「知らない」と向こうを向いてしまう（平時の時間表は戦時用なさず）。自分はもう人に聞くまいと思った。

「あなたは我々の敵、我々の敵、敵……」

と言う声はしばしば耳に入る。

フランクフルト・アム・マイン[25]を経て、二十日の午前〇時過ぎ、ある駅へ着いた（名を忘れる）。ここで朝の七時出発の列車に乗るには、七時間近くを待たなければならぬ。待合で茶を飲

---

21 当時朝鮮総督府に医官として勤務していた。

22 実母琴子のこと。札幌で尚清と同居していたが、尚清の留学中は、四谷の俊二宅に住んでいたようである。

23 兄俊二の妻孝子のこと。俊二の一家の自宅は、東京の四谷にあった。

24 岳父櫻井郁二郎のこと。

み、パンを食べつつ、衆人環視の的となって夜を明かし、……八月二十日午前七時、ケルン行きの列車に乗った。二十日の新聞は、日本の最後通牒が公表として、大書されてあった。嗚呼《ああ》、いよいよベルリン大使館よりドイツ政府へ提出されたのだ。さらに新聞には「日本は多くをドイツより学びながら、恩師に向かって戈《ほこ》を向ける」という文句が並べて書いてあった。

四面全く楚歌《そか》の声。乗客の内には、私と同室を嫌って他へ転ずる者さえある（私は二等室に居た）。中には、人の前に新聞を突きつける者さえあった。

「恩知らず、狡猾《こうかつ》なジャップ」

「猿、黄色い鬼、黒鬼、豚犬、犬」

あらゆる罵声が耳に入ることもしばしばであった。しかし、腹が立っても人と争って居る場合ではない。ただ自分はオランダへ入ればそれでよいのだ。しかし、これらの罵詈《ばり》が、下等社会や小児の口から出たならばともかく、相当の身分、相当の教育のあるべき者の口より発せられるに至っては、不快に思わざるを得ぬ。空腹を感じて駅の待合に一杯の茶、一片のパンを求むるさえ容易ではなかった。幸いにこれを得て飲食をしていると、卒兵がやって来て「ちょっと来い」と言うので、停車場の司令部へ連れて行って調べるという始末。こんな事でろくろく食事もせず、睡眠もせず、疲れ切って汽車は十二時過ぎケルンの停車場へ着いた。

そこで私は停車場の司令室へ自分から名乗り出た。士官に面会して、

「私は日本人です。今日の新聞で日本の対独最後通牒を初めて読んだ。しかし私は、研学《ママ》に来て居たので怪しい者ではない。もし貴君が私を信じてくれるなれば、どうかオランダまでの旅行許可書をくれ。」

と頼んだ。その時の士官は親切なよく物の分かった男で、私の旅行免状や種々の証明を見て、

「よろしい、別に貴君を調べる必要もない。証明を書いてあげます。」

と言って、オランダまでの旅行パスをくれた。

「貴君は、これさえあれば安心してオランダへ旅行が出来る。」

私は、士官に厚く礼を述べて去った。もはやケルンの日本領事館を尋ねたとして仕方ない。私は直ちに汽車に乗って幾多の停車場を越えて、三時半にオランダ国境に近いクレーフェルト市[26]へ着いた。ここよりオランダ国境までは三十分か一時間近くで行ける。しかも日本の最後

25　フランクフルト・アム・マイン(Frankfurt am Main)、通称フランクフルトは、ドイツ第二の大都市圏の中核都市。現在の人口は約七〇万人。
26　クレーフェルト(Krefeld)は、ライン川沿いに位置する工業都市。現在の人口は約二四万人。

通牒は二十三日までにドイツの回答を要求している。回答如何《いかん》でたとえ宣戦の布告を見るとしても、なお二十四時間の猶予はある。まず私はオランダへ無事に着くことが出来ると、衷心《ちゆうしん》喜んでいた。

しかし、汽車の停車はもどかしい程長かった。この時、一人の士官は私の室へ入って来て、私に面して腰をかけた。そして、私を凝視して居たが間もなく出て行って、一人の卒兵に何か囁《ささや》いている。私のことを何か言っているに間違いない。しかし私は、極めて平気を装っていた。兵卒は、遂に一人の士官を導いてやって来た。士官は私に向かって、「貴君の国はどこですか」と聞いた。

私「わたしは日本人です。」

彼「旅券を見せなさい。」

私は所持の日本政府の旅行免状、プラハ教室の証明、プラハ市エーゲル市長、ケルンで貰った旅行パス等を示した。その時士官は、

「よろしい有難う。」

と言って去った。まずは安心と思う間もなく、またその士官は他の士官を連れて来て、

「貴君はここで下車せねばなりません。」

と言って、私を停車場の卒兵詰め所へ連れて行った。別に調べる様子もなく、私は待つこと二十分、国境行きの列車は私を捨てて去った。まもなく一人の角袖巡査に前後を護られて、警察へ行かねばならなくなった。

この駅の兵卒詰所で待っている間、一人の駅夫がやって来て、大きな声でどなった。しかも、囚人でも叱るような態度で

「お前は外《ほか》に汽車に預けた荷物はないか。」

と生意気なことを言った(私はただ一つの小さな手提《てさ》げ鞄《かばん》を持っていたのみであった)。私は彼の無礼が余りに癪《しやく》に障《さわ》ったから、返事もしなかった。そしたら、駅夫はさらにがなった。私は、

「お前の言うことは私にはさっぱりわからん。」

と言ったきり、返事もしなかった。この時士官は私が本当に分からんと思ったか、普通のドイツ語で通弁的に言ったから、

「私は外に何も持っていない。」

と答えた。駅夫風情の癖に生意気な奴だった。巡査は私に尋ねた。

「お前は金は持っているか。」

私は、

◆クレーフェルトの警察署(クレーフェルト市公文書館所蔵)

「百や二百の金は持っている。」

と答えた。巡査はそれなら充分と言って私を電車に乗せた。電車から降りると、狭い道を曲がりくねって警察へ着いた。署長室へ案内されると、署長は人をジロリと眺めながら、

「私は貴君をここに留め置かねばならん。これは政府からの命令で、総ての日本人を捕らえろという命令を受けている。しかし、それはドイツ自個のためでなく、君を保護するためだ(保護検束 Schutzhaft)。殊に君のようなドクトルで教育ある者は、一層注意をしなければならぬ。一応君の書類を、知事と司令部へ送って、その命令の来るまで君は牢獄へ入らねばならぬ。」

と言った。勝手なことを言う奴だ。保護の名の下に人を捕まえるのだ。私は、

「私は保護は要らぬ。ドイツ人の暴行は覚悟している。もはやオランダの国境までは程近い。たとえ私は死んでも構わぬから出してくれ。」

と頼んだが、署長は聞かない。プラハ教室の証明、エーゲル市長の証明と停車場の司令部よりくれた旅行パスの三つを取って、これを総司令部へ送って、回答の来るまで牢屋で待っておいでなさい。と冷淡に入牢の宣言を受けた。なお署長は、

「何で日本はドイツに戦争を仕掛けるのか。日本はドイツから凡て《すべ》(これはドイツ人の口癖だ)を学んでおきながら、余りにもその態度がひどいじゃないか。」

と聞いた。私は、

「そんなことを私に聞いたって、私は知らない。それは日本政府がしたことで、私の預かり知るところではない。」

と言ったきり返事もしなかった。さらに署長は、

「日本の恩知らず。」

と繰り返した。別に荷物の取り調べもせず、一人の巡査に連れられてすぐその裏続きの牢屋へ入った。

まず高い煉瓦塀の戸を開けて中に入ると、そこで私は牢番人の手に渡された。番人は私を事務所へ導いて、麦藁《むぎわら》帽子(私は夏帽子を持っていた)の中へ、ポケットに入れてある品一切を出せと言った。それでその麦藁帽子へ一切を入れ、手鞄と共に番人に渡した。番人はさらに私の所持金

を数えた（百九十八マルク余りあった）。それで帽子と手鞄を戸棚の中に入れて錠をおろした。私の許された品は、私と家族で撮った写真、鏡一ヶ、櫛一つ、ただこれだけ、他は皆取り上げられてしまった。それから、姓名、生年月日、職業、生地、宗教を番人は帳簿へ付けた。それで取り調べは終わった。私は二階へ導かれ、一つの小さい薄暗い部屋へ入れられた。外から鉄の錠を固くかけて番人は去った。

嗚呼、この時の瞬間の心持ちは形容出来ぬ。不快な念に打たれた。私は遂に牢獄中の身になったのだ。思えば、大正二年十一月五日の横浜出帆の際、まさか外国でこんな憂き目に遭うとは、神ならぬ身の何で知る由《よし》があろう。これは忘れもせぬ、大正三年（一九一四）八月二十日の午後五時頃（木曜日）。

2──抑留生活の開始

❖最初の一日

部屋は、日本の三畳敷よりやや大きいようだ。それに二つの寝台がある。寝台というと体裁は

◆クレーフェルト監獄の外観スケッチ
窓には鉄格子がはまり、さらに鉄の板を閉めるため「室内一層暗し」とある。

よいが、実は四つの足の上に木の板が乗せてあるという有様で、その上に薄い汚れてしみだらけ、ところどころ破れて内から細い藁《わら》がはみ出して居る藁布団一枚が乗っている。

窓は縦一尺許《ばか》り、横二尺五寸位の小さいのが壁のずっと上の方に一つあるのみ。窓に二枚の硝子戸が左右から閉まるようになってある。その外は、厳重な鉄格子がある。精神病患者の監禁室よりもさらに数等甚だしい。室の一隅にはストーブ、他の一隅には一個のバケツと一個の瀬戸引きの水入れと洗面だらいがある。その他一つの木製の粗末な古い腰掛、それに壁に付いた傷だらけの小さな机とあったために、小さい部屋は一層狭く、身動きもろくに出来ない位であった。

私はこの薄暗い室の敷居を跨いで、外から固く鉄の扉に錠をかけられた瞬間は、頭の中がぐらぐらとして、不快な念に堪えられなかった。嗚呼、身は何でこんな不吉な牢獄に入らねばならぬか。かつて経験もない牢獄生活、名を聞くだけでもいい気持ちはせぬ。私は茫然として一つの寝台の上に腰をおろした。

他の寝台には一人の男性が座って居た。年の頃は四十五、六、頭の髪の毛はひどく伸びて、いつはさみを入れたかと思う位で、鼻下はもとより、両頬より下顎へ掛けて伸びた鬚は、長く胸の辺りまで垂れて居る。見るから一癖ありそうな奴であった。私は子供の時、田舎芝居で見た所謂《いわゆる》牢名主[27]の面影を偲ばざるを得なかった。しかしよく見ると、その温和な両目からはどことなく優しげな性質が現われているように思える。男は、微笑みを口元に湛えながら私に言った。

「貴君も同じ幸福な身となりましたね！」

これは、「お前もわたし同様不幸な目に遭った」とほのめかしたのだ。さらに彼は語を継いで、

「私はフランス人です。七月三十一日、まだドイツとフランスと戦端を開く前、私は捕えられてこの牢獄の人となり、以来ちょうど三週間、実に馬鹿馬鹿しいやら、情けないやらお話しにならぬ。」

と言って溜息を漏らした。この人も、私同様ドイツの乱暴の犠牲となり、既に三週間という長い時日をこの牢獄で暮らしたのだ。彼はさらに、自分の身の上話を言った。

「私は、このクレーフェルトに既に五年間居る。初めはただフランス語の教師であったが、その後、小さいながらも一つの学校を開いて、語学の他に二、三の教師を雇い入れて手芸を教え、自分は校長をして、妻はイタリア人であるから、イタリア語の他、手芸を教えていた。ちょうど七月の三十日、角袖警吏が来て『官命で貴君の家宅捜索をやる。』と言ったので、私は別に怪しい物もないから彼らの捜すに任せた。しかし、彼らは一物も証拠物を得ずして去った。もとより私

27　江戸時代、囚人の中から選ばれ、長として牢内の取り締まりなどに当たった者。

はスパイでないから、そんな物のありようがない。ところがその翌日三十一日、彼らは再び来て、『ちょっと警察まで来てくれ』と言うので、私は、妻にじき帰ってくると言って家を出た。ところが、直ちに理由も聞かせないで私をこの牢屋に入れたなり、家に帰ることを許さない。一日と待ち、二日と経ち、「じき」がとうとう三週間になった。実に乱暴なやり方だ。しかも、これはまだ開戦になる前であった。」

と彼は慨然として語った。さらに彼は語を次いで語った。

「この牢屋の番人夫婦（看守）は、訳の分かった人だから心配はしなくてよい。ただ、困るのは食物の粗末なことである。とても食べられたものではない。しかし、差し入れは許す。私は家内に一日おきに食物を運ばせる。家内の面会も一日おきで、毎日は許されない。しかも、面会時間は僅かに五分、十分である。」

彼は私に尋ねた。

「君はこのクレーフェルトに住んでいたのか。」

私「いや、自分はボヘミア（オーストリア）のプラハに居たが、八月中旬ドイツへ用事があって旅行し、時期切迫のためオランダへ志す途中、この町の停車場（駅）で押さえられたのだ。」

そしてわたしは、旅行の概略を彼に語った。

彼「それは一層困ったことだ。この牢屋生活に市内一人の知己もないのは、定めし困難であろう。」

物語の間に夕飯は運ばれた。四十歳余りの婦人が運んできた。婦人は食物を机の上に乗せると、直ちに戸の錠をおろして去った。見れば瀬戸引きの鉄鍋にスープが半分以上入っていた。器は、ちょうど家でマリーやべーヤ（犬の名）に餌をやる鍋であった。それに一つの食匙《スプーン》が付いている。スープは、水のように薄かった。水でウドン粉をとき、中に小片のパンが浮いている。下には麦が少しおどんでいる。いかにもフランス人の言うのも無理はない。これを毎日出されては堪《たま》らぬと思った。

しかし、今日は朝から碌々《ろくろく》食事もしないので非常に空腹を感じていたので、大部分を平らげることが出来た。食事が終わると間もなく戸は開かれ、散歩の時間となった。私もフランス人の後について外気を呼吸しようと出かけたら、番人は「お前は出ることが出来ない」と言って、戸はピッシリ閉めて錠をおろして去った。私は薄暗い室内に茫然として、寝台の上に横になった。

二十分もたつとフランス人は上がって来た。両手にバケツと水入れをさげながら室に帰った。私は、そのバケツは何にするのだと聞いた。彼は、

「これは手や顔を洗う水、バケツは小便、なお止むなくんば大便もこれへやるのだ。日夜、部屋

は錠をおろされてあるから、これへやるより外はない。」

と答えた。私はさらに情けなく感じた。犯せる罪もなく、戦争の犠牲とはいいながら、この不快な、また不衛生な、しかも絶対の自由を奪われた牢獄生活をしなければならぬ。しかも、この栄養に乏しい食物で長く体が続くだろうか。

私は、過去を偲《しの》び将来を想い、母や兄、妻子の身の上、行く末を考えずには居られなかった。母も兄も常磐も、今夜私がこんな牢屋で一夜を明かす身となったことは、まさか夢にも知らないであろう。もしも知ったらどんなに歎《なげ》くであろうか。思えば残念でならぬ。何故私はフライブルクから直ちにスイスへ去らなかったのだろうか。

私は、ドイツが少しは訳の分かった国民と思い、こんな乱暴な、規則を無視することとは思わず、かつ、日露戦争当時日本が在邦ロシア人に対してやった優待遇から割り出して、まさかにこのような結果になろうとは思わなかった。いわば私の不明の致すところだから、自分の苦痛は諦めもする。しかし、自分の馬鹿から、骨肉妻子、多くの人々に心配を掛けねばならぬようにした私の罪は諦めることは出来ない。

しかし一方には、一縷《いちる》の希望がないでもない。署長は私に「総司令部から返事が来るまで一時的牢屋に置く」と言った。その返事次第で、再び私は自由の身となるのだ。二、三日辛抱すれば分かるだろう。これらの考えと共に、私の頭はやや平穏に復した。

そこへ番人のおかみは室へ入って来て、私に一枚の薄い毛布と藁《わら》ブトンのシーツとをくれ、さらに藁の枕、その被布、およびかけブトンとして二枚の毛布と布の袋とをくれた。二枚の毛布を弁慶縞《べんけいじま》の布で作った袋の方へ入れるのは、私には困難であった。フランス人は、私のためにそれをしてくれた。斯《か》くして、寝る仕度は出来た。私は、洋服を脱いだまま、ワイシャツのままでベッドの中へもぐり込んだ。フランス人は私に、

「明朝五時半過ぎに番人が起こしに来るぞ、そしたら起きて面《かお》を洗い、洋服を着て、室内の掃除、雑巾がけをしなければならぬ。それが終わると直ちに庭へ散歩に出るのだ。」

と教えるように話した。私は、

「保護の名の下に人を牢屋に放り込みながら、雑巾がけまでさせるのは不都合だ。」

と言ったら、

「それは仕方がない。牢屋の規則だ。理屈を言えばこちらが正当だが、ここで番人の感情を害するのは大いに損だ。私がここへ入った時、番人から命令せられた。私もその当時は極めて不快に感じたが、拒む訳にはいかない。毎日毎日怠らず勤めてやって居る。」

彼は私を諭《さと》すつもりのように話した。私も馬鹿馬鹿しいとは思ったが、なるほど彼の言う通り、

番人の感情を害しては大いに損だ。元来理由もなしに人を牢屋に放り込んだ無法のドイツ人だから、どんな無法なことをするかも知れぬ、また署長へどんなことを言うかも知れぬ。せっかく出られる見込みのあるものを、つまらぬ目に遭っても損だと、フランス人同様二、三日ここで働いてやれと思った。一日か二日働いてみたところで、別に損ではあるまい。牢屋を早く出てオランダへさえ行ければ、私の希望は達せられるのだ。私が斯く考えている間に、フランス人は早や高いびきをかいて夢中の人となった。

産まれて初めての牢屋住まい、第一の牢屋の夜。思えば万感動いて、寝るどころではなかった。故郷に残せる骨肉妻子を思うの情は、さらに私を興奮させたが、連日の疲労は遂に私を駆《か》って眠りに入れた。

❖監獄の住人たち

八月二十一日（金曜日）。朝の五時半少し過ぎ（見れば牢屋の近くに寺院の塔があって、その高く聳《そび》えたる塔に時計があって、これが十五分毎に時を報ずる。椅子の上、寝台の上から高い窓を通して辛うじてこれを見ることが出来た）、部屋の外に戸を叩きながら大きな声で、「起きろ〜」と呼ぶ声に夢は破れた。フランス人は「ハイ」と言って、床を蹴って立った。そして面《かお》を洗い始めた。

私は、睡眠も固いベッドと固い枕のため、項《うなじ》や背骨、腰が痛んで何遍《なんべん》も目が覚め、殊《こと》に硬い枕のために頭が痛んで、いまだ床の中に居たら、フランス人があまり心配して離体を促すので、自分も起き、彼の顔を洗った後でその洗面だらいで顔を洗った。小さい水入れにある水で二人が口をゆすぎ、顔や手を洗うのだから、よほど倹約して使わないと水が足りない。とても充分には洗えない。洋服を着ていると、フランス人は早やバケツ（小便をするバケツとは違う）に水を入れ、雑巾棒を携えて上がって来て、室内の雑巾がけを始めた。寝台の下や室の床全部を綺麗にして、さらに廊下の掃除を済ませて、これから表で散歩をしようと私を誘った。

見れば隣の室で、他の二、三の外国人が頻《しき》りに雑巾がけをやっている。庭は、幅四間、縦五間あるか、下は全部石畳だ。二人の外国人と十四、五の一人の小児が便所の掃除をやっていた。私が庭に出ると一匹の犬が私のところへやって来て、頻りと臭いをかいでいる。聞けばこれは警察犬だそうだ。罪人が少しでも番人に抵抗したり、逃走でもすればすぐ体へ喰いつくように教えてあるそうだ。犬め、しつこく人のにおいを嗅ぐ。また一人の新しい奴がやって来たと思っているのだろう。

散歩時間は二十分程度で、我々は再び部屋に入れられて外より固く錠をおろされた。見れば机の上には、四角のごく薄く切った黒パン三切れ宛て、粗末な瀬戸引きの珈琲入れ、及び茶碗が二個あった。私はこの黒パンを見たのは初めてだ。フランス人が食べるから私も試したが、どうしても食べられたものではない。強《こわ》くって噛むになかなか骨が折れる。しかも、咀嚼《そしやく》を続けるに従って、藁の切れや、麦殻が出てくる。時々歯の間に砂利がガチッと音を発する。私はなおも食べることを躊躇《ちゆうちよ》した。私が珈琲《コーヒー》を飲まないから、フランス人はなぜ飲まぬかと聞いた。私は珈琲を飲むと不快な現象が起こり、時には病気になるから飲まないと答えると、フランス人は、「大丈夫だ、そんな心配はいらぬ。これは真の珈琲ではない。麦を焼いてそれを粉にしたのだから」と言わるるままに安心して飲んだ。なるほど、麦湯の濃厚なものだった。しかし、贅沢を言うようだが、牛乳や砂糖をこの牢屋では付けないのだ。味は甚だしくまずかった。斯くして、第一回の憐れなる朝食も終わった。

部屋の戸は、依然厳重に閉められて居る。嗚呼、身は籠《かご》の鳥。三畳敷程の小さい部屋の内で見るものはフランス人の顔ばかり。聞こえるものは、十五分毎に時を報ずる時計の音と、寺の塔で打ち鳴らす祈祷と戦勝を報ずる鐘の音ばかりだ。私はこの浅ましい捕われの身の苦痛を忘れんがため、強いて睡眠を貪《むさぼ》ろうとしたが、なかなか寝られるものではない。頭や頸《くび》はまだ痛む。フランス人は語った。

「ここで捕虜として居るものは、フランス人二人、ベルギー人二人、ロシア人二人、イギリス人が二人、それで君が新たに来たので九人になった。なお、その外に二人のドイツ人が居る。このドイツ人は、無政府党員で、戦争に反対したためと、一人は万一の危険を顧慮して、この牢屋へ放り込まれたのだ。

ロシア人について面白い話がある。この二人は兄弟で、共に五年前家を出てお互いに音信が不通であったところ、両人共偶然にもこのクレーフェルトで捕えられ、この牢屋へ相前後して入れられて、その奇遇に驚いた訳だそうだ。

なおその外に十五、六歳の男の子が居る。私は初め、この牢屋へ働くために雇われていると思ったが、聞けば、学校が嫌いで何度も隠れ遊びをやる。再三教師からも親からも注意をされるが、その悪癖は止まない。そのうち父親は兵隊に取られて戦争に行く。叱る者がないのを幸いに、少しも学校を訪《と》わない。それで懲らしめのため、この牢屋に入れられた。しかし、この子供はよく働く。実に忠実に働く。朝から晩まで働く。」

❖もう一人の日本人、野田松次郎

時に廊下に足音が聞こえ、やがて私の部屋の戸は開かれた。見れば年の頃十八、九の日本人一人、番人に連れられて入って来た。

「お前はここにしばらく居るのだ。」

と言って、番人は直ちに戸を閉めて去った。この日本人もまるで豆鉄砲に打たれた鳩のように茫《ぼう》然《ぜん》として立っていた。私やフランス人が挨拶をしたが、返事をしない。それで私は思った。この男は、支那人で日本人と誤って捕えられたのだろうと。彼はやがて我に返った様子で私に向かって、

「貴君は日本人ですか。」

と尋ねた。しかも余り上手でない日本語であった。

私は、

「そうだ。君はやはり停車場で捕まったのか。それともこのクレーフェルトに住んで居たのか。」

と、フランス人にも分かるようにドイツ語で尋ねた。彼はドイツ語で、

「え〜、クレーフェルトに知己があるのでそれを訪ねて来て、今朝の新聞で日本が最後通牒を出したことを知って、急に急いで停車場に来ましたが、そこで兵隊に押えられたのです。」

と語った。この話で、彼が日本人であって私同様不幸な運命に遭《あ》ったことを知り、気の毒でならなかった。

私は、こんな所で日本人に遭うのを嬉しいとは思わなかった。却《かえ》って、気の毒の感に堪えな

い。フランス人はさらにこの男に向かっても、「お前も同じ幸せの身となったね」を繰り返したが、この男は妙な顔をして返事しようともしなかった。この日本人はドイツ語で語りだした。しかし、その言葉は上品でなかった。

「私は開戦当時ベルリンに居た。十六日の日、日本人が続々引き上げるので大使館に行って聞いたが、大使館の人は極めて不親切に『帰ろうと帰るまいとそれはお前の勝手だ。帰りたければ帰れ、ベルリンに居たければ居れ。しかし、お前はベルリンより一歩も出ることが出来なくなるぞ。金も日本から来なくなるぞ。』

私はこの大使館の人の言うことがさらにわからなかった。しかしともかく、オランダへ行くより外はあるまいと思って、ベルリンで百マルクを借り、途中エッセン市（有名なクルップ砲の出来る所）[28]の友人を訪ねて、オランダ行きを勧めたが、一同の日本人は聞かなかった。それで私は、皆と別れこのクレーフェルトの知己を尋ねに来たのです。」

彼は、大体その旅行の模様を語った。私は彼に向かって、

28　エッセン（Essen）は、ドイツ西部の工業都市。現在の人口は約五八万人。ドイツを代表する重工業企業クルップの発祥の地として知られる。

「君はベルリンで櫻井功と言う人に遭わなかったか。」

と万一もやと思って尋ねたら、彼は、

「私は勉強に来ているのではないから、よく知らない。私は芸人ですから。」

「ベルリンの日本人は大抵引き上げたのか。」

と私が聞くと、

「私の発《た》つ時は(十六日)、停車場は大変な日本人でした。日本人と支那人とで汽車は一杯でした。しかし、私はエッセンに立ち寄り、又クレーフェルトへ来たので捕まったのですが、ベルリンよりオランダへ直行した人は、大抵逃げましたろう。」

彼はあまり上手でない日本語で語った。そして、ベルリン出発当時の困難の状況を語った。

「なお私は、ベルリン滞在当時、日本人はドイツの肩を持つと言うので、大いに持てた。私などは、時々学生に担がれて市中を歩いたこともあった。到る所日本人は歓迎を受けた。しかし、しばしばロシア人が往来で殴られているのを見ました。ベルリンでは既にもう男の数は減っていまして、たまにカフェーに行っても淋しいものです。時には一人の客もない。また、電車の車掌も女がやっています。」

私「君はいつ日本を発って西洋に来たのか。」

彼「私は五つの時シベリア線[29]でロシアへ入り、それきり日本へは帰りません。二十一才の今日まで十六年の間、日本へは帰りません。野田松次郎と言います。」
これで彼の日本語があまり上手ならぬ疑いも晴れた。

❖フランス人ラビスエール

その折柄、番人のおかみによって昼食が運ばれた。鍋はやはり瀬戸引きの粗末なものである。スープは、六分目ばかり入っていた。馬鈴薯《ばれいしよ》の汁でその中に豆が入っている。おかみはこれを机の上に置いて、この辺の訛《なま》りで「沢山あがれ」と言って去った。フランス人は感心と皆食べた。私も朝の黒パンを少しばかり食べたのみであったから、空腹のおかげで相当に食べた。野田は、一匙《ひとさじ》を食べたばかりで匙を投げた。
私「君、食べないと晩までに腹が空くよ。」
彼「私は見ただけでもとても食べれません。」
そう言って箸、否匙を取らなかった。

29　シベリア鉄道のこと。

食後間もなく、おかみは鍋を取りに来ながら、部屋の戸をあけたまま去った。即ち中庭の散歩の時間である。フランス人は、外気を呼吸すべく喜んでバケツを下げて出て行った。連日の旅行、粗食や睡眠不足のため、甚だしき疲労はなお回復しない。やたらに眠くって仕方がない。むしろ睡眠を貪ろうと思ったが、新しい外の空気も吸いたいから、庭内へ出たが、歩行する勇気もなくって、庭の一隅にある粗末なバンク(腰かけ)[30]に腰を下ろした。

外《ほか》の捕虜は代わるがわる私のところへ来て、どうして捕まったのだなどと口を揃えて聞いた。そして自分等の捕えられた状態も語った。中にもロシア人兄弟は、私の側に来て、昨夜はよく寝られたかとか、牢屋の食物は食べられたかとか、頻りと聞いた。

彼らは、私を慰めるつもりで、

「ドイツ政府は医師全部を郷里へ送り返した。これはロシアの赤十字に投じて、負傷兵や、病兵の治療をなすることを許した結果である。ドイツは、無法でも赤十字社だけは重んじている。君も今に帰れるだろう。こんな所に長く居ると、とても命は続かない。我々もやっと二週間の間に見違えるばかりに痩せ、顔色も悪くなり、体力も著しく減じた。この不衛生な不慣れな生活と粗食とは、どうして長き生命の維持を許そう。」

彼らは私を慰めんとして自己の愚痴《ぐち》も加えて語った。しかしその愚痴は、もっともだと思った。

例え我々が早くドイツを去らなかったにもせよ、国交断絶後なお二十四時間の猶予を与えるならば、私にはなお多くの時間がある。日本の最後通牒は、二十三日の正午位でドイツの回答を要求している。しからば、二十四日の正午までは、なお私はドイツの国境を去り得る権利がある。当時は、一両日中司令部より返事が来次第出られるものと確信していた。

二十分の後、再び我等は薄暗い室内の人となった。私は、フランス人に向かって

「お前は、失礼だが名前は何と言うのか。」

と聞いた。彼は、

「エミール・ラビスエール[31]と言うのだ。」

私にはどうも記憶が困難な姓名であった。三日後、初めて記憶に残るようになった。私の姓名も彼には記憶困難であった。ラビスエールは頻りに溜息をつく。彼は、

「然り斯くの如し。(Ja wohl, so ist es.)」

と言うことを口癖のように繰り返す男であった。即ち、毎日毎日何の変わりもなく、いわゆる

30　Bank

31　後出時は、ラビスエール・ドラボーとある。

食って、糞して、寝て、起きて、という意味である。

私は、

「一体お前は何歳だ。」

と聞いた。彼は、

「当ててみろ。」

と言うから、

「間違ったら御免蒙《こうむ》る。まず私の目にはひいき目に見て、四十五〜六だ。」

と言ったら、彼は満面是鬚《まんめんこれひげ》と言う顔に苦笑を浮かべて、

「私はこれでも二十八だ。」

と言った。私はこれには驚いた。まさか私より若年とは思わなかった。なるほど、そう言われて見れば若いところもある。彼は、私を二十六、七と見た。私は三十三歳(西洋流に数えて)だと言ったら、彼も私が彼の思いの外に若いのに驚いた如く、私の若年ならざるに驚いた風であった。一体日本人は若い内は年齢より若く、西洋人は老けて見える。しかし、老年になると反対に日本人が老けて見えるようになるのは事実らしい。

斯くして二十一日もつまらなく暮れた。第二の夜も馴れない固いフトンと固い枕のために方々

痛んで熟睡は出来ず、時々目を覚ました。

❖旅芸人の生活

八月二十二日(土曜日)。朝、例によって番人の戸を叩く音によって目を覚ましたが、どうも三十分位の間は、頭や頸が痛んでならなかった。朝飯は運ばれたが、とても黒パンは私の口には合わぬ。ラビスエールは、これはフランスでは豚にやるパンだと言った。しかも彼は、いかにもまそうに食べた。例によって、藁や砂利を手でつまみ出した。流石《さすが》の野田も閉口の様子に見えた。彼の寝る部屋は私と別れたが、昼間は私の部屋に来て居る。これは番人の情けかと思った。

どうも私には黒パンが食べられないから、番人に頼んで、もしも直ちに私が出ることが出来なければ、白パンを毎日買ってくれと頼んだ。なお、金さえ出せば腸詰(ウルスト)[32]や、ハム、缶詰も食えるそうだから、これも番人に買うことを頼んだ。しかし、私はもはやここに居るのも長くはないと信じて居たので、二、三日の辛抱なら腸詰も我慢出来ると思って、缶詰の注文は見合わせた。

32　Wurst ソーセージのこと。

室の戸は固く閉められているので、他の部屋の者と交通は元より、談話も絶対に出来ない。ラビスエールは時々戸を叩いて、隣室のロシア人と合図をしていた。野田は、私に自分の身の上話をした。

彼の郷里は美濃の岐阜である。五歳の時、ある芸人の子に貰われ、直ちに西洋へ来た。今は、真の両親兄弟の顔も名も知らぬ。私は、彼が両親の手から芸人の手へ買われたことを知った。それから、子供の時から新しい親や義理の兄弟から芸を習わねばならなかった。子供心に、軽業《かるわざ》は危険でいやであったが、殴られ蹴られお灸をすえられる苦しみに、一生懸命稽古をした。甚だしき虐待の下に、どうやら芸も出来るようになって、舞台に出ることとなったが、高い所から落ちて歯を折ったり、気絶をしたり、脚や腕の関節をはずして、この通りですと、ひどくなった関節を見せた。

そして彼は、ロシア、イギリス、フランス、ドイツ、イタリア、オーストリア、バルカン諸国等、凡てのヨーロッパの国々を廻って歩いた。彼は、いかにも憤慨《ふんがい》に堪えぬと言う様で、私は、日本に帰ったら、いかに義理の親でも今までの虐待を訴えると言った。

待てど暮らせど、司令部からの返事は来ないようだ。私は、直接署長に会って、直接話をしたいと思って、番人を介して署長に面会を申し入れた。しかし、終日待ったが、番人は私に、何等の消息ももたらさなかった。斯くして、第三日もつまらなく暮れてしまった。

❖一週間経過

八月二十三日（日曜日）。朝から近所の寺から喧《やかま》しく鐘の音が響く。祈祷《きとう》か、またドイツが勝ったのか。今朝から白パンだけは食べることが出来たが、注文した腸詰もこない。催促しようにも戸が閉められてあるから、番人に話すことも出来ない。昼食後催促したら、「つい昨日は忙しかったので、注文するのを忘れた。今日は日曜だから、明日間違いなく注文してやる。」という答えだ。そして私は、「昨日署長は私に面会をなぜ許さなかったのか」と聞いたら、今日は日曜日で、短時間の間に多くの仕事をせねばならぬから、明日話してやると言った。彼らも多忙かも知れぬが、私の身にとっても一日が争われるのだ。

日曜日の食事は、昼は最もご馳走であるそうな。正午過ぎ、ラビスエールのいわゆるご馳走はおかみによって運ばれた。例の食器の内にかなり大量の馬鈴薯《ばれいしょ》と僅かのキャベツ、そして小さい拇指《ぼし》の頭よりはやや大いなるウルスト（腸詰）の煮たのが一片、これがいわゆる牢屋における一週間中の大牢《たいろう》の食である。実際、日曜以外の日には、悲しいかな、肉の小片にすら拝顔することが出来ないから。

天気は晴朗、日本晴れの日曜であった。外は暑いかも知れぬが、室内はさまではない。もしもこれが平時であるならば、日曜の楽しかるべき午後を友人と近郊の散歩に清遊を試みたであろう。今や世界の大半は修羅《しゅら》の巷《ちまた》と化し、身は憐れなる籠《かご》の鳥。家族の安否さえも知ることも出来ず、友の所在を知る由もない。情けないこととなった。第一回の日曜も斯くして暮れた。

近くの寺院からの鐘はうるさく耳に響く。ラビスエールは、例の「然り斯くの如し」を繰り返した。そして、太い溜息を吐きながら、

「あー病気になりたい。重い病気になったら、病院へでも入れてくれるだろう。」

と言った。実に健康は天与の宝だのに、その健康を欲せずして病気を希望するに至っては、いかに牢屋生活が不快なるかが想像出来るだろう。

先に旅行中読んだ日本の最後通牒は、今日(八月二十三日)正午限り、ドイツの回答を要求している。近来、新聞を見ることも出来ないが、恐らくドイツは回答すまい。しからばここにドイツとの戦争は必然起こることと思った。

先だって来、毎日署長に面会を申し込んでもなかなか会ってくれぬ。牢屋の番人は、今日は署長に告げるのを忘れた、今日は忙しくって言う暇がなかったとか、明日は是非話してやるなど繰り返して、なかなか署長と会うことさえ出来ない。

斯くして、入牢以来一週間を暮らしてしまった。今日(八月二十七日)はどうしても署長に会わねばならぬ。既に一週間後の今日、返事の来ない筈はない。恐らく、私の自由は彼らによって拒まれたのではあるまいか。しかし、一度会って聞くだけのことは聞き、私の言うだけのことは言わねばならぬ。番人の顔を見るたびに催促して、ようやく午後の七時に署長のリッペルトに面会をした。

彼は冷ややかな笑いをもって私を迎えた。そして面会の要件を聞いた。そして言うのに、

「此方からの照会に対して、知事からも司令官からも、日本人を解放することはできぬという回答を得たのは、既に数日前であった。君は矢張り牢獄に居ねばならぬ。どうも仕様がない。」

どうも仕様がない。この言葉は、私が彼に会うたび毎に彼の口で繰り返される言葉であった。斯く彼は答えながら、私の要求全部を退け、日本の仕打ちはあまりに恩知らずだの何のとぬかした。のみならず、彼はクレーフェルトの甚だしい訛《なま》りで早口に言う。私はクレーフェルトの訛りはよく分からぬ。ドイツ語でも殊に聞き苦しい言葉である。私は、分からなければ聞き返さねばならぬ。聞き返せば頗る不機嫌な顔をして、ただ早口に繰り返すのみであった。私も、再び彼に面会はすまいと思ったくらい腹が立った。私は遂に、無期限の牢獄生活を余儀なくせねばならぬ身となった。

せめて牢屋を出て、どこか部屋借り生活をすることすら許されない。故郷への音信はなおさらである。私が、名も聞かなかったクレーフェルトに在ることを故郷へどうして知らせよう。しかし、もし知らせることが出来たらば、家族はいかに心配するだろう。しかし、また知らせないでは、私を行方不明としてさらに心配するに違いない。知らするも、知らせないも、共に心配をかける訳だ。

いつまでも行方不明として心配をかけるよりは、このクレーフェルトに抑留されていながらもなお生きているということを通知した方が、心配の程度も少ないだろう。私は斯く種々と考えた末、先に再び署長に会うまいという決心を翻《ひるがえ》して、数日後、さらに署長に会って、オランダ日本領事館へ葉書を出すことを頼んだ。彼は、不機嫌ながらも許した。そして、一切ドイツ語でなくては没収する旨を付け加えた。

署長の許しを得てからようやく四日目に、番人は葉書を買って来てくれた。そして、番人の事務所で「私は、今はこの度ドイツのために抑留され、クレーフェルト市に在り。何卒故郷の家族に報じて頂きたい。」と言う意味と、宛名、住所を葉書に書いて、番人に渡した。しかし、番人や署長が出してくれたのか否やは、分からぬ。私は、これで私の義願も尽くしたと思って心もやや安らいだ。

それから私は、なおこのクレーフェルトに自分が居るということを、西洋の知己にも知らして置く必要があると思った。一つは、今まで世話になった礼の意味もあったが、なお一つは、人間はいついかなる病気にかかるかも知れぬ。もし不幸にもこの牢屋で病気にでもなろうものなら、到底親切な看護は望むことは出来ない。このような不衛生な、不慣れな生活をして、粗食を続ければ、到底健康を保持することは出来まい。私はこの時既に、遠かれ早かれ死は来るものと覚悟はしていた。だから、このクレーフェルトに居ることを知らせて置けば、私が万一の時、あるいは彼らの中で一人位、故郷へ知らせてくれるだろう。また、その便りともなろうと考えた。なぜ私が斯様《かよう》な悲観的な死という観念を起こしたかは、後に詳しく書く。

後の話であるが、プラハの知己へ出した葉書に対して、ただ二つ返事が来た。それは、一つは衛生教室の小使いで、フッツルと言うが、「お前の荷物は、私が保管している。速やかに再会の日の来《きた》らんことを望む。」という旨と、一つは、日本人びいきの宣教師で、時々日曜に訪問して、晩餐のご馳走になった人だ。この二人よりしか返事は来なかった。その宣教師よりの話では、私の境遇に厚き同情を表し、かつ日本人全部は既に以前プラハを去った。そして最近イタリアの国境より葉書を得た旨を書いて来た。私は自身の不幸を悲しむと同時に、友人の幸福を喜ばざるを得なかった。

❖初めて書いた遺書

ラビスエールが常に繰り返す言葉の、「然り、斯くの如し」の如く、日一日と暮れて行く。私の今日の境遇としては、日の早く暮れていくことをむしろ喜んだ位であったが、一方には、体の日増しに衰弱して行くのは、いかにも心細く感じられる。殊に、着のみ着のままで、着替えの洋服もない、冬のシャツもない。もしも、長い間ここで暮らさなければならぬなら、どうして来るべき冬を暮らそう。金が沢山あるなら、ここで洋服も作れる。外套《がいとう》もつくれる。シャツも買える。しかし、僅か二百マルクに足らぬ金でどうしよう。食物の注文だにも金がなくてはならぬ。と言って、故郷よりの送金は望むことは出来ず、どうしても私の前途は悲観的で充ちていた。

衰弱は敢えて私ばかりではなかった。ラビスエールをはじめ、他の人々も口を揃えて各自の衰弱を歎じた。そして、もしも長くこんな所に居るならば、再び生きて故郷の地を踏む事は覚束《おぼつか》ないと言った。イギリスの水夫は、英語、ドイツ語の混合で、「私は以前こんな大きな腹であったが、今はこんなに小さくなった。」と妙な手真似をしながら語った。野田は、ある日クレーフェルトの知己の訪問を受けて、その人より自分が目立って痩せ、顔色が悪いなどと言われ、部屋へ帰って悲観していた。

私は、永い困難の旅行に食物と睡眠の不足で、甚だしかりし疲労を休める暇もなく、引き続いての粗食に僅か一週間、十日の間に著しく痩せた。顔色も悪いと人からも注意された。私が、肉や、何らかの買い物を番人やおかみに頼んでも、なかなか容易ではなかった。最も困ったのは、先方の言葉は甚だしい野卑なクレーフェルト語で、しかも訛りの多い言葉であるから、例えば、グーテン・モルゲン（Guten Morgen おはよう）を、ユート・モヘンと言う調子だ。ガンツ・フェアゲッセン（Ganz Vergessen 全く忘れる）をヤンツ・ファエッセンと言う風で、この訛りははじめ私を甚だしく困らせた。かつ私の習った会話は、書物にある言葉、または上品な地位の人の使う言葉であったので、私の言葉も彼らに通じにくい。もっとも、アクセントの悪い所もあるが、私の言うことは先方へ通じず、向こうの言う言葉は私に分からぬという具合で、一々ラビスエールを頼んで来て通弁を頼まねばならなかったが、番人はそれすら忘れてしまう、または不親切であったのか、毎日「忘れた、忘れた」でなかなか買ってはくれない。あまり催促をすると、おかみはかつて、

「お前は、私をあまりに使いすぎる。」

とぬかした。私は、

「お前を使うのではない。頼むのだ。」

と言った。こんな調子で、自分の金で食物を買うさえ多大な時間を費やした。私は、せめて外に一人の知己があるなら、と思った。

斯くして、口にすることも出来ない黒パンや、重症患者の食べるようなスープで一週間、十日と経つ間に、衰弱は一層甚だしくなった。一日二度の散歩も気が進まない。せめて短時間でも新しい空気を呼吸したいと思ったが、階段の上ぼり下り、歩行も甚だしく疲れる。歩行をすれば、眩暈《めまい》がする。私は、むしろ部屋に居て、ベッドに横臥《おうが》したかった。しかし、新しい空気を吸いたいという心から強いて表へ出たが、歩く気にもならぬから、庭の一隅のバンクの上に腰をおろして居た。番人は、私に「散歩せよ！」と言うが、私は腰を掛けたままであった。当時、既に私は万事を諦めて、徒《いたずら》に心配したとて、頭を使ったとて、出られるものではないし、また健康に不利であるから、なるべく自分を忘れるように務めていた。しかし、衰弱はますます募るばかりであった。

この間に一、二の外国人は病気になった。それでも警察医が感心に診《み》に来た。しかし、診察は驚くべく粗略で、胸を見ること一秒か二秒、それで診察は済んだ。驚かざるを得ない。そして薬はろくなものではなかった。後に病人は私に処方を示した。「一体この薬は効くか」と聞いた。私は返事に困った。処方は、飲んでも飲まなくともよいような処方であった。

こんな風で、たとえ病気になったところでろくな手当ては望み得るものではない。軽い病気なれば、敢えて手当てをしなくとも治るが、一朝不幸にして真面目な重い病気に罹《かか》ったら、この不親切な調子で、しかも衰弱甚だしい体で、どうして持ちこたえることが出来よう。当然来るべきは死の問題である。実際、他の外国人の言う如く、生きて再び故山を踏むことは覚束ないことだ。

私はある日、つくづくと考えた結果、遂に書き置きを認《したた》める事を決心した。そして番人に向かって、自分はプラハのバイル先生や、フライブルクの領事、シンチンゲル氏に礼状を認めたい、かつ荷物のことについても、一、二の知己に頼みたいことがあるから、葉書を買ってくれと頼んだ。そして両三日の後葉書や手紙を認め、ちょうど番人が部屋を去ったすきを利用して、朝鮮の兄、母、常磐や江戸見坂の両親に各一通ずつの遺書を認め、バイル、領事、及びプラハの知己宛ての手紙、葉書を番人に託した。元よりこれらの葉書や手紙は署長の検査を受けねばならない。私は、生まれて初めて遺書なるものを書いた。

既に覚悟はしていたものの急に情けなくもあり、悲しくもなって、熱涙を禁ずることは出来なかった。事情を知らない人から見ると馬鹿馬鹿しく聞こえるかも知れぬが、当時の私の立場としては、実際にそういう風であった。当時私の頭に往来した苦痛は、忘るる事は出来ない。この遺書を認めてから、私の心はますます安らかになった。胸中の苦しみは、拭うが如く去った。私は、不幸にして異郷の土となるとも、骨肉妻子に対する最後の告別をすることが出来ると信じたからである。実際いかに煩悶《はんもん》したとて、如何に考えたとて、なるようにしかならぬ。たとえ死すとも、人に見られて恥ずかしからぬ死態《しにざま》をせねばならぬ。この時から私の心中にはいわゆる安心なるものが芽を出しかけた。こうなってはもはや、ラビスエールの嘆息や他の人々の煩悶は私の頭を刺激しなくなった。

イギリス人やロシア人、ベルギー人などは、馬鈴薯の皮むきやさやえんどうのすじ取り、洗濯の手伝い、庭の掃除をやらされたが、私は何もやらなかった。保護検束の名の元に入っているのなら、何も罪人のするような仕事をするにも及ばないと思ったからである。ラビスエールも時々、それに手を出したが、私は、依然としてやらなかった。

❖義侠心のある男、ベルギー人ミューレン

確か、八月三十日であったと思う。午後にたくさんの外国人が牢屋に入ってきた。フランス、ロシア、イギリス、ベルギー、約三十人許《ばか》りで、牢屋はそのために満員を告ぐるに至った。番人夫婦も忙しそうに奔走して居た。イギリスの水夫やロシア人などは、藁布団の製作を命ぜられて、頻りとやっている。もっとも、働く者には多少御馳走も出るようであった。

その日の午後の四時頃、一人の丈の高い三十五、六の立派な男が番人に連れられて私の室へ入ってきた。彼は初めての牢獄生活にさも驚いたような風で、室内をくまなく見廻した。しかし、一言も発しようともしない。バンクに腰を掛けながら、頭を低く垂れて、深き思いに沈んだ。まもなく彼はハンカチを取り出して、顔を覆ってしくしくと泣き出した。私はこれを見て気の毒に思った。見るさえつらかった。遂にラビスエールが例のを始めた。

「お前も幸福な身となった。」

ラビスエールは、もとより他に意を諷《ふう》する[33]のつもりであったが、この男は真面目にそれを解したらしい。男は、頭を擡《もた》げてラビスエールをちょっと見たばかりであったが、返事をしようともしない。そして、さらに深い考えに沈んだ。やがて三十分も経った頃、彼はおもむろに頭を擡《もた》げて、

「君等は何日からここに居るのか。」

と問うた。ラビスエールは、私にかつて物語った通り、この男にも語った。この男はさらに驚いたような風をして、丸い眼をさらに大きくして、

33 皮肉の意。

「既に一ヶ月も牢屋に居るの？」

と繰り返した。

この男は後に私に大いなる親切をつくしてくれた人だから、ここにこの男について少しばかり書こうと思う。この男はベルギー人で、名をカーレス・ミューレン(Charles Mühlen)と言った。母はベルギー人で、父はドイツ人だ。父の若い時ベルギーに来り、ベルギー人の一婦人と結婚して、出来た子供が即ちこのミューレンである。父は純粋なドイツ人だが、後にベルギーに帰化したため、ミューレンもベルギーに国籍を有し、八年前、このクレーフェルトに伯父を頼って来て以来、ドイツに住んでいる。ドイツ語もフランス語も両方とも流暢《りゅうちょう》に話す。ミューレンの語る如《ごと》くんば、ドイツの探偵《スパイ》が自分をベルギーの士官と思い誤って付きまとったそうだ。

彼は、晩飯の運ばれるまでは、あるいは泣き、あるいは考えた。そして、晩のスープに手を付けようともしなかった。ミューレンはその夜は別の室で寝たが、九月一日、即ち翌々日、ラビスエールは他の室に移され、代わってミューレンが私と同室することとなった。このミューレンと同室してから、今まで厳重であった私の房《へや》は、さらに警戒厳重となって、散歩さえも他の捕虜と同時間にさせなかった。他の外国人が散歩時間を終わって室に帰ると、我々二人が出るという風であった。室の戸の錠も以前は一ヶ所だけおろしたようであったが、さらに上、中、下と三ヶ所宛て錠をおろして厳重を極めたのであった。

番人がなぜに斯く厳重に人を幽閉するか、さらに理解出来ない。あるいはミューレンが言う如く、士官と誤解された結果かとも思った。しかし、我々はたとえ警戒を解いて室の戸を開け放したとて、逃走するようなことはしない。たとえ、逃走しようとしたところで、下にはよく教育された警察犬（シェパード）が居る。鉄砲が十数基備え付けられてあることも知っている。警察犬はよく仕込んである。非常に利巧で、番人の目色で罪人に飛び付く。逃走でもする時、また番人に抵抗する時、番人の目色一つですぐ罪人に噛み付く。また逃げた時も、臭覚で直ちに発見する。

もしたとえ逃走出来たとするも、見つかり次第銃殺は定《き》まった話だ。私はかつて番人に言ったことがある。

「たとえ室の戸を開け放したところで、私は逃げもせず、隠れもしない。また、お前の好意に（室の戸を開ける）対して、お前に迷惑をかけるようなことはしないから、室の戸だけは開けて置いてくれ。」

と頼んだが、番人は、「これは署長の命令だ」と言って承知しない。

このミューレンと同室してから、物質的にはよくなった。たぶんミューレンの伯父が番人に賄賂を使ったと私は想像している。即ち、毎朝の室の掃除、雑巾がけはせずともよくなった。これは同じ捕虜のイギリス人や、十五、六才のヨハンという子がやってくれることとなった。それに、私の注文したものも、番人やおかみがすぐ買ってくれるようになり、久し振りで肉を口にすることが出来るようになり、それに、ミューレンが家から運ばれる料理を必ず私に半分分けた。

私はミューレンに向かって、

「お前の好意は誠に感謝に堪えない。しかし、お前の家からわざわざお前に作って持って来てくれる食事を、私が取っては済まない。わたしも僅かばかりではあるが、金を持っている。高い牢屋の買い物(牢屋の買い物は非常に高い。もちろんこれは牢屋の番人の懐を温めるのだ)の代金を払っても、ここ一ヶ月や一ヶ月半は支えることが出来る。お前の好意は有り難いが、お前の御馳走はお前独りで食べてくれ。それに、たとえ今恩返しをしたいと言っても、私の体は今後どうなるやらも分からぬ。まず、恩返しは出来ないものと思わねばならぬ。」

と言ったが、ミューレンは聞かなかった。

「私がお前に食を分かつのは、お前から恩返しをしてもらうつもりではない。お互いに罪もなく、ただドイツの乱暴なやり方でこんな牢屋生活をせねばならぬ。殊に、お前とはどういう縁か同室して居れば、兄弟も同じだ。私の食べ物、即ちお前のものだ。お前の食べ物をお前が食べるに、何の不思議があるものか。それに君は知己も親戚もなし、同情に堪えない。」

彼は西洋人には珍しい義侠心《ぎきょうしん》のある男であった。彼は、肉、野菜、菓子、果物を悉《ことごと》く平等に分かった。そして、

「君の食べたいと思う物があったら、何でも私が家から取り寄せる。君の金はなるべく使わないようにせよ。」

とまで言った。なお、ミューレンは私に書物を貸してくれた。それで私は、この長い牢屋の日を読書に暮らすことが出来るようになった。

私の今までの高度の衰弱は、毎日のご馳走で漸次《ぜんじ》回復を始めた。今までは歩行するさえも眩暈《めまい》がして出来なかったが、漸次歩行も出来るようになった。階段を上下しても疲労を感じなくなった。この時は実際嬉しかった。もはや私は死なねばならぬと覚悟をしたところへ、体力は漸次ついて来る。歩行も出来る、階段の上下も出来る、眩暈もしない。今までは腹の皮が背骨へくっついて居たようであったが、少しは腹もふくれ出した。「生」ということに対して、希望の光明が私を照らしたかのように感じた。

話は前後したが、九月一日にラビスエール・ドラボー[34]（フランス人）および二名のロシア人兄

34　前出時は、エミール・ラビスエール。

弟は、二名の銃剣付きの武装せる兵士に護送されて、早朝この牢屋を去った。その行方に付いてはさらに知る由もなかった。出発前、ラビスエールは、私の室へ会いに来た(これは番人の情けか?)。そして堅き握手を交わした。彼の目には涙の雫《しずく》が光って見えた。彼の胸中の苦悶は、私は知っている。というのは、どこへ行くのか彼自身も知らぬ。無法のドイツのすることだから、今後どんな憂き目を見ることやら。恐らく牢屋より、より以上の憂き目に遭うであろう。それに牢屋に居ながらも彼は夫人と隔日には顔を合わす事が出来たが、今日からは、恐らく絶対にそれも出来まい。彼の最も甚だしかった苦痛は、即ちそれだ。互いに将来の幸福を祈りつつ別れた。

今まで十日の牢屋生活を共にしたラビスエールと別れることは、いかにも私には辛かった。ラビスエールも同感であったろう。この日、彼の未来を思い、彼の夫人の心配も察し、続いて、我が身のいつまでこの牢屋生活を続けなければならぬか、故郷の骨肉妻子は今どうして居るかを想わずにいられなかった。

この九月の一日は、私に取っては甚だしい不快の日であった。

❖故郷に手紙を書く

ミューレンと一緒に居る間は、終日厳重に戸を締められ、散歩時間も他の外国人と異なっていたので、これらの人々と顔を合わせることもなかった。殊に、野田はどうして居るのか。さぞ心細く思って居るであろう（野田も別室に起居している）。ラビスエール等が去ってから既に数日、なお彼らの消息については、さらに分からなかった。

今まで十日も一緒に暮らしたラビスエールの身を思うの情と、一つは私も近き将来においてラビスエールの如く、どこかへ送られねばならぬという感慨が浮かんだ。その行き先はもとより、牢屋よりもさらに数等みじめな所には決まっている。私の立場からも、ラビスエールの動静が知りたかったが、どうにも知る由もない。

ミューレンと同室してから、他の外国人とは絶対に顔を合わすことは出来なかったが、私はしかし、これらの下等な労働者と伍して散歩するのを好まなかったから、結局幸せと思って居た。戦争の模様は新聞も読まず、他の人々より聞くことも出来なかったが、近所の教会より響く鐘の音は、絶えずドイツの勝利を伝えつつある。日本の膠州湾攻撃がいかに進捗《しんちょく》しつつあるかは、さらに分からぬ。

ある日ミューレンは、訪問者より一本の鉛筆と数枚の紙を得て、私に渡して、お前の故郷へ手紙を書け、と言った。

「私の叔父（ドイツ人）は、一つの会社を持っている。その使用人は、一週一、二回必ず社用でオランダへ行く。それに手紙を托して、オランダで投函すれば日本へ手紙は必ず届く。心配は入らぬ。ぜひ書け。」

と言ったが、私は、

「お前の好意は厚く感謝する。しかし、もしも不幸にして、手紙が途中ドイツの手に入ったなら、お前ばかりではない、お前の叔父さんにまで思わぬ迷惑をかけねばならぬ。故郷へ通知したいことは山々だが、お前に迷惑をかけてまでもしようとは思わぬ。」

と断ったが、ミューレンは聞かなかった。それで、私は一通の手紙を常磐へ宛て書いた(受け取ったかどうだか)。ミューレンは、早速数日後に訪問者に渡してくれた。もし幸いに使いが国境を出たなら、この手紙は十月上旬か、中旬には故郷に届いた訳だ。

ミューレンは、無聊《ぶりょう》を何とかして忘れたいと種々《いろいろ》と苦心した結果、将棋を作って私にやろうと迫った。私は、西洋の将棋はあまりに簡単で好まなかったが、暇つぶしのつもりでやった。私は、しばしばミューレンに勝った。ミューレンは、お前はどうしてそんなによく将棋をやるかと言って驚いた。私が強いのではない。ミューレンが極めて「へぼ」だからである。日本の将棋は西洋のよりさらに複雑で、かつ発達したものだと言ったら、ミューレンは例の丸い眼を大きくして驚いたようであった。ミューレンはまた、トランプを家から取り寄せて、私にやれと迫った。こんなことで、ミューレンと同室中は、将棋やトランプで暮らしてしまった。ミューレンからもフランス語の会話を習ったのはもとよりである。

九月五日のことだと思う。私の室へ、午後また一人の男が入ってきた。年齢は二十七、八に見え、体格もよく、上背もあり、顔も上品で、見るから立派な紳士であった。これも言うまでもなく外国人で、捕えられて私の室へ連れて来られたのだ。彼は、かなりに落ち着いた態度であった。ミューレンのように泣かなかった。一通りの挨拶も済んだ後、彼は流暢なドイツ語でしかも上品な言葉で語った。

「私はベルギー人だ。父母は共にドイツ人で、このクレーフェルトに住んで居るが、私は故あってベルギーの親戚の家名を襲ふることとなり、実際はドイツ人だが、戸籍上ベルギー人となっているから、斯く牢屋の生活をしなければならぬこととなった。」

彼は二、三回ベルギーへ行ったことがあるばかりで、このクレーフェルトで生まれ、ここで育ち、今まで父母のもとに居たそうだ。可笑《おか》しな現象ではないか。ドイツ人でありながらドイツの手に捕えられ、鉄窓の下に呻吟《しんぎん》せねばならぬ。落ち着きながらも彼はやはり嘆息を漏らし、頻《しき》りに考え込むこともあった。私は、もしラビスエールが居たならば、例の「お前も同じ幸福な身となったね」と繰り返すだろうと、新しい記憶を呼び起こさずには居られなかった。

毎週土曜日は入浴日と決まって居るそうだが、私はクレーフェルト到着以来、いまだ一度も入浴の恩典に預からぬ。八月十七日、フライブルクの功兄の下宿で入浴したっきりで、しかもここでは僅かの水で二人が口を濯《すす》ぎ、顔を洗うのだから、体を拭く水もろくにない。二十日間の垢《あか》で体が痒《かゆ》くってならぬ。私もミューレンも、今日は大丈夫、入浴出来ると思っていたが、とうとう駄目であった。

越えて、九月六日(日曜日)。ミューレンは、ぜひとも今日は教会へ行って祈祷《きとう》をせねばならぬと言った。私は、

「この牢屋住まいの身がどうしてそんなことが出来るものか。」

と言ったが、

「捕虜生活と祈祷とは別問題だ。」

と言って聞かなかった。早朝番人に教会行きを頼んだが、見事にはねつけられた。ミューレンは、多少やけ気味でしょげて居た。午前の十時頃に突然おかみが来て、ミューレンに即刻仕度せよという意を伝えた。ミューレンは例の丸い眼をして、故を聞いたが、おかみは「私は知らぬ」と言ったきり答えなかった。私は、多分ラビスエールと同じ所へ連れて行かるるものと思った。

ミューレンはベルギー士官と疑われているだけに、彼の将来が心配でならなかった。彼は、

とっさの間に仕度を整え、一週間も剃刀《かみそり》を当てぬ鬚《ひげ》だらけの顔で、小さい行李《こうり》を一つ持ち、私と固い握手を交わしながら、互いに将来の幸福を祈り、再会を約して出て行った。彼はあくまでも誰一人クレーフェルトに知己のない私の身を気遣って居た。斯くして一週間同室したミューレンは、銃剣付きで厳重に武装せる二人の兵士に護られながら、どこかへか姿を消した。

❖ベルギー人ベルトラント

ミューレンが去って以来は、新来のベルギー人と同室をした。この男は、アーヘン[35]の高等工業学校出身の工学士であった(ドイツには工科大学はない。日本の工科大学と同格である)。純粋のドイツ種であったが、いわゆるドイツ人の高慢心は、少しも持っていなかった。

彼は穏健な思想を有し、私とはよく話が合った。まず彼は、私がドイツ、オーストリアで多く面識した人のうちで稀《まれ》に見る好紳士であった。彼は年齢は若いが、なかなかと多方面の書物を読んだようである。彼が語る如くんば、日本に大なる興味を有し、日本に関する書物も読んだそうだ。実際彼は、日本の風俗をはじめ、日本の書画、刀剣についてもかなりの知識を持っている。

35　アーヘン(Aachen)は、ベルギーとの国境に近いドイツの都市。現在の人口は約二六万人。

工科出身(彼の専門は、建築学である)だけに、殊に刀剣についてはよく分っている。正宗、村正の名刀も見たと言っている。

ある日、例の通り七時か七時半床に入ったが、お互いに寝られぬまま種々の話をした末、彼は私に向かって、君の宗教は何だと聞いた。私はいつもこういう質問に対して、私は仏教だと答えるを常としたが、この男に向かって、

「私は宗教というものは持たぬ。仏教は、私の家の宗教であったが、自分は別段に信仰はしない。また、キリスト教も少しは研究もしたが、いまだ信じる気にならぬ。まずいわば無宗教である。」と言った。彼は急に一知己を得たと言う調子で、私もそうだと合槌《あいづち》を打った。続いて彼と宗教の話をしたが、彼は仏教に関しても相当の知識を持っている。この男の名は難しい名で、オイゲン・ベルトラント(Eugen Bertrand)という。

ミューレンが去ってから、私の室も厳重な程度が大分薄らいだ。日に三度の散歩も再び他の外国人と伍して一緒にすることとなった。この頃は少しは体力も出て来たし、まだだるいながらも歩行も出来る。しかし、猫の額ほどの内庭の中で四十何人という人数が居るのだから、その雑沓《ざっとう》は甚だしい。

職業別をすれば、大多数は労働者で、その他学生、商人、会社員、工場の技師もあった。私

の職業は私一人、野田の芸人も一人であった。他の外国人は、野田の芸人というところと、彼が無教育であるため、その行動に対していかにも馬鹿にする態度があまりにありありと見えるのは、不愉快であった。

外国人の中、ロシア人はいずれも、個人としては親切な、人の好い国民である。ロシア人は全部で七人ほど居たが、いずれも私に対して好意を表して居た。代わる代わる私のところに来て

（散歩時間中）、

「牢屋の食事は食べられるか。」

「珈琲は飲めるか。」

とか、

「もし飲めなければ知己の家から紅茶や湯沸かしを取り寄せてもよい。」

とか、皆私のことを心配してくれた。中でもチェテーリン（Cetelin）という男は、終始私の傍へ来て、種々と面白い話をした。このチェテーリンは、散歩時間が来ると速やかに石畳の内庭にある腰かけ（腰かけは一つしかなかった）を占領し、私が庭に出るとすぐに立って、

「ドクトル早く腰をかけよ。」

と私に腰掛けを譲ってくれるのが常であった。

彼は、二歳の時ロシアよりドイツへ来て育った。従って、ロシア語は話せぬと言った。五年前、このクレーフェルトへ来て、ある大商店に雇われて居るそうだ。この男からこのライラント（ライン川に沿うているこの辺の土地を一体にラインラントと言う）の風俗なども聞いた。

何しろ四十人余りの大勢であるから、誰かの面会人が毎日来る。一人訪問を受けると、その者が室の戸を開けたままで出て行く（この頃は、室の戸にいちいち錠を下ろさなかった。ただ、戸の外より鉄の棒を穴へ差し込んであるばかりだから、鍵なくして外より開けることが出来る）。そうすると室の中の者が廊下へ飛び出して他の室の戸をことごとく開けるという調子で、一日数回私も廊下へ出ることが出来た。

初めのうちは、牢屋の番人も見て見ぬ振りをして居たが、だんだん皆が増長して、廊下で相撲をとる（新来の客はいまだ相当に元気だ）、煙草をふかす、時にあまり乱暴をするので、牢の番人はある日非常に怒った。そして、一切の面会を許さぬようになり、再び終日幽閉せられて廊下へさえも出ることが出来なくなった。最も困ったのは、便所の使用を一時禁じられたことである。まだ面会の出来た当時、外の連中は皆家から食物を取り寄せて食べる。従って、黒パンや、馬鈴薯、林檎《りんご》や梨の皮を便所の中に捨てたため、便所が詰まってしまった。たとえ僅かの間とはいえ、一時は大いに迷惑をした。

面会を禁ぜられて一同大閉口であったが、私だけは一向に平気であった。ベルトラントは、私と共にドクトルというので、両人の待遇は近頃他の連中に比して良かった。ベルトラントだけは面会人に会うことを許された。しかしこの男は、ある時面会を終えて室に帰るや、ベッドに打ち臥して泣き始めた。彼は、私の慰めと問いに対して語った。

「私は、面会人が来るたび毎に癪に障ってならぬ。私はもはや面会人に会いたくはない。面会には母も来る。妹も来る。許嫁《いいなずけ》の女は毎日来る。時には父もやって来る。友人もやって来る。会えば嬉しいが、同時に悲しくてならぬ。」

彼の言う所はもっともだ。今までの家庭の団欒《だんらん》から離れて、こういう憐《あわ》れな牢屋に幽閉されているのだもの、面会人に会えば悲喜《ひき》交々《こもごも》至るは当然である。殊に、ブラウト(許嫁)[36]に対する情は、濃《こま》やかものであった。

彼は、アーヘンの学校を出た後、デュッセルドルフ[37](このクレーフェルトより汽車で三十分行程の

36 Braut
37 デュッセルドルフ(Düseldorf)は、ライン川河畔に位置するドイツの都市。現在の人口は約五九万人。

都会）の建設会社に雇われている。毎日、両親の家よりこのデュッセルドルフへ通っていた。家庭は両親と一人の妹があるばかり。他にこのベルトラントに将来を堅く約束した一人の婦人がある。結婚の期も近付いて、ブラウト（許嫁）は、所持金の大部分で家具一切を買った（ブラウトは自分の金で家具一切（室の装飾も含む）を買い整え、そこへ男はただ体ばかり来て、夫婦となるのが西洋の習慣だ）。

ところが戦争となり、間もなく男は捕えられ、女との同棲は不可能となった。結婚後、彼女を養うべきベルトラントは職すら離れて、しかもこの状態が二週間も続けば、再び職に復することが出来ぬ。従って、俸給は取れず、ブラウトを養うことも出来ない。ブラウトは、金を家具の請求で使い果たし、彼の力なくしては生活することも出来ない憐れな状態となった。ベルトランが気をもむのはそれなのだ。私はベルトラントに、

「君がブラウトを養うことが出来ないとしても、君の両親が立派にやっている以上、君の将来の妻に対してこれを養うだけのことはするだろう。また、それらの義務はあるのではないか。君はそれをひどく心配するにも及ぶまい。」

と言ったが、彼は曰く、

「否、西洋の習慣は日本とは全く違う。西洋では男女が両親の許可なくして夫を選び、妻を探す自由があって、両親の許可を得る必要がない。また、両親もその子女の結婚に対して何等骨を折

らぬ。従って、両親は自分の子供の妻やブラウトを養う義務もない。第一、私のブラウトは私の両親を知らない。」

西洋の習慣はほぼ知っていたが、このベルトラントの極端なのには驚いた。しかし、これは西洋では普通であろう。斯くして私にはベルトラントが面会から部屋に帰る毎に泣く理由も分った。

❖秋の気配

私は永々の牢屋生活で、種々の階級の人と話し合った。そして、いわゆる人情や西洋の裏面を大分知ることが出来た。今から思うと、今まで私の西洋ということについての知識は、多くは表面的、皮相《ひそう》的なものであった。今までも、多少は見たり、聞いたりして知って居るが、今から見て、これを日本と西洋との長短を比較して見たら、面白い点が多い。しかし私は、長所は依然日本に多いと言うを憚《はばか》らぬ。一体、西洋人は物質的文明に酔い、白人種は世界の最優等人種を以《もっ》て自ら任じ、その道徳なるものも多くは(中には実際えらい人も勿論ある)外観的道徳、理屈的道徳で、しかも、実践躬行《じっせんきゅうこう》に至っては、悲しい哉《かな》、暁天《ぎょうてん》の星だ。

西洋の多くは殊に、外見に注意を払う。礼儀作法などにえらい八釜《やかま》しいことを言う。しかも外見の美に注意して、内部の美点ということを滅却することは、しばしば私の認めたところだ。早い話が、文明を以て世に誇り、世界最優等人種を以て自ら任ぜしヨーロッパの人間が、今度の戦争で（敢えて今度ばかりではあるまいが）暴露した惨忍酷薄《ざんにんこくはく》、人道を無視、しかも自らその非行を被《おお》わんがために、新聞を利用してやたらにホラばかり書き立てて居る有様はどうだい。野獣の如きドイツは別として、イギリス、フランス等も大分ひどかろうと思う。イギリスのいわゆるゼントルメンもどうか。このたびの日本の在邦ドイツ人に対しての態度、ドイツの捕虜に対してする君子的行為は、西洋の奴等はいずれも驚きの眼を以て見て居るではないか。

悲観の極に達した私の生活状態も、ミューレンと同室以来やや順調に復し、毎日御馳走も食べられる、興味ある読書も出来るようになり、ミューレンが去って以来、またこのベルトラントの好意で種々の書籍を借りることが出来た。

そして、一方では私の人柄、性行も看守が大分理解したらしい。私に対する待遇も大分改良された。番人のおかみも、近頃は笑顔をもって私に対するようになった。何分初めは日本に対するハッス（嫌悪の念）はひどかった。ドイツで事情を知らぬ奴は、この日本開戦に対して、ただドイツ領の膠州湾を日本が泥棒すると思って居る。しかも、高慢なドイツ人の性質として、日本が何事も万事ドイツから習っておきながら、恩師に対して戈《ほこ》を向けるというので、はじめのうちは実際日本人に対する激昂《げっこう》はひどかった。しかし番人夫婦は、私に対して漸次待遇を憐れむに至ったのは、私にとっては幸福であった。

ミューレンの当時の如く、食事はベルトラントの家より運ばれ、彼は私に分けた。また、私も自分の金で食べ物を買うことが出来た。私の体は漸次回復するばかりであった。ところが、ある日番人より伝えられたのは、署長よりの命令で、牢内の外国人に対して、一切外より物を買うことを禁ずるということとなった。かつ我々は、牢屋の室代、食料、毛布等に向かって、一日一マルク五ペニヒずつ払うことと厳達せられた。人を勝手に監禁して置きながら、たとえ一マルク五ペニヒの少額とはいえ、強制的に取るとは余りに無法の行為とは思ったが、仕方がない。

それはまだしも、せっかく有難いと思っていた食品の購求は、絶対に出来ないようになった。一週か二週の間に出られる身なら左程に思わないが、いつまでここで暮さねばならぬか分らぬ身で、一人の知己をクレーフェルトに持つのでなし、来るべき冬をどうして暮そう。また、幸いに出られる身となっても、僅かの金で宿泊料を払えば遂には旅費もなくなるに決まっている。今となっては心配はしないが、しかし、出来るだけの策を講じようと思った。

そこで、さらに署長に面会して、プラハに残したトランク一個を取り寄せたい希望を述べた。署長は、例の意地悪い顔にさらに不機嫌な皺《しわ》を額に寄せたが、拒むべきことも出来ないので許した。私は早速、私の荷物の保管をして居る教室の小使いフッツル氏と、一人の知人に葉書を書いて頼んだ。それと同時に、朝鮮と江戸見坂および常磐へ各一通の書面を、番人の居なかった隙に書いて、誰かに頼む機会を待った。

時はまだ九月の上旬であったが、ヨーロッパの気候(北緯五十一度余り)は、既に秋の気に満ちていた。日も大分短くなった。樹々の梢にはところどころ黄色い木の葉を認むるに至った。殊に獄中などは、窓の隙間《すきま》から吹き込む風は涼しいどころではない。時々寒く私の双肩を掠《かす》めて、安眠から覚まされたこともある。日一日別段の変化もなく暮れて行く。

殊に心細く思われたのは、九月十二日、同室のベルトラントが突然帰宅を許されたことである。他の連中はベルトラントの幸福を羨《うらや》んだが(私も実際羨ましかったが)、当時のベルトラントの嬉しさはまた格別である。再び家族団欒の楽園に帰り、彼の最愛のブラウトと、今度は五分、十分の面会時間を制限されることもなく会えようし、また彼の職業に復する事も出来よう。しからば、彼が牢中私に涙と共に語った彼の希望は、達せられるのだ。

私は彼を祝福してやった。彼は私をしばしば訪問し、再会することを約して去った。今まで、ラビスエールと分れ、ミューレンを送ったが、私は格別に羨ましいとは思わなかった。むしろ彼らが、これ以上憂き目に遭遇することを気の毒に思ったが、このベルトラントとの別れは、心細かった。彼は、両親の運動で自由の身となったのだった。彼の幸福を思うにつけ、我が身の不幸を思うの念は、この日ほど大変なものはなかった。

❖歌を詠む

これまでに述べた三十一文字(歌とは言わぬ)も書き添えようと思ったが、余りの体《てい》をなさぬ拙《せつ》作《さく》に、つい勇気もなく、どうかよい考えでも浮かんだら訂正をしてと今まで延ばして居た。今となっても別段これぞと言う名吟も浮かばぬまま、元の通りを添えることとした。一つ読んで笑ってくれ。

① 去る八月二十日、無法なるドイツの口実によって遂に幽閉の身となった時

思ひきや　学びの園を　したい来て、
　しとやの窓に　身を寄せんとは

② 八月も過ぎ、九月となった。故郷では残暑なお堪え難き季節であろうが、ドイツの九月は既に秋風立ち始め、不細工ながらも厚く厳重に作られたる煉瓦壁に、申し訳のように穿《うが》った

小さい窓すら、朝夕吹き入る風は便りなき身に一入《ひとしお》の淋しさを添える。

諸人の　あはれと詠みし　秋風は
　　石の室屋を　吹き初めにけり

③ 何時の間にやら、庭の木の葉は色付き始め、一ひら二ひら風に誘われて散り初める。食物の不足と粗悪とは、精神上に受くる苦痛と相俟《ま》ちて、疲れし体を一層衰弱に陥れる。前にも言ったように、「死」は早かれ遅かれ到底免れぬ運命と期していた。

黄ばみては　庭に木の葉の　散るがごと
　　枯れ行く人の　数に入る身は

④ 当時私の胸中は、やや安心なるものが芽ざしていた。もはや我が身の「死」に対しては何らの執着を持たなかったが、ただ故郷を想うの情は、纏綿《てんめん》として尽きない。凡夫《ぼんぷ》の悲しさに、まだいわゆる光風霽月《こうふうせいげつ》の月は冴えて、空には一点の雲もない。ああ、今宵この月、故郷では

如何に見え居るか。私は凡夫でもよい。身を忘ることは出来るが、骨肉妻子を忘るる事は出来ぬ。

母やいかに　妻はいづくと　聞かまほし
　　　　故里てらす　秋の夜の月
くも里なく　青空懸かる　月かげは
　　　　また照らすらむ　故里の家

3 ＝ 長引く抑留生活

❖フランス人ゲイヤール

ベルトラントが帰ると相前後《あいぜんご》して、十人ばかりの外国人が帰宅を許された。これらの人は、クレーフェルトの町に住むことか、一日一回警察に出頭すること、この約に背くものは直ちに銃殺するという条件である。私は、とても叶わぬ望みと思ったが、今一度署長に会って、下宿住まいを頼んでみようと思って、我が希望を述べたら、

「日本の態度はあまりに悪い。あまりに恩知らずである。ドイツ人の激昂甚だしい今日、君のために到底出すことはならぬ。」

と言う。体裁のよい言葉と例の恩知らずを繰り返されて、見事にはねつけられた。

ベルトラントの去った後、私は隣室に居たフランス人ローラン・ゲイヤール(Laulant Gaillarl)と同室することになった。ゲイヤールは頭は丸禿げ、どう見ても五十の坂を二、三つは超えて居るようであるが、誠に快活な、元気のよい男で、その所作《しょさ》はいかにも若い。齢を聞けば、三十五。私よりたった二つ年上である。彼は戦争の前、軍籍にあるから、本国政府から招還状を受け取った。彼はクレーフェルトの大なる染物会社の唯一の技師として働いていたら、本国よりの招還状に接し、家財をまとめて居った最中、警察から「ちょっと来い」で、他の牢獄に幽閉せられた。ゲイヤールがこの牢屋に来たのはちょうど八月の末で、ベルトラントと相前後して送られて来た。そうして、十日余をこの私の隣室で暮した。

私と同室となった翌日、彼は簡単に身の上話をした。そして、

「私はたとえ自由の身となっても、戦争が済むまでは国へ帰れない。というのは、私は本国より

招還状を受け取りながら、たとえドイツのために抑留せられたとはいえ、それでは申し訳が立たぬ。もし、今後おめおめと帰ったところで、軍法会議に附せられて銃殺か、さなくば重い処刑に遭わねばならぬ。ドイツに居るも幽閉、国へ帰れば軽くも永年の幽閉は免れぬ境遇です。どちらに転んでも同じだ。ハハハー。」

と淋しい笑みを漏らした。彼の夫人はドイツ領ポーランド人で、八歳と五歳の男の子を持っている。夫人は毎日のように訪れる。そして、ゲイヤールと私とに必ず肉や果物、バター、チーズ、魚の缶詰を持って来てくれた。似た者夫婦で、二人とも極めて親切な人であった。私の境遇に同情して、種々と慰めてくれた。そして、

「何か国へ言いたいことがあれば手紙をお書きなさい。私がどのようにしてでも送ってあげます。」

とまで言ってくれた。私は夫人の親切を断りかねて、イタリア大使館と故郷への手紙二本を託した。夫人は、わざわざ腹心の者をオランダへやって、その手紙を出してくれたそうである。数日の後、夫人は使いがオランダより帰り、確かに投函した旨を告げた。捨つる神あれど拾う神あり。

三度の食事は、プラハに居た当時よりも美食することが出来、みるみる体は回復する。これなればもはや健康は大丈夫、ただ病気を防ぐが目下の急務であると、冷水摩擦や深呼吸を励行する

と同時に、無念無我の修養に努めた。

❖名誉領事シンチンゲルの激怒

日は忘れたが、ある日夕食を終えて内庭の散歩に出た時、署長の招きに応じて彼の室へ行った。署長は、意味あり気な眼光を放って私を視た。彼は数葉の紙片を取り出して、私の前に置いた。見れば、元フライブルクの領事シンチンゲル氏よりの書面と八月二十一日フライブルク発行の新聞、および私がクレーフェルトより彼に送った感謝の葉書であった。言はるるままに書面に目を注げば、シンチンゲル氏より署長に宛てたもので、

「拝啓
このたび御当地にて抑留されし日本人ウエムラヒサキヨよりの葉書到来仕《つかまつり》度《そうろう》。然《しか》る処《ところ》、小生は既に八月二十日、日本がその恩人たるドイツ国に対し発せる恩知らずにして、狡猾《こうかつ》なる最後通牒の発表せられる当日、直ちにベルリン日本大使館へ一書を送りて、断然日本名誉領事の職を辞し、かつ今まで所蔵せる日本の書画、骨董の全部を投棄、今後日本とは何等関係なきことを証明致し候《そうろう》。従って、日本人に対して義務責任を有せず、今後本人より

の紙面は、一切貴官において御許可下さるまじくお願い申し上げ候。
草々
署長　クッペルト殿
附記　別紙当地(フライブルク)発行の新聞紙上に日本領事を辞するの意を記し置き候。日本人に御示し下されたく候。」

という意味であった。

たとえ日本の態度が何《どう》であろうとも、個人の私に対して言うべき言葉であろうか。しかも私は、彼シンチンゲルに対して、ただ一片の感謝状を発したに過ぎぬ。何も身の解放を頼んだのでも何でもない。彼は、所持の日本の骨董を全部放棄したと言うが、何でその必要がある。品物に何の罪がある。私は、彼が自らの体裁を飾らんとする薄志弱行を笑った。坊主憎けりゃ袈裟《けさ》まで憎い。日本を憎むドイツは一個人の私を虐待する。シンチンゲルは日本の品物まで放棄した。(欲の深いドイツ人にそんなシャレた真似《まね》は出来まいが、もしもこれを誠《ホント》とすれば)官民こぞって皆この態《てい》だ。

私は、さらに新聞に目を注いだ。曰く、

「余は、かつて日本に在りしこと十余年、日本および日本人について相当の知識を持っている。

日本人は元来復讐心の強い国民で、今を去ること二十年、かの日清戦役にて支那より得たる遼東半島を三国干渉（ロシア、ドイツ、フランス）のために再び支那に返さねばならなかった。以来、日本人は、深くドイツを恨んでいる。しかし、日本がこれまでドイツより多くを学んだことと、ドイツが日本に与える恩恵とによって、日本は今までの恨みを忘れねばならぬ。」

と虫の良いことを言い、更に、

「この日本は恩人に向かって戈を向くるに至った。その行動たる、蓋《けだ》し徳に報ゆるに仇を以てし、忘恩もまた甚だしきものである。」

と日本の悪口を述べた後、

「余、不肖《ふしょう》にして当フライブルクに日本名誉領事として、日本および日本人のために聊《いささ》かたりとも尽くせしことを深く悔い、直ちに書をベルリンの日本大使館に送ってその職を辞し、ここに何ら日本と関係なきことを天下に表明する。

余は、他日日本のこのたびの行動に対し、さらにより多くの賠償を日本より取り得る日の来るべきを信ずる。我が忠勇なる軍は、陸に海に敵を屠《ほふ》ってさらに東洋に及ぼし、将来世界の全部にドイツの国旗が翻るも遠くはあるまい。」

と局を結んだ。

ドイツ人としてのシンチンゲルは、敵となった日本の領事たることの出来ないことは知れているが、それならただ単に職を辞すれば良い。何も日本の悪口を言い、個人としての私が出した礼状をつっ返す理由はあるまい。これは畢竟《ひっきょう》、一般ドイツ人の手前、体裁を飾らんと、保身のため

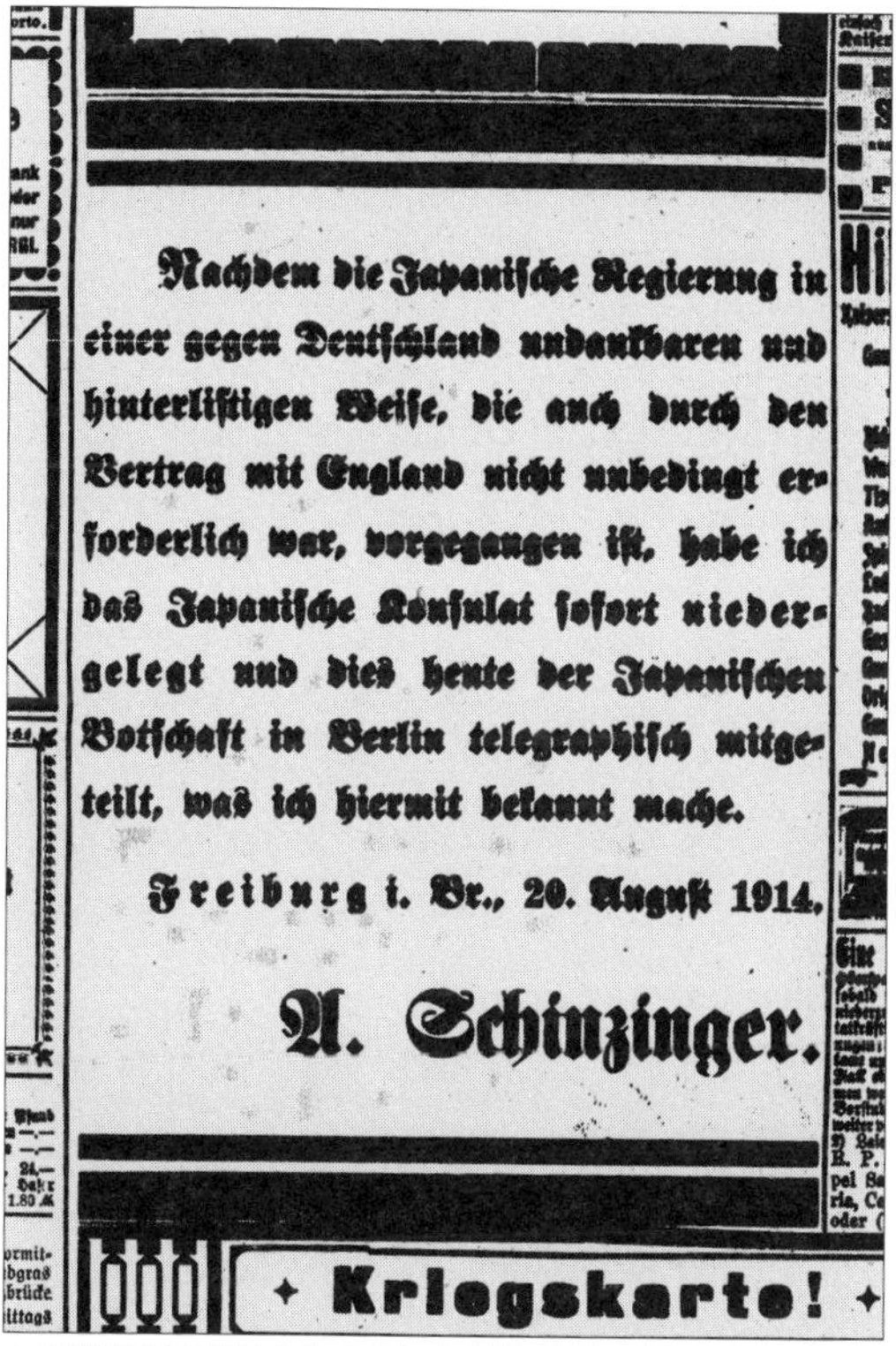

Nachdem die Japanische Regierung in einer gegen Deutschland undankbaren und hinterlistigen Weise, die auch durch den Vertrag mit England nicht unbedingt erforderlich war, vorgegangen ist, habe ich das Japanische Konsulat sofort niedergelegt und dies heute der Japanischen Botschaft in Berlin telegraphisch mitgeteilt, was ich hiermit bekannt mache.

Freiburg i. Br., 20. August 1914.

A. Schinzinger.

✦ Kriegskarte! ✦

◆名誉領事の声明広告(フライブルク大学図書館所蔵)
フライブルクの日本名誉領事シンチンゲルが日独開戦後、
地元紙『フライブルク・フォルクスボータ(Freiburg Folksbote)』に
掲載した広告。
名誉領事を辞職することを表明している。

にするものではあろうが、さりとはあまりに意志の弱い人だ。

余が新聞を読み終わると共に、署長は冷然として私の顔を視て曰く、

「貴君はもはやシンチンゲル氏に書面を出してはならぬ。」

誰が頼まれても出すものか。

私が署長の部屋から帰ると、庭に散歩をしていた連中は、皆私の周囲に押し寄せて、署長は何を言ったかと異口同音に尋ねる。中には気の早い奴は、いつ出られるのか羨ましいなぁと奇問と歎息を発する者もあった。野田も心配そうな顔をして私の方へやって来たが、私が顛末《てんまつ》を述べたので、一同の者は安心したと言うような顔付きをした。

❖日本領事館に手紙を書く

身は依然として囹圄《れいぎょ》(牢屋)の人である。

新しい捕虜が来ると共に、戦況を知ることが出来た。「ドイツ軍は連戦連勝、パリを去ること四十マイルの地点を占領した」とか、「アントワープも陥落に瀕して居る」「日本軍が三十万ロシアへ到着した」とか、「日本の砲兵が来た」とか、「ロシア兵五十一万、フィンランドを越えてイギリスに渡り、さらにベルギーに上陸した」とか、様々の噂、真否も分らぬようなことを聞いた。

嘘か真か知らぬが、日本の兵が来るということは少なからず私の頭を刺激した。日本の兵は強い、強いドイツ軍よりもさらに強いことは信ずるが、万里の波を蹴って遥々《ようよう》外国へ来る日本兵は、果して日清・日露の戦役[38]と同様に勇敢に戦うことが出来ようか。食物は違う、気候も違う。直接国民の声は聞こえない。また、何だか人のために戦争をするような気が兵士の心に起りはしまいか。これは私が我が軍のために憂えた点であった。私事に渡るが、日本軍が来たとすれば、日本人としての我々を虐待していたドイツは、さらに一層のハッス(嫌悪の情)[39]を起こして、惨忍な行為を取るであろう。しかし、渺《びょう》たる[40]一私人の私の体くらい、本国のためとあらば、何《ど》うなろうとも構わぬ。私は、日本軍のために憂えてはいたが、また一方で日本が欧州へ兵を送るなどそんな非常識なことをすまいとも思った。

秋の日は追々短くなり、日一日と暮れて行く。この間にしばしば、パーダボルン[41]の練兵場へ送られるとか、コブレンツ[42](クレーフェルトより遠からぬ要塞地)の営倉(兵士の牢屋)へ収容され

---

38 日清戦争(一八九四~九五年)、日露戦争(一九〇四~〇五年)のこと。
39 Hass
40 遠く遥かなさま。
41 パーダボルン(Paderborn)は、ドイツ中西部の都市。現在の人口は約一五万人。

るとか、またはベルリンで日本人を入れるバラックを建設中だから、それが出来次第護送されるとか、プラハへ送り帰されるとか、様々のことを耳にした。

牢の看守はもちろん笑談ではあるが、指を咽喉部へ当てて斬首の手真似や、ピストルで銃殺の真似なども した。当時こんなことぐらいに驚くような私ではなかった。

「よかろう、至極結構」

と減らず口もたたいた。斬殺、銃殺はもちろん笑談であるが、新しき捕虜から「何処何処《どこどこ》でロシアの学生が大分間諜《かんちょう》(スパイ)の名のもとに銃殺された。」とか「何処でベルギー人、イギリス人が殺された。」とか種々の噂を聞いた。この時のドイツは四方に敵を受け、まるで狂人のようであったし、法律も人道もあったものではない。実際、無法なドイツは何をするか知れぬ。いかに何でも私は殺されるなどとは信じなかったが、ゆくゆく私の運命は、さらにさらにみじめなものになってゆくと思っていた。

偶然ある人から、「運動次第で牢屋から出られる、これにはもとより金がいる」ということを耳にした。監禁・自由の束縛は実につらい。この時ほど自由のありがたさを痛切に感じたことはない。しかもこの話は確かなようだ。私は早速故郷より金を取り寄せ、

「看守を買収してさらに署長を買収し、中立国へ行けないまでも、このクレーフェルトで下宿住

まいをしたい。失敗すればそれまでで、一つ行き詰まるところまでやっつけよう。むざむざ運命に弄《もてあそ》ばれて自ら死を招くのは馬鹿だ。」

と妙な考えがむらむらと起こった。そこで、また署長に面会して、

「私の所持金も種々食料を買っている間に大部分なくなった。いつまでここに居なければならぬとも分らない身で、甚だ心細い。ひとつスイスの領事へ手紙を書いて、故郷より送金を得たい。」

署長はよろしいと許可を与えた。私は領事に「故郷へ電報で送金を頼む。金が着いたら電報料を差し引いて送ってくれ」と手紙を書いて看守に渡した。私はこれで一週間か十日後には送金を得るものと信じて、まず安心と心ひそかに喜んでいた。

❖ ミューレンとの再会

日は忘れたが、何でも九月の半ば過ぎであった。看守のおかみは現れて、私に「面会人がある、直ぐに来い」と言った。不思議のこともあればあるものだ。天涯の孤客に面会とは誰だろう。人

42　コブレンツ(Koblenz)は、ドイツ西部の都市。モーゼル川とライン川の合流地点に位置する交通の要衝。現在の人口は約一一万人。

間違いか、それともプラハへ葉書で知らせた知人がドイツへ旅行のついでに寄ったのかと、多大の好奇心をもって私は階段を下りて行った。これは、ミューレン（ベルギー人）が風彩堂々と立って居る。半月前、彼が二人の武装兵に護送せられた時の姿とは、見違えるばかりに立派になった。彼は満面に笑みをたたえ、例の丸く開いた両眼をもって私を迎えた。互いに固き握手を交換して、健在を祝し合った。

殊に私は、彼の解放の話を聞いて彼の自由を祝福した。彼は一別以来の経歴を話した。彼は、あの日直ちにクレーフェルトの司令部へ送られて、取り調べを受けた後、直ちに兵士に護られてパーダボルンの練兵場へ連れられて行った。そして、三日三晩は一、二回水のようなスープを与えられたきり、一片のパンを口にすることも出来なかったそうだ。殊に辛かったのは、数日間藁もなく、毛布もなき原の中に、露天の下に立たねばならなかったそうだ。日中別に労働はしなかったが、露天の夜は寒くって寝られぬ。殊に、雨降りの夜の苦しさはお話にならぬ。外套を引《ひ》っ被《かぶ》ったまま、立ち通しであった。長時間雨の中に在る、靴からは水がしみ込む。両足は氷ったように冷たく痛む。ようやく天幕《テント》の中に住むことが出来て蘇生《そせい》の思いをしたと。

ミューレンは両眼を丸くして、

「私はパーダボルンでつくづくクレーフェルトの監獄が恋しかった。ここはパーダボーンに比べると、まるで楽園《パラダイス》だ。」

と言った。下には下があるものかな。パーダボルンは私の想像よりも数等ひどいところだ。私はミューレンに、

「自分もそこへ送られるという話を聞いた。」

と告げた。

「それは困ったことだ。あそこに長く居た日にゃ、とても体は続かない。せめてバラックでもある所だとよいが、バラックはまだ作り始めているが、とても容易には間に合うまい。ああ困ったものだ。」

と思い入って語る。さらにミューレンは語を続けて、

「私はあそこで三人の日本人を見た。ある日機会があったから、君のことを告げたが、彼らは三人とも君を知らない人であった。姓名は聞いたが難

◆パーダボルンのフランス人捕虜たち
収監された収容所によって捕虜の扱いには程度の差があった。
クレーフェルトで植村と相部屋になったミューレンらは
パーダボルンへ移送され辛酸をなめた。

しくって覚えてられない。何れも留学生であった。」

ミューレンの語る如くんば、三人の同胞は、この世ながらの地獄、責め苦に遭って居るのだ。せめて名だけでも聞きたい。可憐《かわいそう》な同胞よ。私は、漫《そぞ》ろに同情の念に堪えなかった。まだミューレンに言いたいこと、聞きたいこともあったが、看守が両人の退去を促した。ミューレンは、大きな林檎と梨の入った袋を私に渡して、再会を約して去った。

人は運命の玩弄物《がんろうぶつ》であることをこの時つくづくと感じた。

「運命の神は、これほど私を弄んで猶《なお》飽き足らないであろうか。私は死んでも仕方がない、異郷の土と化すべき運命を持って産まれて来たとすれば、それだけの話であるが、故郷に残した家族はどんなに歎くであろう。」

死に対して覚悟を定め、死に対しての執着を去った身は、さらにこの故郷を懐《おも》うの念に責められる。

「嗚呼《ああ》、止《や》みなん止《や》みなん。考えたとて駄目だ。何《ど》うともなれ。なるようにしかならぬ。」

それにしても、「憂きことのなおこの上につもれかし」[43]と詠んだ太閤は、やはりえらい。

ゲイヤールの夫人は、感心と訪問するそのたび毎に、私にも御馳走を贈ってくれる。果物や、お菓子の袋の内へ新聞も入れてある。私はこれによって戦況を知ることが出来たが、ドイツの新聞だけに、いつも連戦連勝、半月も前から一両日中に陥落するように書いてある。勝った勝ったで毎日進軍すれば、もう今時分はとっくにボルドー[44]（フランス政府の移転先）位は越えていそうなもの。さりとは不思議だ。

この頃ドイツ軍はあまり面白くなかった。戦況は、むしろ連合軍に勝利ありで、ドイツは退却を続けて居た。そして、ロシア軍は既に東プロシアに進入しつつあった。それでも新聞は、記事を誇張して国民を欺《あざむ》きつつあった。看守の如きもこの記事を信じて、陥落が遅れるのをもどかしく思って居た。

日中は相変わらず無聊《ぶりょう》である。ミューレンと同室以来は、室の雑巾がけもやらなくてよくなった。毎朝、イギリスの水夫とヨハンという子供がやってくれる。読書に飽けば、ゲイヤールと将棋やトランプをやった。この将棋は、ドラポーと言うフランス人が黒パンを練って作ったもので、棋盤もどこからか持って来たるボール紙に筋を引いて作った。今や、作った主はラビスエールと

---

43 江戸時代の儒学者・熊沢蕃山（一六一九～九一）が詠んだ歌「憂きことのなおこの上に積もれかし限りある身の力試さん」の一部だと思われる。

44 ボルドー（Bordeaux）は、大西洋に面するフランス南西部の都市。現在の人口は約二三万人。

共にどこかへ護送されたか、どこでどんな憂《う》き目を見ているか、私はゲイヤールと将棋をやるたびにドラポーを思い出した。

斯くしてこの頃は、比較的日を短く送ることが出来た。

❖家族の夢を見る

九月の半ばとなったら、気候は急に寒くなった。外套《がいとう》でもあるなら着たいと思う程で、ストーブが恋しくなった。殊に晩の散歩はむしろいやで、室の内に居たいと思った。既に八月の末、木葉黄落の秋は訪れたが、近頃は風は寒く、木の葉はだいぶ落ち、秋の哀れなさまは日一日と増して来る。初め、八月の二十日、この監房へ入れられた当時は、明日にもなったらオランダへ行けることと思って居たが、空頼《そらだの》みとなっていつになったら出られることやら。

自由は悉《ことごと》く剥奪《はくだつ》され、あてもない生活を送ることの馬鹿馬鹿しさ。自分の身のつらいのはさておき、身の愚かであったがために、家族をはじめ多くの人に心配を掛けるようになった。動機は単に、フライブルクにおける一瞬間にある。嗚呼、なぜフライブルクから直ちにスイスに走らなかったか。神ならぬ身の露知らず。何もわざわざのこのことやって来て、飛んで火に入る悲劇を演じなくともよかったものを。思えば思えば、スイスへ行かなかったのが残念でならぬ。

夜は二更となっても眼は冴えて、睡《ね》も止んだ。四辺寂《しへんせき》として耳に入るものは、窓吹く風の音位のものだ。ゲイヤールも寝苦しいと見えて、寝返りばかりやっている。寒さはひしひしと身に迫り、足尖《あしさき》は冷えてくる。夜が更けると共に、何となく室の中も明るいように思われる。月が昇ったのか、仰いで天の一隅を見れば、星は淡い光を放って明滅する。折りしも星は青く光って東の空に飛ぶ。嗚呼、東の空。恋しい東の空よ。

小夜更けて　月はいづこと　仰ぎ見れば
　　青く光りて　星の流るる

いつの間にか微睡《まどろ》んだらしい身は、意外にも家へ帰って、常磐と話をしている。尚子[45]はそばで楽しげに遊んで居る。母や兄の姿もありありと見えて、さらに無事の再会を話し合った。あまりの嬉しさに目を覚せば、身は依然として石よりも堅き藁布団の上に横臥してある。これがどうしてがっかりせずに居られようか。おりしも大分欠けた月は、淋しそうに鉄の格子を通しての

45　尚清・常盤夫妻の長女。

ぞき込んで居る。

ふるさとの　夢よりさめし　うたたねの
窓に淋しく　月宿すなり

夜は開けて六時近くとなった。今に看守が起こしに来るだろう。寒い床の中に居るよりはいっそ起きて体も拭き、運動でもしたなら、体の暖まりも出て来るだろうにと思ってはね起きた。

朝となり昼となっても、これぞという変わったこともない。見る人の顔は、いずれも悲観したような顔ばかり。変わるものは、朝のまずい麦の珈琲が、昼のスープか馬鈴薯になる位のものだ。それでも日中は、やや暖かい。散歩の時は、なるべく日光浴を取ることとした。

❖日本人抑留者についての情報

確か九月二十日だと思う。十二時やや過ぎに、偶然にもラビスエールがやって来た。私と同室して居た頃は、頭の髪は伸び放題に伸び、両頬の鬚も長く胸まで垂れて居たが、まるで様子が変わって居る。頭髪は、短く刈って粋なフランス刈り。両頬とあごの鬚も全く剃り落とし、鼻の鬚に煎刀《ハサミ》を入れた所は、男が一段と上がる。なるほど、これでは私が、初め彼の歳を四十五、六と言ったのは、ちとかわいそうだと思った。

彼が語ったところは、ミューレンの物語と大差はなかった。ミューレンはパーダボルンへ送られたが、彼は同国人ドラポーと共にパーダボルンの近くの練兵場へ送られ、二、三日間露天生活と絶食の後、ようやく馬小屋へ入れられた。彼は、語気に力を入れて、

「その時馬小屋は、平時の金殿玉楼《きんでんぎょくろう》よりも貴かった」

と言った。私が、

「頭や鬢に大層手を入れたから男振りが数段上がった。」

と言ったら、彼は頭やあごをなでながら、

「むこうで汚い連中と一緒に居たので田虫《たむし》(湿疹)が出来たり、毛じらみが伝染《うつ》ったようだから剃り落とした」

と言った。

「ドラポーはどうした。」

と尋ねたら、

「ドラポーはかわいそうだ。我々がクレーフェルトへ帰れるようになってから、人々は元の住居

へ帰る。ドラポーは僅か十五、六マルクしか持って居なかったから、クレーフェルトへ来ても生活することが出来ぬ。彼は、やむなくあそこに留まらねばならぬ。」

流石に憮然《ぶぜん》として語った。日本人は見なかったかと聞いたら、

「日本人は、四名居ると聞いた。しかし、私とは距離が遠くって会う機会はなかった。」

彼は、更にゼンナラーゲルの模様を語り、

「今粗末なバラックを作り始めて居るが、あれでは冬は寒かろう。」

と言った。この言葉は、私の耳に異様に響いた。そして、来るべき将来について、思いをそちらに寄せねばならなかった。ミューレンからは、パーダボルンに三名の同胞が居ることを耳にし、ラビスエールによって、さらにゼンナラーゲルに四名の邦人が居ることを知った。私は、ミューレンの訪問を受けた時と同じように、一種のイヤな感じを起こさずには居られなかった。

❖再び日本領事館に手紙を書く

ラビスエールの来た翌日、即ち九月二十一日、同室のゲイヤールは、突然署長に呼ばれて、本日解放の言い渡しを受けた。彼は、嬉しそうにいそいそと荷物の取り片付けを始め、電話で呼び寄せたる妻君に迎えられて、嬉しそうに去った。

ゲイヤールが去ってから、私の室はハーリー・コッカーというイギリス人が同室することとなった。コッカーは、叔父のドイツ人と菓子の会社を持って居る。クレーフェルトで相当の暮しをして居たものらしい。イギリス人だけに上品の所も見ゆるが、ゲイヤールの露骨で稚気《ちき》あるに比し、どことなくぶって居るような所も見ゆる。一体イギリス人は、ドイツ人同様、「自分の国ほどえらい国はない。イギリス人は世界一等の国民である」というような考えを持って居る。従って、なってないイギリスの陸軍をなかなか賞《ほ》める。ラビスエールやミューレン、またゲイヤールに対しては、何事も隠さず思うことを話し合ったが、このコッカーにはどことなくはがゆい所が見ゆる。これはイギリス人一般の性質であろう。このコッカーに対しては、何となく親しむ心が起こらぬように感じた。今までは、不快な牢屋生活もゲイヤールの快活な性質にまぎれて日も早く暮れたが、このコッカーと一緒になってからは、将棋もささず、ただ、読書ばかりに耽って居た。しかし、このコッカーのおかげで、英語の会話は相当上達した。

三日程前に訪問したベルギー人のミューレンは、再び来て面会した。彼は、「今、署長の所へ行ったら、机の上に君の手紙があった。署長がちょっと立った隙に見たら、君がベルン(スイス)の日本領事館へ宛てた手紙であった。」と告げた。私がこの手紙を書いたのは、既に一週間も前のことである。意地悪い署長は、何故にこの手紙を出してくれないのか。手紙の内容は、ただ送金を電報で頼むという意に過ぎない。外交軍事に渡る点は少しもない。署長がこの手紙を握りつぶす意味がさらに分らぬ。私には、ただ意地悪のためとより外に解釈することが出来ない。ミューレンは、葡萄《ぶどう》や林檎《りんご》の袋を私に渡して立ち去った。

ミューレンが帰ってから、私は看守にぜひあの手紙を出してくれるように話をしてくれと頼んだ。室に帰った私は、心中不満に堪えなかった。コッカーに向かって、

「署長はどうも酷《ひど》い奴だ。私がベルンの領事に向かって一週間も前に書いた手紙を、まだ出さない。中立国へ手紙を出すのに何の不都合があるものか。明日まで待って、もしまだ出さなかったら、直接その故を聞かなければならぬ。」

コッカーは私に答えて言った。

「このクレーフェルトの署長は、意地の悪いので有名の者だ。あの男のすることだから、あるいはしまいまで握りつぶすかも知れぬ。もし君が急ぐなら、別に手紙を書き給《たま》え。私の叔父の家に使っている男をオランダへやろう。そして、オランダで投函さしたらスイスへ必ず着く。」

と言ったが、私は、

「お前の好意は有り難いが、それは不可能だ。もしこれが知れたら、君にどんな面倒をかけるか

知れん。あぁせっかくだが、今度署長に会うまで待とうよ。」

と私は断った。コッカーは、力を入れて言った。

「そんな事は構わぬ。大丈夫だから書き給え。明日にも叔父が訪ねて来るから渡してやろう。もしも君が私の妻を信用してくれるなら、金を私の妻宛てに送って貰うように書き給え。着き次第、私の家内がそっと君に渡すようにするから。」

と言ってくれた。私もよせばよかったが、つい急がるるままに、オランダのアムステルダム日本領事館宛、ベルン同様左の手紙を日本文とドイツ文と両方書いて、コッカーに渡した（アムステルダムの領事が日本人かオランダ人か分らなかったからである）。

「拝啓

小生は去る八月二十日、日本国の臣民として、当地に抑留せらるる身と相成り、当地滞留の期限は知るに由なく、旅費の残余《のこり》も既に大部分食料購入の為に消費し、来る可《べ》き冬に備ふる資を有せず。甚だ恐縮ながら、小生故郷へ御電報もて送金を請求せられ度《たく》、且つ、着金の上は、電報料御差引《さしひき》下され、左記宛名へ御送金下され度候。

甚だ御迷惑とは存じますが、困難の余り嘆願に及び候也。

東京宛名

クレーフェルト宛名

日本領事館御中」

身分・住所

学問の履歴

植村尚清

ゲイヤールは家に帰った翌日、夫人同行で私を訪問した。看守がちょっと側を去った時、ドイツ軍は、フランス国内において利あらず退却また退却、そしてロシア軍は、ポーランドにおけるドイツ軍を撃破して、東プロシアに進軍したと、喜びつつ報じた。ゲイヤール夫人はドイツ人であるが、夫がフランス人だけに、連合軍に肩を持って居る。近来ドイツの戦況不利であることは、近所の寺の鐘の響きが以前よりも遥かに少なくなったのでもほぼ想像していた。ゲイヤールは、「私がぜひ牢屋から出られるように、一つ署長に頼んでみよう。幸いに出られることが出来たら、私の家に来給《たま》え。決して不自由はさせない。」と親切に言ってくれる。私は心中大いに喜んだものの、あの意地悪の署長がどうして許すものかと思った。

❖トランクの到着

九月二十二日、私が以前にプラハからトランクの輸送を頼んでから、二週間以上も経った頃、一本の葉書は舞い込んだ。見れば、クレーフェルトの税関吏からのものであって、

「明日午前、この葉書持参の上、出頭すべし。時日遅るれば、荷物保監料として一マルクを徴収す。」

と書いてあった。待ちに待ったトランクも着いた。まずこれで冬は凌げる。トランクの中には、外套も二枚、二重廻し《トンビ》冬服や、和服も入って居るはずだ。これから後どこへ送らるるか知らないが、これだけあれば充分とは行くまいが、夏服よりはましだ。この上、金が早く着いてくればよい。金は電報で来るから、遅くとも十日の後には着こう。今後の運動方法などを考えて居る内に日は暮れて、晩のスープは運ばれた。

九月二十三日。今日は荷物を取りに行く日だ。午前九時半、一人の角袖《かくそで》[46]は来て、私に外出の支度をせよと伝えた。仕度も何もあるものか。夏帽子に夏服一着のみ、着のみ着のままで角袖

46　私服巡査の意だと思われる。

に連れられながら表へ出た。九月の下旬は、東京ではまだ夏帽子を被ってもよかろうが、北緯五十一度半近くのクレーフェルトには、誰一人夏帽子のものはない。しかも、大部分は冬の外套まで着して居る。天気は晴朗ではあったが、風は冷《ひ》や冷《ひ》やと肌を刺す。

まず途を停車場へと急いだ。路は八月二十日、二人の角袖に護送されて来た路である。この角袖は情のある男で、しかもよく訳の分った者であった。往来であまりに人が私の顔を眺めるので、電車で行こうと言った。私も見せ物のように人にたかられるのがうるさかったから、賛成して停車場へ着いた。通行人は、角袖の付いて居るため、私に害を加えようとする者もなかった。

それからあちらこちらと引っ張り廻されて、十一時頃ようやく税関へ行くことが出来た。実は、角袖自身も税関を知らなかった。まず、運賃二十二マルク余りを払って、また数丁を辿り、荷物のある所へ着いた。役人共は、異様の眼光を放ってこちらを見る。中には、例の詰問を発し、例の恩知らずを浴びせる者もあった。私は、

「お前の言葉は私には分らない。私は字はちっとは読めるが、話はどうも解らない。」

と一点張りで、彼らの問いには答えなかった。しかも、ことさら文法の間違いだらけで言ってやった。あんな愚問に対して一々返答する必要はないのだ。角袖の居たため、いずれ警察で厳重の取り調べをすると思ったが、トランクの検査も思ったより簡単に済んだ。角袖は、トランクを

直ちに車で牢屋に送ってくれ、私は角袖と遠い路をテクテク歩いた。

角袖は、名をヨハン・レルマンと言って、歳は四十前後、親切な人であった。路々問いつ語りつ歩いた。彼は、日本と個人の私とをよく区別して居た。そして外の人間が発するような愚問は、私に対しては一言も発しなかった。それに加え、彼は私の境遇に同情を以て種々と慰めてくれた。殊に私が、妻子ある身で捕われの身となり、音信すらも出来ないと言った言葉は、痛く彼の同情心を刺激した。彼は、

「ああ戦争は実に悲惨だ。牢屋住まいは君にはさぞつらかろう。どうかして早く中立国へ行ければよいが。中立国へさへ行けば国へも帰れよう。また、家族へ音信も出来よう。」

彼の思った所は、また私の常に希望して居た所であった。いったん敵となった我々に対して、あくまでも無情で惨忍であったドイツ人であったが、このレルマンの身中には、斯くも暖かい同情の血が通っている。実際、日本が最後通牒を発してより、こういう暖かい言葉を耳にしたのは今日が初めてであった。話の間にいつしか遠い路を歩いて、両人は警察の入り口に立った。私は彼に向って、

「種々と御厄介になった。まず無事に荷物を受け取ったのは感謝の外はない。」

と厚く礼を述べて、高塀の戸を潜《くぐ》った。

私の部屋へ戻ったのは昼食時刻を三十分も過ぎていた。おかみは例によって、馬鈴薯の昼食を運んでくれた。空腹なりしまま、食い飽きた馬鈴薯もいつになくうまく食べられた。

昼食が済むと、看守は私のトランクを調べると言った。それで私は、トランクを全部開けて彼に見せた。トランクの中には、日本から持って来た絹の反物や、餞別に貰った種々《いろいろ》の日本の品が入って居たはずなのに、見れば一つも入って居ない。ただ一枚の袱紗《ふくさ》と三枚の白絹ハンカチ、日本の扇子が二、三個あっただけであった。私は周囲に誰も居なかったのを幸い、三枚のハンカチ、扇子を看守夫婦にと言って渡した。我々の目から見れば、絹のハンカチや扇子なんか一向に何とも思わないが、西洋人は、日本品、殊に絹を非常に珍しがる。看守は非常に喜んだ。私はさらに、「もし私が幸いに中立国へ行くことが出来たら、早速日本から絹を取り寄せてお前に送ってやる。今まだ私はお前に種々贈りたいが、入っていたと思う日本品は悉く《ことごと》見えないで甚だ残念だ。」

敢えて私はこの物を賄賂の目的で贈ったのではなかったが、ただこの三枚の絹ハンカチ、扇子の数本は、今後私の牢屋生活をどれだけ幸福にしたかもしれぬ(後に書く)。

午後の四時頃であった。署長は、午前私と同行した角袖レルマンを連れて、内庭へ入って来た。そして私と野田を呼び出して、姓名、年齢、生地、身分、職業を手帳へ記入した。さらに彼は看守に命を伝えて、一同を呼び出し、

「本日、ただ今より諸君一同を解放する。諸君は、直ちに家に帰ることが出来る。帰宅後は、毎日一回、警察に出頭することを怠ってはならぬ。ただし、日本人、無政府党員、二名のイギリス水夫、二名のベルギー水夫は、この限りに非ず。」

と来た。帰り得る者は、夢かとばかりに喜んで飛び廻る。残された者は悲観する。人生当然のこととはいえ、その対称あまりに大なるものであった。

❖募る望郷の念

二名のイギリス水夫、二名のベルギー水夫は、牢屋を出ても生活が出来ないと言う理由、無政府党員は、出しては危険という意味であったという。我々二名の日本人は、ただ日本人たるが故というより外に理由はなかった。私は署長の前に立った。

「一週間前、ベルンの日本領事館宛てに書いた私の手紙は、何故に出してくれないのです。何ら時局に関する記事はなく、ただ金を請うたまでのことで、中立国へ手紙を出すのに差支えはないと思う。」

と詰問した。彼は、

「いや、あの手紙は今日の午前既に看守が出した筈だ。」

と言った。そばに居た看守は、

「午前既に投函した。」

と付け加えた。私はさらに、

「それならば、電報の往復に四、五日を費やすとしても、一週間後には私の手許に金は入ることと思う。しからば、私は牢屋以外充分に生活することが出来る。ぜひミュンスター[47]の総司令部へ御尽力を御願いする。」

と付け加えたが、署長は「日本人だから」と言ったきり、さらに要領ある返事はしなかった。

これでいかにドイツ人が日本人を憎んで居るかが想像さるる。いかに敵国の国民とはいえ、監房の一室に幽閉し、自由を奪い、粗食を与え、斯くも思う存分虐待を敢えてしながら、なお我々の希望を聞こうともしない。嗚呼、これが自ら文明国として誇って居たドイツのなすべきことであろうか。ドイツの国民は、人道を説く資格がない。ドイツの文明は、他国を横領して、威を恣《ほしいまま》にしようとする野心の仮面に過ぎなかった。

そもそもラビスエールと同室して以来、ミューレン、ベルトラント、ゲイヤールの四人は相前後して去り、今日まで一緒に居たコッカーも、今日からは軟らかい褥《しとね》に暖かい夢を結ぶことが出来る。かつて私が希望して居た、クレーフェルトを去ることが出来ないとしても、せめては下宿住まいでもしてみたいという熱望も、画餅《がべい》に帰《き》してしまった。しかし、金が来たなら何とかして運動もしてみよう。試した上で、出来なければそれまでのことだ。もしも、運動次第で希望が充たされるものなれば、何も手を束ねていつか分らぬ時の来るのを待つ必要はない。この不快な、不健康な生活を続けるのは、愚の至りだ。これらの考えは、なおかつ私の胸中を往来していた。

夕食後、私は内庭に出《い》でて散歩を試みた。今までは、小さい内庭は多数の捕虜のために雑沓《ざっとう》していたが、この夕からは急に寂寥《せきりょう》を感ずるようになった。我々二名の日本人、二名のイギリス水夫、二名のベルギー水夫、及び二名の無政府党員で、全部で八名。いずれも顔見合わせては苦笑するばかり。誰も一言を発するものはなかった。快活なイギリス水夫も、この夕だけは沈黙であった。故郷に残せる家族を想ってか、時々歎息《たんそく》を漏らしていた。

散歩中、看守は私を自分の事務室へ導いて、小声で言った。

「君は今晩から、別の部屋で寝れる。私は特別に君のために一室を空け、軟らかい羽の布団、軟らかい羽の枕で安眠が出来るようにした。夜は君に一個のランプを給する。君は燈火の下で書物も読める。これは非常の優遇である。」

47　ミュンスター（Münster）はドイツ西部の都市。現在の人口は約二九万人。

彼はビール樽のように大きい腹を抱えながら、顎《あご》と首との区別もないまでに肥った顔に浪打たせながら、カラカラと笑って、私の背中をポンと叩いた。さらに彼は、私をその部屋を案内して見せた。なるほど、見れば今までの床とは違い、数段立派なベッドだ。衣服を入れる戸棚もある。読書をする机もある。洗面器、洗面台もある。机上には、数冊の書物も載せてあった。彼はさらに、

「お気の毒であるが、日中は元の監房に居てくれ給え。他の人々の手前、署長への手前もあるから、ただ寝るだけにしてくれ給え。」

彼はどこまでも親切気に笑顔を作って言った。

「今晩からは、おかげで安眠も出来る。もはや項《うなじ》や背中も痛むまい。夜中寒さに目を覚ますこともあるまい。」

私は、彼に好意を謝した。

私が庭に帰ると、間もなく七時半は打って、我らの寝に就くべき時間は来た。今晩からは、この軟らかい、暖かい床に、人間らしく寝ることが出来るのだ。看守が急に斯くも優遇を与えるようになったのは、何のためだろう。先刻《せんこく》贈ったハンカチの効用か。または、私がベルンへ出した手紙で二《ママ》千マルクの金が近々手に入るためか。または、真実彼ら看守夫婦の親切から出たのか。

何れにしても、私のためには幸福である。まず私は、彼らの好意と解釈することとした。

それにしても、野田やイギリス人、ベルギー人、無政府党員は、依然藁の床の上に冷たい夢を結ぶかと思えば、気の毒でもあり、自分ばかり軟らかい床へ寝るのは済まないような気もした。出来ることなら、彼らにも分ってやりたい。

いつも散歩から部屋に帰れば七時半前後で、房内は暗く、とても書物など読むことは出来ず、横になるより外はなかったが、今日からは燈火の下で、読書することが出来る。

隴《ろう》を得て蜀《しょく》を望む〔48〕ようだが、せめては筆と紙が欲しい。故郷へ自由に音信が出来るなら、もはや私に不足はない。たとえいかなる苦痛を受くるとも、故郷へ自由に音信することが出来、また、故郷からの便りを受け取ることが出来たなら、その慰藉《いしゃ》によって私の苦痛は打ち消さるるのだ。しかし悲しい哉、一枚の葉書、一本の書面を中立国へ送るすら容易のことではない。今日から私の生活の上に物質的にやや改良を加えられたが、精神的には依然として旧の通りであった。

またもや浮かぶ心の幻影、想いは、いつしか故郷に馳せて、夜の更け行くのも知らなかった。四面寂《しめんせき》として秋の夜は、一入《ひとしお》の淋しさを添える。おりしも姿は見えないが、窓より遥か西に当っ

48　一つの望みが達成されると、さらにその上が望まれ、欲望にきりがないことのたとえ。

て雁《かりがね》の鳴く音が聞こえる。雁は私がヨーロッパへ来てから見たこともなく、聞いたこともない。いわば今宵が初めてであった。我国において雁はしばしば歌に詩に詠せられたのである。思い起こす北越将軍（上杉謙信）[49]の七言絶句。

霜満陣営秋気浄
数行過雁月三更

我に詩《し》趣《しゅ》なく、歌才もない。徒《いたずら》に己が薄志《はくし》弱行《じゃっこう》を恥づるより外はなかった。

味気無し　訪ね来ぬらむ　初雁《はつかり》の
つばさもがなと　おもふ我身は

心あらば　行きて告げてむ　小夜更けて
故郷辿《たど》る　おのがおもひを

❖無我夢想の修養に努める

九月二十四日。今日は、私がこの監房に身を置いてから第六週目の木曜日（八月二十日も木曜日）である。辛いこと、悲しいこと、癪《しゃく》に障《さわ》ること、様々あったが、ともかくも三十五日間は夢の如くに暮れた。空は拭うが如く晴れて、一点の雲翳《うんえい》もない。私は、例のごとく昼飯を了《お》えて内庭に出て、バンク（腰掛けのこと）に倚《よ》って、快晴の小春日和に日光浴を貪《むさぼ》って居た。

昨日家に帰ったイギリス人コッカーはやって来た。顔もきれいに剃《そ》り、山高帽に黒の外套《オーバー》、磨きたての靴にステッキという出《い》で立《た》ちで、ちょうどラビスエールがパーダボルンより帰った時のように思われた。彼は、二個の辞書と商売の菓子一袋を私に贈った。コッカーは、さらに時局について語りたかったようで、また私も彼から近時の出来事を聞きたかったが、看守の前では彼は語りかねて、お互いに目で「残念」と挨拶を交わして、彼は去った。

コッカーが去ると間もなく、二名のロシア人が私を訪ねて来た。両人とも私とは少しく廊下を隔てた監房に居た者であった。時々大声でロシアの国歌を歌ったため、しばしば看守のお目玉を頂戴したことがあった。私は、彼らの名を知らないのは甚だ遺憾である。彼らは以前例の散歩時

49　一五三〇～七八。戦国時代の越後の武将。

間に、私と話を交換した者であった。フランス人だのロシア人だのは、名前が私にとっては非常に難しい。一度や二度聞いた位ではとても記憶することが出来ぬ。私がラビスエールの名前をすっかりと私の記憶の内に入れたのは、確か五日か六日の後であった。彼らは、何人の縁故もない私に、沢山の林檎や梨、葡萄や桃を贈って去った。

私の当時の牢屋における状態は、あたかも一つの牢名主のようであった。新しく来た者は先に去り、私は牢内最古参の者であった。残留せるものは八人であったが、訪問の外国人は多く私に面会を求め、何かと贈り物を持って来る。あたかも囚人が牢名主に贈り物をするようである。私は当時彼らの親切に対して、返礼するべき何物をも持って居なかった。いずれ彼らには、私より何か贈ってやる機会が来るだろうと信ずる。

この二名のロシア人去ると相前後して、また一名のロシア人が私を訪問して、私にチョコレートの菓子を持ってきた。彼は、かつて私が腰投げで投げてやった男である。彼は、入牢後間もない頃、私が東洋人であること、身体の小柄のことなどで、初め私をあなどり、笑談ではあろうが、私をつかまえて、内庭の散歩中、私を投げようとしたから、私は逆に彼を腰投げでぶん投げてやった。それから彼らは私を恐れる一方、ヘル・ドクター[50]と尊敬するようになった。彼らロシア人その他の捕虜は、在牢中、内庭の散歩の時、私が庭へ出ると、ヘル・ドクターと言って、腰掛けを私に譲り、私に腰をおろさせた。

そのロシア人は、私が依然監房にあるを悲しみつつ、早く町の中に一室を借りて下宿住まいの出来る日の来らんことを切望すると語った。さらに彼は、

「何か君のためになるようなものを持って来たかったが、自分自身苦しい境遇にあるので、それも不本意ながら出来なかった。」

と告げた。私は彼に答えて、

「君らの親切は、大いに感謝する。しかし、この困難の時に、決して私のために心配をしてくれるな。」

と断った。ロシア人は凡《すべ》て素朴で、親しむべき可愛い心を持って居る。私は、これらの人々より受けた贈り物を、一同に分かち与えるのが例であった。

コッカーが去ってから、私は日中だけ野田と同室することとなった。彼は、前に書いたが、五歳の時家を出て、ヨーロッパの諸国をさまよい、教育を受けず、日本語の他にイギリス、フランス、イタリア、ドイツ、ロシアの話もかなり出来るが、目に一丁字《いってい》がない[51]。まだ若年である

50 ヘル（Herr）は、ドイツ語で男性につける敬称。英語のミスター（Mr.）に相当。

せいでもあろうが、思想極めて浅薄《せんぱく》、彼の考えはすこぶる幼稚のものであった。したがって、この困難の時においても何ら相談相手とはならない。むしろ、私は常に彼を援《たす》けてやらねばならなかった。また、彼は私の話し相手としては、あまりに教育がなかった。私は日中読んだ書物、小説、伝記等を彼に語り、また、日本の事情、日本の歴史を、古代のことから中古、近世、種々の戦争や、出来事、英雄、豪傑の事跡等を物語って、彼の知識を増すことに努めた。

私は彼に、せめていろは四十八文字及びアイウエオぐらいは読み書き出来るようにしてやりたいと思って、毎日根気よく教えた。野田は牢屋を出る頃には、どうやら仮名が書けるようになった。

私の話し相手となったのは無政府党員であった。両人共ドイツ人で、年長者は、名をエミル・ブロック(Emil Brock)と言い、当年取って五十九歳(日本の年齢では六十歳か六十一歳になる)の洋服裁縫師で、五十九年の間独身で通して来た者であった。頭髪は既に霜を帯び、白鬚は長く胸に及んで居る。おとなしい、落ち着いた男である。彼は今まで租税を払ったことがない。税吏が来て、彼の何物かを押収せんとするも、彼は幸か不幸か、二三の着替えより他一物を持って居ない気楽な生活を営んで居た(ドイツの法律として、債権者は負債者より衣服を押収、または差し押さえることが出来ない)。とにかく変わり者である。

年少の方は、名をフリッツ・プュルレン（Fritz Püllen）といって、年齢五十一歳。頭はいつも坊主刈り、無髪で、眉間の皺は彼の神経質を現わして居る。彼は煉瓦を積む壁師で、一時間幾《いく》らという労働賃金をもって生活していた労働者であった。彼は神経質で、怒りやすく、時に散歩の折り、内庭で聞えよがしに署長の悪口を言うこともあった。しかし、彼ら両人は、相当の教育もあり、その言う所、敬服すべき箇所があった。

私は彼らと親しく語って居たけれども、彼らの主義、即ち社会主義、無政府主義には、一言も論及しなかった。私は彼らからその主義を聞こうとしなかったし、また彼らもこれについて語ろうともしなかった。私は彼らの主義がただ単に理想に止まるものであって、人間の本能から言っても、また、人間個人の能力、智鈍の差ある点から、人間社会に階級の出来るのは当然のことであるし、また、殊に我が日本の国体から論じても、私は彼らの主義の存在を許さない一人であるからである。

彼らエミルもフリッツも常に言った。

「高尚なる理想を有し、健全なる理性を有する者は戦争を欲しない。また、社会、個人がこれを

51　文字を読めないという意。

持って居るならば、戦争は決して起こるべきものではない。我々は、あくまでも戦争に反対である。そして、戦争に反対なるが故に、政府は我々良民を監房に幽閉するに至ったのだ。」

エミルは、静かに諄々《じゅんじゅん》として説き、フリッツは、額に癇癪《かんしゃく》筋を立てながら力を入れて語った。フリッツの顔貌には、「今に見よ」というような様子がありありと読めた。

日を経るに従って、秋の日はますます短く、朝夕はますます寒くなった。早朝、家々の屋根は、雪かと思うばかりに霜が白い。毎朝、顔を洗う水は氷の如く冷たくなった。別室で寝るようになってから水も充分にあったので、冷水摩擦は怠らずにやった。いつ出られるあてもなし。いつ戦争の止むかという予想も出来ない当時、どうしても身の健康を計らねばならぬ。一朝病に冒されんか、希望はもはや捨てねばならぬ状態であった。就寝、離床の前、ベッドの上に端坐《たんざ》、瞑目《めいもく》、無我夢想《むがむそう》の修養に努めた。

❖陰鬱な日々

九月二十七日。快晴の日曜日であった。千篇一律《せんぺんいちりつ》の生活には、日曜も何もあったものではなかった。また、雨が降ろうが晴天であろうが、幽閉の身には自由の時に比して、左迄《さまで》の痛痒《つうよう》を感じなかったが、しかし日光はいつまでも我々の健康上、精神上に偉大なる力を与える。私は昼食後、例によって日光浴をやって居ると、ミューレン、ゲイヤール、ラビスエール、一人のロシア人(名を知らず)の四人が相前後して訪問した。近頃の私は以前と違って、よほど感情が鈍くなった。これらの人がわざわざ訪問してくれても、さまで嬉しいとは思わなかった。また、来なくとも別段寂しいとも思わない。彼らはこれから散歩に行くと言ったが、羨ましくもなければ、悲しくもならぬ。

以前は、日曜毎に市中でやっているコンサートが聞こえると、急に何とも言はず悲しいような心持になって、身の不幸を託《かこ》つこともあったが、近時はこれも馬耳東風、何らの刺激を受けなかった。いわば、私の頭はよほど冷やかになって、外界の事物に刺激されなくなったのは事実だ。続く牢屋生活に頭が鈍くなったか、または、毎日怠らずに行っている修養の結果が多少現れて来たものか。

今までは、ゲイヤール夫妻の贈ってくれる食物の他に、自分も看守のおかみに、ハム、腸詰、缶詰や白パンを買ってもらって食べていたが、今日訪ねて来たミューレン、ゲイヤールが口を揃えて、私の血色が悪いと言った。自分では近頃は食事も改良し、多くの量を取るので、体力も回復して、肉もやや付き始めたと思ったが、血色はまだ悪いと見える。

以前より良くない血色の私は、一か月以上も薄暗い監房に幽閉され、日光に浴するのは僅かに昼食後の二十分間であるから、一層血色の悪いのは止むを得ない。しかし私は、彼らの忠告を入れて、これから毎日おかみに洋食を注文することに決めた。私が金五千マルクをベルンの領事館へ頼んで以来、看守は、

「ドクトルは五千マルクを今に国から取り寄せる。ドクトルは金持ちだ。」

と会う人毎に吹聴《ふいちょう》するのはうるさかった。訪問の人にも五千マルク、五千マルクと吹聴するのは、あまりに彼の心が見えすぎて不快であると共に、私の胸中に抱いて居たある種の運動の都合上、面白くない現象である。

九月二十八日。朝来の降雨に風が加わり、寒い陰鬱な日であった。気候は、東京の十二月の気候である。近頃私はわがままになって、何事も黙っては居なかった。この寒い時に、とてもストーブなしには居られないと看守に言った。近頃私を優遇し出した看守は、私の室のみならず、他の人々の部屋にもストーブをたいてくれた。しかも、石炭やたきつけの藁、木片は、野田や無政府党員が運んだ。まずこれで凍えもせずに、冬が暮せるようだ。もしも幸いに(?)他へ護送さるることさえなければ。ちょうど昼食を終えた時、雨が止んだから表へ出た。その時、一人の角袖は内庭へ入って来て、二名のイギリス水夫、二名のベルギー人水夫に解放を伝えた。日本人と無政府党員とは、何等の沙汰に接しない。

二名のベルギー人水夫に付いては、別に言うほどのこともないが、イギリスの水夫は、二人とも気軽な快活な人の好い男であった。一人は、毎朝自分の室はもとよりだが、私等の部屋、廊下の全部を、ヨハンと言うドイツ少年と掃除、雑巾掛けをやり、一人は庭や便所の掃除役を命ぜられていた他、馬鈴薯《ばれいしょ》の皮むき、豆のさやのすじとり、洗濯やら、万事命ぜられるままに、いやな顔をせずに唯々《いい》として働いた。彼らはその報酬として、他の捕虜よりは多少御馳走を食べていたようであったが、彼らの健康な胃の腑《ふ》を満たすだけの量はない。彼らはしばしば私の前で、英語に下手なドイツ語を交ぜた言葉で、妙な手付きをしながら、顔のこけたこと、手の細くなったこと、洋服の襟を首の間、ズボンと腹の間に拳《こぶし》を入れながら、こんなに痩せたと訴えることもあった。かつ無邪気な彼らは、

「オレがイギリスへ帰ったら、イギリスに居るドイツ人を片っ端から叩き殺してやる。」

と憤慨と笑談を混ぜながら、特有の手付きをして人を笑わせることもしばしばあった。英語を解せない看守は、彼らが独特の笑談を言っていると思って共に笑うのは、一層滑稽《こっけい》に思われた。

私は、彼らが去る時、もしも私が充分の金を持っているなら分けてやりたいと思ったが、残す所幾何《いくばく》、誠に心細い有り様であったから、彼らに何物も与えることが出来なかったのは遺憾である。どうして彼らが出られるようになったか、彼の語る所によると、船長（イギリス人）がちょっ

とケルン市(クレーフェルトより急行四十分ばかり)へ用達に行った時、ちょうど英独国交交渉が断絶した時で、彼は直ちにケルンの牢屋に投ぜられたが、両三日前、解放されてクレーフェルトへ帰って来たので、引き取り人の出来た彼ら水夫は、自分の船へ帰れるようになったのだ。彼らが意気揚々と鳥打帽《とりうちぼう》をあみだにかぶり、小さい風呂敷包みを首に引っかけて出ていった姿は、いまだに目の前にちらつくようだ。

九月二十九日。イギリスとベルギーの水夫が去ってから、牢屋に取り残された外国人は、私と野田とただ二人になった。坊主が憎けりゃ袈裟まで憎いという言葉は、西洋人の性質を語るに誠に適当なる形容となった。敵国となった日本を憎むドイツは、個人の我々に対して、また憎悪の念をありのままに発表する。人を保護してくれる親切(ドイツの口実)があるならば、何も牢屋に置かずとも他に何とか方法がありそうなものだ。西洋の文明は、口実を作るに巧みなものだ。平素よくふざけたり、いたずらをした野田も、今日は朝よりふさぎ込んで笑顔を一向見せなかった。隣室の無政府党員は、毎日午前も午後も、読書の他は、二人で仲良くカルタ遊びをやるのが例であったが、今日はそれさえ物憂い態《さま》であった。彼らは外面すこぶる平気を装っているが、年は争えないもので、僅か一ヶ月余り(私が彼らを見てより)の間に目立って衰えた。血気盛んの若者でさえ、この薄暗い監房に幽閉されて、粗悪な、不足の食事を給せられていたならば、自然と衰弱を来すべきであるに、彼らは既に五十の坂を越え、一人はまさに六十。彼らの顔には、私が初めて彼らを見た時より著しく皺《しわ》が多くなった。気のせいか、頭髪の霜も増したように思われる。

昨日の雨も名残《なごり》なく晴れて快晴となったが、寒さは昨日よりも一層酷《ひど》かった。ちょうど午前の十時半頃、ヨハン少年は、例になくおかみに連れられて外出した。一時間ほど後に帰った。おかみの話には、

「彼は手癖が悪くって、今まで窃盗をやったためこの牢屋へ入れられたが、今度いよいよ感化院に送られる」

と告げた。

ヨハン自身の語るところは、全く異なっている。彼は、前にも述べたが、学校が嫌いで、両親の小言が恐ろしい余り、毎日学校へ行っていたが、今度親爺は兵隊に召集されて戦地へ行き、母親は朝から稼ぎに行って家に居らぬから、幸いに学校へは行かなかった。それで懲らしめのためと言うので、こんな牢屋に放り込まれ、朝から晩までコキ使いに使われて、毎日何度学校の方がよいと思うか知れぬ。今日はおかみが私にお医者のところへ行くのだと言ったから、不思議に思って行くと、兵隊の沢山居るところへ連れて行かれた。そして軍医から体格検査をやられた。そして軍医の診断は「健康」と言うので、私は兵隊にならねばならぬこととなった。戦争へ行け

ば、まず生きては帰れまい。彼は、言い終わってしくしくと泣き出した。兵隊の数が多いと威張っていたドイツも、こんな弱そうな十六才の少年を兵士にしなければならぬ状態となったことは事実だ。今まで長い間朝から晩まで忠実に働いていたヨハン少年は、この日の午後、母国のために死すべく、牢屋の塀を潜って去った。

❖三度日本領事館に手紙を出す

十月一日。今日は第七の木曜である。丸四十二日の月日も、変わることなくして送った。署長に会ったが、例によって無愛想の挨拶。いつ出られるというあてもない。のみならず、戦争の終局まではどうも見込みはない。しかし、プラハやベルリン、またはゼンナラーゲル、パーダボルンへ送られるという噂も立ち消えとなったようだ。不快ながらもこのクレーフェルトに居れば、多少わがままのきく有様で、寒ければストーブはたけるし、なまじ他へ送られて露天の寒さに凍える心配もあるまい。

金はまだ来ないが、もし金が来ないとしても、ミューレンやゲイヤール夫妻の親切で、さまでの不自由はないだろう。しかし、これも他人の親切。当初の内こそたびたび訪問もしてくれようが、これが二ヶ月となり、三ヶ月となり、半年ともなったなら、果してこれらの人の親切はなお続くであろうか。もしまた訪問しなくなったところで仕方がない。むしろ当然のことだ。どこの馬の骨とも分らぬ者に親切を尽くさないとて、恨むことは出来ない。

国からは金が来ない。恐らく私の手紙は国境を越えないであろう。また、コッカーが出した手紙も途中でどうかなったか、爾来《じらい》コッカーはとんと姿を見せぬ。いよいよ送金の希望も絶え、人の尽力を依頼することが出来ないとすれば、再び牢屋の食事に帰るまでのことだ。しからば八月の末から九月にかけて、衰えたように憐れな状態になるは必定《ひつじょう》。一朝不幸、病に冒されんか。来るものは死より外にはあるまい。死は敢えて恐れぬが、あまりに私は故郷が恋しかった。

数日来の寒さに、無政府党員のフリッツ・プュルレンは、腰痛から足脚にかけて激しきリューマチ性の痛みを訴え出した。彼はもはや歩行さえも出来ない有り様になった。彼は終日床に横わったきり、起きようともしない。また、一切食も取らなくなった。もしも私が一服の薬を持っていたならば、好んで与えたろうものを。人は彼のために医師を呼んでやろうともしなかった。また、彼自身も欲しない。

「あんな不親切な医師に診察を受けたとて、何になるものでもない。また、薬を飲もうとも思わぬ。」

と言って、ただ横になったきり、痛みを忍んでいる悲惨なものよ。この寒い秋の季節薄暗い日光の入らぬ房内に幽閉せられ、哀れにも衰えた彼の体は、さらに病苦に戦わねばならぬ。我が身の将来も遠からずこの時期が到来するであろう。

プュルレンが病気になってから、牢屋の空気は一層沈みがちとなった。野田もしばしばその不幸な運命を私に訴えた。僅かに東西を区別し得る五才か六才の小児の時、早くも親の膝下《しっか》を離れて異郷の空にさまよい、稽古厳しい養父より軽業の練習を強いられ、時には食べる物も碌々《ろくろく》与えられず、なぐられ、蹴られ、あるいは高い処より落ちて歯を折り、骨を砕き、生まれもつかぬ不具となって、今はようやく一人前の軽業師として立てるようになった時、またもやこの不幸。長くここに居ればとても命は続くまい。

「ああ、私は何でこんなに不幸でしょう。」

とため息を漏らす。実際私は当時、彼を慰むべき言葉を持たなかった。もしもこの状態が長く続けば、死は到底免れぬということは、あまりに明らかに見えすいていたからである。

「人は運命の玩弄物《がんろうぶつ》だ。今こういう悲惨な運命に弄《もてあそ》ばれていたところで、徒《いたずら》に天を恨んだところで仕様がない。我々は、既にこういう運命に遭遇すべく、宿縁を以て生まれて来たのだ。よしたとえ死が迫ったところで、日本人として恥ずかしい死態《しにざま》をしないように努めねばならぬ。しかし、我々はまだ絶望するには足らぬ。日本ではドイツ人を優遇し、何ら彼らの自由を奪わないと聞いている。たぶんドイツも前非《ぜんぴ》を改め、我々は解放さるるかもしれぬ。我々は、健康に注意し、一《いち》陽来復《ようらいふく》来たるべき春を待つより外はない。」

以上は半ば彼を戒め、半ば彼を慰めるより外はなかった。

夕食を終えて表へ出ようとしていたら、ゲイヤール夫人が訪問した。彼女はいつも親切な笑みを顔に浮かべながら、私を慰めた。彼女は、金はまだ着かぬかと聞いたから、私は、

「まだ来ぬ。恐らく望みは絶たれた。私の手紙は、国境を越えまい。」

と答えた。彼女はどこまでも親切に、

「何とか方法があるなら、私か私の夫が、出来るだけのことをしましょう。今一度スイスの領事館へ手紙を書いてはどうです。また私が人をオランダへやって、投函させましょう。」

と言ってくれたが、しかし、もし不幸にも手紙が途中でドイツ軍人のために発見されれば、たとえ内容は軍事上のことはないとしても、どんな迷惑を恩人にかけるかもしれぬ。しかも、ゲイヤールがドイツ人なら罪も軽くって済むだろうが、敵国人であるから、どんな重い罰に処せられるかもしれぬ。私はしばらく考えた後、

「アメリカの領事に頼んで見たらどんなものだろう。私は永く新聞も読まぬから、果してアメリカが日本の代表者となったかどうか知りませんが、何事も一つ試しに、アメリカの領事へ頼んで

みたいと思うのです。」

と言った。彼女は、ゲイヤールとは似た者夫婦で、よほど侠気《きょうき》に富んでいる。

「それでは、私がアメリカの領事へ行って話をしてみましょう。手紙でもいいが、手紙よりは直接会って話した方がよく分って都合がよいでしょう。」

話はここにまとまって、翌早朝彼女は、デュッセルドルフのアメリカ領事館（ここに領事館があるということは、単に私の想像であった。この辺の地理はよく知らず、このデュッセルドルフはこの辺の知事のいる都会だから、たぶんアメリカ領事館があるだろうという訳だ）を訪問することになって、彼女は去った。

まずこれで私の重荷もやや軽くなった。遅くとも明日の午後には、ゲイヤール夫人は帰って来る。そしたら、ゲイヤールか夫人かいずれかが、私を訪問するであろう。これらの希望と共に、翌日を待った。

❖地獄の沙汰も金次第

十月二日。この日は私にとって悪日であった。午後、正午の散歩を終えて室内に入ると、間もなく看守の夫人が来て、

「貴君の頭髪や鬚があまり伸びているので、理髪をした方がよいと思って、床屋を呼んであげた

から、階下の廊下へおいでなさい。」

と言わるるまま、夫人について階下へ行くと、床屋が居て、

「そこにある椅子にかけよ。」

と横柄な態度で言った。彼の態度はあまり良くないので、極めて不快に感じ、断ろうかと思ったが、せっかく夫人が呼んで来たものを、空しく帰すのもと思いながら椅子にかけた。

床屋はすその方をまずバリカンで刈り始めた。わざと毛髪を引っ張るようにしてバリカンを使い、次いではさみで人の頭を虎刈りにして、これでいいと言いながら二マルクを要求した。普通なら小言を言ってやる所であるが喧嘩をするほどの者ではなし、またその必要もないので、二マルクをやって、チップをやらないで二階へ昇った。もうこんな下等な人間に頭を刈ってもらうのは御免だ。

「どうだ君も刈りに行くか。」

と野田に言ったら、野田は止めましょうと答えた。敵国人となったからかは知らぬが、実に不愉快極まる態度で、ドイツ人の心の狭いところをはっきりと現わしている。

それからものの三十分とたたぬ内に、また牢番夫人が来て、宣教師が来て貴君に面会したいと伝えた。自分は、宣教師が植村を外国人、殊に敵国人であるが故に、神の有難いことを説いて、

精神の慰めに来たものと思って部屋で面会したが、その考えは全く反対であった。宣教師は見るからに不遜な態度で、

「一体日本はドイツから種々と学問を教わりながら、その恩師に向かって弓を引くとは何事だ。そういう忘恩に対して神は必ず厳しい天罰を授けられるであろう。日本人はよくこのことを記憶せねばならぬ。」

と、さも憎しみに満ちた表情でそう言った。

私は心中憤怒に堪えなかったが、こんなつまらぬ人間と争ったところで、何の役にも立たぬと思い直し、心の怒りを抑えて黙っていたが、彼はなおくどくどと、しつこく同じようなことを繰り返すのであった。しかし遂に私は、自らを抑えかねて、彼に尋ねた。

「一体貴君は宣教師ということであったが、真のキリスト教を奉ずる牧師であるか。」

彼は一言のもとに、

「それがどうした」

と答えた。私は、

「貴君の今言はるる言葉は、神の子であり、神の教えを民衆に告げ、民衆を神の愛に抱擁さるべく、民衆を導くべき職責にありながら、いたずらに人を憎み、まるで民衆を神から引き離そうと

する行為である。

私は仏教徒で、キリスト教徒ではないが、キリストの神は慈愛深く、民衆に無限の愛を注ぎ、しかも教主キリストは、汝の敵を愛せよとまで言っておいでになるのに、貴君の態度はどうであるか。貴君は神を恐れないか。天にまします神が君の言葉を聞き、君の態度をご覧になるなら、定めし遺憾に堪えないと思わるるであろう。

私は、ただ一介の学徒で、政治や軍事の事情は全く知らない。一日本人として、このドイツ国を旅行中、身辺の危険を守ってやると、ドイツ政府が私をこの牢屋に入れたと聞いている。スパイでも何でもないことは、この警察でもよく分っている。しかし、まだ貴君が私を敵国人として、憎みに堪えられなかったら、日本の政治家や軍人に話し合うがよかろう。私に向かって憤怒の情を漏らすのは、筋違いである。」

彼はしばらく沈黙していたが、やがて、

「今にドイツが戦争に勝ったら、日本は定めしひどい目に遭うであろう。」

と憎まれ口を聞きながら、扉を排《ママ》して出て行った。

こうした不快の日を送るうち、光陰矢の如く、十月も半ばを過ぎた。詳しい月日は忘れたが、十月十五、六日頃と思うある日、看守は非常に丁寧な言葉で、私に階下まで来てくれと言うので、

階下まで行くと、

「ヘル・ドクター、お喜び下さい。貴君の所へ郷里からお金が送金されて来ました。ただ今、それを貴君にお渡しします。」

と言うのであった。私は、これはミューレン君の叔父さんがオランダから出してくれた手紙が無事に日本に着いて、金を送ってくれたのだと思い、ミューレン君に感謝せずにはいられなかった。私はその内から百マルクをとりあえず看守に渡した。看守はしきりに嬉しそうに礼を言った。

それからというものは、看守夫婦の態度は一層丁寧になって、昼間は例のうす暗い牢屋の部屋に居たが、夜になると別に一室を与えてくれて、立派な寝台、家具がある、広い窓には清潔なカーテンのかかった、十帖近い部屋に寝ることが出来るようになった。また、朝、昼、晩は、看守夫人の作ってくれる特別の料理を口にすることが出来、心も明るく、みるみる全身の栄養も良くなった。「地獄の沙汰も金次第」とは古今東西を問わず、金の威力をつくづくと痛感した。

4——釈放そしてドイツからの出国

❖幸福なる日は来た

十一月になって、内庭へ写真屋が来て、我々二名の日本人を撮影して去った。初めのうちは、何の意味かよく分らなかったが、間もなく十一月六日の朝、取り上げられていた旅行免状が、警察署長から看守を経て手渡しされた。看守は、

「ヘル・ドクター、おめでとう。」

と私の肩を叩いて、にこにこして言った。旅行免状には先日撮った写真が貼られてあった。旅行免状には「ドクター・メジチィーネ・ヒサキヨ　ウエムラを十一月七日ボーデン湖を通過して帰国を許す。　フライヘル(男爵)・フォン　某……ミュンスター地区軍事司令官」と署名してあった。ボーデン湖とは、ドイツの東南端とスイスの東北端にある、東西に細長い湖水である。つまり、スイスを通過して帰国せよという意味である。

九月中旬になった時、北緯五十一度あまりのクレーフェルトは相当の寒さで、夏服の私にはとても凌ぎきれなかったから、署長の許可を得てプラハのドイツ大学細菌・衛生学教室の小使い・フッツル君に手紙を出し、冬服、オーバー、毛メリヤス、シャツ、冬向きの靴下などを送ってくれるよう頼んだ。フッツル君の好意で、少し前にトランクがここクレーフェルトに届いていたので、夏服などを入れる小さなトランクや、冬帽子(私は当時夏帽子しか持っていなかったので)などを

◆クレーフェルト監獄の看守一家
出獄に際して看守から贈られた家族のポートレイト。
左から看守、妻、娘である。

買うために、署長の許可で看守同伴、電車でクレーフェルトの市街へ行き、これらの品々を買った。その時看守には、彼が煙草好きであるため、かなり上等の葉巻一箱を買って与えた。看守は非常の喜びで、トランクまで持ってくれた。署長にも何か買ってやろうかと思ったが、彼の態度が余り冷淡であったので、これは止めた。看守の夫人へは、私によく食事を調理してくれたお礼に金一封を贈った。

それらの為、十一月六日の夕飯は非常に御馳走をしてくれ、彼ら夫妻、娘三人と一緒に撮った写真とクレーフェルトの絵葉書を私に贈った。

いよいよクレーフェルト出発である。隣室にいた無政府党員二名も、別れを惜しんだ。我々も彼らの健康を祈ってやった。汽車の都合で、出獄、出発は午後になった。看守は、私等のために自動車を呼んでくれ、私と野田（野田の汽車賃は植村が負担した）をクレーフェルト駅まで見送ってくれた。かつ、駅の守備兵や列車の車掌などに私等のことを何くれと頼んでくれた。

❖忘れられないケルン市

一一月六日午後四時半、いよいよ汽車はクレーフェルトを後にして出発した。いよいよ自由の身となったのだ。その時の喜びは何に例えうるものもなかった。ところが、午後五時半、ケルン市に着き、乗り換えねばならぬことになった。そこで、下車。プラットホームで午後六時半のフランクフルト行きの列車を待っていたところ、その間何度も何度も、士官や哨兵《しょうへい》から旅行免状の取り調べを受けた。しかし、旅行免状には司令官の署名があるので、何事もなくわれわれの手に返された。

このケルン市は、ライン河に沿って作られたかなり大きな都市である。八月二十日の最後通牒の日にも、この市を通過してオランダに向かう途中、乗り換えの際、ある士官が旅行免状を見て極めて親切に「よろしい無事にオランダに行きなさい」と言ってくれた所であるから、私は今日も無事に通過出来るものとたかをくっていたが、まさに出発せんとしたところで、一人の大尉らしい士官が哨兵を呼んで、

「彼ら二名の日本人らしいものをよく調べよ。」

と囁《ささや》く声が私の耳に聞こえた。二名の哨兵は、直ちに我らの所にやって来て、

「こちらへ来い。」

と叫んだ。その時、我々の旅行免状を取り調べていた兵隊は、

「この日本人は司令官の自署の許可証を持っているから、もうこれ以上調べる必要はない。」

となだめるように言ったが、士官から命令された兵隊どもはこれを聞かばこそ、我々二人を引き立てて、停車場の哨兵詰所へ連れて来た。その間群集の中から、憎悪に満ちた悪罵《あくば》を浴びせる輩《やから》があった。しかし、こういった悪罵は耳にたこができるくらい聞き慣れていたので、一向気にもせず、言わるるままに詰所に行ったら、ここからさらに武装した二名の兵隊に護送されて、ケルン市司令部に送られた。我々は小さいながらもトランクを持っているので、歩行もつらく感じた。


彼ら二名の護送兵は、わざわざ我らの前で銃に実弾を入れながら、

「逃げると撃つぞ。」

と嚇《おど》かし文句を言う。もうそんなことに驚く我々ではない。心の中で笑いながら、

「逃げも隠れもせぬから、安心して連れて行き給え。」

と語気荒く言ってやった。落ち行く先は雪かはたまた雨か。うるさいことと、とぼとぼと歩いて行った。小さいながら両手に鞄を提げて、引っ張り廻されるのは甚だ迷惑である。それで私は無

遠慮に兵隊に向かって、

「吾々は長い牢屋生活に体が弱っているので、とてもトランクなど持って歩けないから、馬車か自動車に乗せてくれ。」

と頼んだところ、護送の二名の兵隊は、相談を始めたが、やがて電車で行くこととなって大いに助かった。電車を下りて、曲がりくねった路を辿《たど》りながら、ようやく司令部へ着く。そこにいた士官が、我々の旅行券を見ていたが、兵隊どもに向かい、

「総司令官の立派な自署があるのに何故連れて来たか。」

と反対に彼らを叱った。護送の兵隊は、初めの元気もどこへやら失せて、すごすごと引き下がり、痛快この上もなかった。

駅への帰りの路で、私は兵隊に向かって、煙草が買いたいから煙草店へ寄って行くと言って煙草店へ入り、まず自分の分と、野田にも一箱を買い、さらに兵隊にも二箱宛てを買って与えた。実に現金なもので、兵隊の態度はすっかり変わり、我々の荷物を持って行こうと言いだした。これ幸いとトランクを彼らに渡し、悠々と駅へ引き返したが、六時半発の列車は疾《と》っくに出てしまい、次の列車は午後十一時半にしか出ない。折柄まだ晩餐も食べていないので、兵隊に案内されて付近のレストランで食事をすまし、久しぶりに煙草を吸いながら待っていると、発車間際に例

の兵隊が迎えに来て、列車に案内してくれた。汽車はフランクフルトに向かって走った。

ケルン駅から、一人の教養のありそうな紳士が、我々の前に座を占めた。発車後しばらくして彼は、私に丁寧な言葉で語り出した。彼は、一見五十六、七才位の、思慮深そうな上品な風采をしていた。

彼「貴君は日本の方ですか。」

私「そうです。」

というような会話が始まりで、かの紳士は、

「ドイツと日本とは親善なる関係であるべき間柄でありながら、こうした敵国の状態となったのは、誠に悲しむべきことです。どうか一日も早く、国交が元のように恢復《かいふく》してお互いに助け合って行きたいものです。」

と話した。彼は法学士、弁護士であると語った。またかつては、ドイツへ来た日本人数名と親交を重ねていたことを語った。

私も問われるままに、勉強のため日本を発し、プラハのドイツ大学で研究中であったが、ドイツのフライブルクにいる親戚の者を訪問するための旅行中、捕虜の身となって、クレーフェルトの牢獄に八十日間幽閉され、今日帰国を許されて、スイス国へ向かう途中であることを話した。

彼は、日本人の友人を数名持つだけに、よく我々を理解して、私の牢獄生活の苦痛に非常に同情しながら、

「悲しいことにこの戦争は、まだまだ相当永く続くでしょう。現在のところ、ドイツ軍の勢力は盛んであるが、いずれはアメリカ合衆国もイギリス側に立って戦うことになると思う。そうするとドイツの苦戦は免れない。早くこの戦争を止めさせたいと思うが、我々の力ではどうにもならぬ。」

と戦争の前途に悲観論を称《とな》えた。汽車は二等車で、乗客は稀で、野田をはじめ他の乗客は、いずれも白河夜舟《しらかわよぶね》と寝入り込んでいるので、私とこのドイツのドクトルとは、こんな込み入った会話を夜更くるまで続けた。

❖群衆から罵声を浴びる

十一月八日午前八時、汽車はフランクフルトに着いた。かの紳士は我々の無事の帰国を祈りつつ、下車し去った。フランクフルトの駅では無事に通過することができ、ウィッテンベルク州の首都シュツットガルトで、また例の「来い」をやられたが、取り調べは簡単でこれも無事。これより同じウィッテンベルク州の要塞地ウルム[52]に向かった。ウルム停車場で乗り換えのため降

車すると、新聞には青島《チンタオ》〔53〕陥落の快報が大々的に大書されてあった。

ドイツ人の興奮は非常のものであった。我等が列車から降りてプラットホームに立つと、折から五十歳位の一士官が怒気満面《どきまんめん》、顔を真赤にして、血走る両眼で我々をにらみながら、我々の近くへやって来た。彼は
「来い。」

と一喝した。言われるままに停車場の司令部へ連れ立つ途中、群集は盛んに我々に罵声を浴びせる。士官は、青島陥落で理性を失ったか、全く態度は狂気の沙汰で、ドイツ人特有の蛮性を発揮し、声を振《ふる》わし、両腕を慄《おのの》かしながら、

「恩知らず、馬鹿野郎、豚。」

等の悪罵《あくば》を繰り返した。最後に彼は、

「日本の泥棒。」

とどなって彼の罵詈《ばり》を止め、憎々しげに我等をにらみつけた。私は、

「日本が泥棒ならドイツは何だ。斬り取り強盗か野獣か。日清戦争後の三国干渉を忘れたか。」

と罵《ののし》り返してやりたかったが、胸を撫でて思い止まり、君子危うきに近寄らずと胸を擦って我慢した。士官は、我々の旅行券をひったくるように取り、まるでパスを破るかと思うばかりに荒々

しく取り扱った。その旅行パスには総司令官の自署があるので何とも言えず、彼は私の方に向かって唾を吐き、もう少しで私に引っかかるばかりであった。

私は元来忍耐強い人間で（これは私が高等小学校在学中、寄宿舎で山田校長先生、久野先生等から常に精神教育を受けた結果である）、大抵のことなら怒りを顔に現わしたり、喧嘩などすることは、できるだけ我慢する方であったが、この侮辱に対しては「もう堪忍ならぬ」と生まれて初めての嚇怒《かくど》に逢着《ほうちゃく》したが、今ここで事を起こせば殺されることは決まりきった結果となるので、やっとのことで思い止まり、頭脳を冷静にし、むしろ彼の愚を嘲《あざけ》ってやった。

士官は、さらに我らのトランク内を引っかき廻すように取り調べたが、何も怪しむべきものがないので、かれは、仕方なしに「行け」と言って立ち去った。我々はトランクの内を整理しながら、やれやれと思って、駅の方へ行こうとしたが、かの老士官は再び二名の着剣装弾の武装兵を連れて来て、

52 ウルム（Ulm）は、ドイツ南部の都市。現在の人口は約一二万人。

53 青島は中国山東省の港湾都市。一八九八年、ドイツが九九年間の租借権を獲得し、以後山東半島を勢力圏とした。一九一四年九月二日、日本軍は山東半島に上陸し、十月三一日から青島総攻撃を開始した。その結果、一一月九日に青島のドイツ軍は降伏した。

◆ウルム市で群衆に追われる植村一行
ウルムでも軍に拘引され、興奮し、暴徒化しそうな群衆の前を歩かされた。
重い荷物を持ち、投石を受ける様子が描かれている。

「此奴等《こやつ》を司令部へ連れて行け。」

と命じた。今度の兵隊は最も頑迷《がんめい》で、私の電車へ乗車したいという要求を退けたばかりか、早く歩けと言いながら、銃台で我等の腰をこづく。わざわざ路を廻りくねって電車を見せつける。往来には数百の群集が我らの後を追いながら

「間諜《スパイ》を殺せ！」

と喚《わめ》きながら、小石などを投げつける。ウルム市の軍司令部へ向かう途中、市民からあらゆる罵詈、屈辱を受けながら、とにかく目的地に着いた。野田は顔面真《ま》っ蒼《さお》になって、今にも殺されるかとわなわな慄《ふる》えていたが、私は彼を励まし励まし歩いた。

軍司令部の一室へ入ると、そこには先着の日本人三名がいた。そこで五人の日本人は、型の如く取り調べを一士官から受けたが、その結果何らの理由なしに、恐らく憎い敵国人であるから、苛《いじ》めてやれ位のつもりであるか、またもや武装兵に護衛されて、徒歩三十分位離れた牢獄へ放り込まれることとなった。その時はもう日も暮れ、夜になったので、群集の後を追う者もなかった。

❖ウルムの牢獄

このウルムの看守はすこぶる善人で、我らを鉄窓の部屋には入れず、自分等の住居と続きの、割合と居心地の良い室（監房ではあるが）に入れてくれた。他の三人の日本人は、一名は、医学の研究のためにドイツ・ハレ市[54]の大学で勉強していた小田部《おだべ》荘三郎《しょうざぶろう》君（慈恵出身）[55]。一名は住友商事会社員で、欧米視察のためドイツ旅行中の三宅君[56]。一名は秋田鉱山専門学校教授（姓は池

54　ハレ(Halle)は、旧プロイセン領内に位置するドイツの都市。現在の人口は約二三万人。
55　内科医。のち小田部内科医院長、東京慈恵会医科大学理事。
56　三宅寛二（一八八三〜?）。外務省の記録によれば、肩書きは第一生命保険相互会社契約課長（「欧州日独戦争ノ際在外公館及本邦人引揚一件　邦人保護及行方安否等取調ノ件」二巻、「外務省記録」5.2.1.24-1、外務省外交史料館所蔵）。

田君[57]、名は忘れた。この人は捕虜生活中健康を害し、スイス経由で日本帰国後、間もなく肺結核で死亡）の三名である。この三名はほぼ同じ所で捕まり、ゼンナラーゲル（クレーフェルトよりあまり遠くない所）の練兵場で、バラック建設のため、毎日数里の途を荷車を引いて、重い材木や種々の資材を運ぶ重労働を課せられたそうで、あらゆる辛苦を嘗《な》めたと語った。ゼンナラーゲルは、フランス人ラビスエールが護送され、三日三晩野天で寒さに堪えながら立ち尽くしていた所である。

この日本人三名と我ら二名、都合五名が、同じ監房といっても、前記のような居心地の良い部屋で起臥《きが》することとなった。そして、最後通牒の八月二十日以来、八十日間の生活を語り合った。クレーフェルトにおけるように一室に淋しく閉じ籠められた時よりも、話相手が教養ある人々であったから、退屈はせず賑やかではあったが、憤懣《ふんまん》の念は益ますます募るばかりである。徒《いたずら》にまた監房に入れられているのも馬鹿馬鹿しいから、お互いにクレーフェルトとゼンナラーゲルへ電報を発して、理由なき監禁から放釈するよう要求することに相談し、これを看守に依頼した。看守は訳の分った人で、血もあり涙もあり、早速双方へ電報を発してくれ、また我々は外部から食事を取り寄せることも出来て、監房としてはかなり贅沢を見逃してくれたので、非常に助かった。

このウルムの看守は、一見五十五、六歳位、夫人は五十歳か。二十歳位の娘さんが一人居て、三人共親切に我々を遇してくれた。また、新聞さえも持って来て我々に見せてくれた。その新聞記事に、青島のドイツ捕虜は、日本からアメリカ経由で帰国を許され（当時アメリカは未だ参戦せず）、途中アメリカの新聞記者に「日本では非常に寛大でよい待遇を受けた」ことを語ったので、それがアメリカからヨーロッパに伝わり、またドイツへも伝わったと見えて、ドイツの新聞に記載されてあった。

我々がウルムに到着後三日目の朝、即ち十一月十日朝、二名の私服角袖が来て、また我らの行《こう》李《り》を残らず調べた上、訊問すべきことがあるから司令部まで同行せよ、と連れ立つことになった。我々は、

「日本ではドイツの捕虜を優遇していたのにどうだ、お前たちのすることは、まるで野蛮人のやり方ではないか。今日の新聞を見て恥ずかしく思わぬか。」

と言ってやりたかったが、余計なことを言って、また長く牢獄生活で虐待を受けるのもつまらぬと、ぐっと唾を呑んで耐えた。

三日振りでの外出である。監獄の庭へ出て表を眺めると、晩秋の朝はまた格別寒く、庭には一

57　池田正夫（一八八二〜？）。専門は採鉱冶金研究（前注に同じ）。

面に霜が降りて、雪かとまごうばかりである。この牢屋に着いた時は夜であったので、何にも見なかったが、今朝初めて庭を眺めると、懐かしや一面菊の花が霜にも怯《ひる》まず咲いている。ああ、なつかしの花よ（私は子供の時から特に菊の花が好きであった）。

角袖に連れられて司令部へ行き、士官から愚にもつかぬ質問やら取り調べを受けた。士官が言うよう、

「君等のクレーフェルト、ゼンナラーゲルから釈放されたことは分明したが、さらに目下陸軍省へ問い合わせ中であるから、その返事の如何によってはどんなことになるかしれぬ。」

といやに嚇《おど》かしを言う。しかし、いかに暴慢《ぼうまん》な彼らウルムの士官も、正義には勝てなかったと見えて、翌十一月十一日午後五時、いよいよ二度目の牢屋を出て、ボーデン湖[58]の小都市リンダウ[59]へ向かって旅行を続けることとなった。まず、牢番初め家族の人々にも厚く好意を謝し、迎えに来た一下士官に伴われて駅に向かった。群集も流石に新聞記事を見たのか、あまり乱暴な罵詈をしなかった。我らは朗らかな気分で駅に着くと、まだ午後七時の発車には間があるので、一、二等待合室に入って食事を注文し、私の最も好物であったウインナーシュニッチェルという、ビフテキに似た料理にまさに手を付けんとした時、またも一名の士官が来て

「君等は二等待合室に居てはいかぬ。三等室で汽車を待て。速やかに勘定をして出て行け。」

と言う。興奮しきった態度である。待合室の窓外から我々を眺めていた群集は、またまた騒ぎ出した。しかし、付き添いの下士官は相当の年輩で、士官よりも遥かに物の分った人物で、気の毒そうに思って、群集を追払った。文明を誇るドイツ人も、こうなると士官のように狂的になる。

食堂の女中に勘定を払う時、女中は小声で、

「構いませんから食べてお出なさい。」

と言ってくれたが、士官の言《い》い種《ぐさ》が面白くないので、

「食事は犬にでもやって下さい。」

と女中の好意に謝しながら、下士官に導かれてそのまま三等待合室へ移った。下士官は、

「何度もお気の毒ですね。何しろ日本の最後通牒が出るまで、日本はドイツに味方してロシアの背後を衝くなどと新聞にでかでかと出ていたのが、最後通牒によって全く反対の結果となったので、ドイツ人の日本に対するハス(憎悪の念)は非常に高まって、あんな馬鹿馬鹿しい騒ぎをする

58　ボーデン湖(Bodensee)は、ドイツ、スイス、オーストリア国境に面する湖。コンスタンツ湖とも称される。

59　リンダウ(Lindau)は、ドイツ南部の都市。ボーデン湖に浮かぶ小島である。現在の人口は約二万人。

のです。」

と我等を慰め顔に言った。この下士官は、その言葉から想像しても教養ある人物と思われ、恐らくまたその年輩から考えても、相当の地位の者が招集を受けて来たものだろうと思われる。

夜の汽車は静かであった。目的のリンダウへ着いたのは、夜の十二時頃であった。下士官は、宿の者に我々の事情を説明し、我らのために食事の注文さえもしてくれた。事実、我々はウルムの三等待合室へ移されてから食事をしなかった。我々は、下士官のためにも食事を注文し、食卓を共にして分れた。宿の人々も下士官の説明によってか、親切にしてくれた。

❖スイスへ入る

その夜はリンダウのホテルで一泊熟睡して、大正三年十一月十二日朝七時半発車の汽船に乗り、怒濤《なみ》に揉《も》まれまがら、ボーデン湖を横切り、スイス第一の上陸地ロールシャハへ無事着いた。それからはいよいよ自由の身である。一同の喜びは例《たと》えんものもなかった。小憩の後、汽車でスイスの都市チューリッヒ(当時人口二十二万)へ着いて、一行五人はまずレストランでシャンペンを抜いてお互いを祝し合った。

チューリッヒ市(英語ではヂューリクと言う)で、まず何よりも先にしたことは、郵便局へ行って、故郷の家族宛てに電報を打った。フリー　ベリ　ウェル[60]（いよいよ自由の身となり、健在であるの意）と。直ちにチューリッヒ市のあるホテルに入り、旅装《りよそう》を解《と》き、入浴後永い間入浴理髪もしないで、蓬々《ほうほう》と伸びた頭髪や鬚の整理をして、その翌日は、私は一人で半身の写真を撮り、郷里の家族と札幌病院外科医長の秦勉造氏へ送った。

これは後の話ではあるが、家族からは直ちに喜びの返電が来たし、一ヶ月後には、家族や秦勉造氏よりもチューリッヒ市日本名誉領事宛て手紙が来た。いずれも私の無事を喜んでくれ、大変に肥満したと驚き、秦氏からは、研究はまた後日洋行するとして、いったん帰国してはどうかと言って来た。間もなく、朝鮮京城の総督府医官（兼医学校教授）をしている兄俊二君からも、喜びの手紙が来た。家族からも兄からのも、いずれも当時外務大臣をしていた加藤高明氏から、尚清の行方を在外使臣に依頼して捜索して貰ったが、ドイツのフライブルクへ行ったのは分ったが、その後は全く不明であるという在外使臣からの一致した返事であったので、飛行機の爆弾で死んだか、ドイツ人に殺されたか、何れにせよこの世に居ないものと思って、尚清がチェコスロバキア（ボヘミア）とドイツ国境のエーゲル市から発した便りの日を命日と諦めていた旨、返事があっ

60　Free, very well.

た。母上は、毎日神社仏閣へ日参《にっさん》して尚清の身の安全を祈って下さったそうだ。洵《まこと》に有り難いことである。母上も、家族も、兄も私のスイス安着の報を受け取って、喜んだのは無理もないことだ。

5――スイス留学と日本帰国

❖チューリッヒ大学

チューリッヒ到着後二、三日は「ホテル」でぶらぶらして大学の外観を見て歩き、日本へ帰ろうか、スイスに留まって大学研究室に入るか、いろいろと考えたが、遂に意を決してチューリッヒ市に留まることとし、その旨、家族、朝鮮京城に居る母や兄、札幌病院の秦外科医長に通知した。

ウルムで一緒になった三宅君や池田君は、イギリスを経て帰国の途に就き、小田部荘三郎君は、しばらくチューリッヒにいたが、のちイギリスに渡り、リヴァプールに近在のある陸軍病院の医員となって働くこととなった。小田部君は英訳には堪能の人である。野田は、偶然ドイツから釈放されてチューリッヒ市に来た芸人仲間と一緒になって興行し、のちイタリアへ行った。

私は、まず細菌学教室にジルベル・シュミット(Silber Schmidt)先生を訪問したが、先生は招集されて不在であったので、助教授のヒルシュ・フェルト(Hirsch Feld)氏に面会し、教室で細菌学方面の研究をしたい旨述べ、プラハ大学でやりかけのチフス、パラチフス細菌の免疫について研究することとなり、同教室の講師、フォン・ゴンチェンバッハ(von Gonzenbach)氏、及びクリンゲル(Dr. Klinger)氏にも紹介された。これらの人々は、いずれも勤勉家の好人物で、私を快く迎え入れてくれた。この細菌衛生学の教室は、以上の人々の他、婦人助手二人が居て、日本人の研究生を迎えたのは初めてだそうだ。

しばらくすると解剖学教室へは、のちに仙台大学[61]助教授、その後東大教授になった西成甫氏[62]、および後日東大生理学教授になった橋田邦彦[63]両君が、ドイツのフランクフルトから釈放されてチューリッヒ大学に入り、それぞれ専門の研究を始めた。また翌年、暑中休暇を利用し

61　東北帝国大学のこと。
62　一八八五～一九七八年。解剖学者。東北帝大教授、東京帝大教授を歴任。エスペラント運動家としても有名。
63　一八八二～一九四五年。医学者、生理学者。東京帝大教授、文部大臣などを歴任。

て、仙台大学解剖学教授の布施現之助[64]（尚清より一年上級）君が、チューリッヒ大学モナコウ先生の教室へやって来た。布施現之助君は、以前からたびたびモナコウ先生の教室へ来て、聴神経について世界的な大研究をされ、特に私とは親しくした。

橋田邦彦君は、臨済宗の日本開祖、石川県永平寺を建立された道元禅師を崇拝し、禅学の修養も積み、東大生理学教授と一高校長を兼ね、令名《れいめい》あったが、日支事変[65]中、近衛文麿内閣の文部大臣となり、のち東條内閣にも文部大臣となって、軍部の圧迫で各学校の学生に軍国主義を採用し、軍国主義を鼓吹したため、日本がアメリカに無条件降伏した後、責任を感じて、青酸加里《セイサンカリ》を服毒、自殺した。惜しい人物であったが、当時は東條軍閥万能で、文部省は東條内閣の一文部局に過ぎなかった。橋田氏のために惜しむ。

ジルベル・シュミット教授は、私が細菌学教室で研究を始めてから、約半年を経ると教室に帰られた。教授は私に対して非常に好意を寄せられ、プラハ大学同様、動物、試薬器具など、随意にかつ無料で使用することが出来た。一年近くの月日は、またたく間に過ぎ去って、大正四年も秋となって、四面の山々の色付く頃となって、私の研究も完成し、自分ながら主論文として充分に価値あるものと思った。ドイツ文の原稿もタイピストに依頼して、立派に出来上がった。教授も喜んで下すった。もっとも私は、この細菌学教室で研究する初めての日本人であるから、将来またこの教室を訪問する日本人のためにも、教授や教室員の日本人研究者に対する好感を抱かしむる必要上、良く勉強し、礼儀作法、その他彼らに不快な感情を抱かせることのないように務めた。教授は私を主賓として、数人の元教室で研究していた人々を自邸に招待され、えらい御馳走をもってもてなして下すった。

ところが当時、スイス国にはこうした主論文的な、やや大きな原著(論文のこと)を掲載する雑誌がなく、僅かに他国の原著の抄録《しょうろく》を載せる極めて小規模なものしかなかったので、教室からわざわざドイツのある二、三の雑誌社に問い合わせたところ、敵国人(日本人)の論文はドイツでは受け付けないし、雑誌に掲載もしないという返事が来た。ただし、スイス人を主とする原著は受け付けるということであった。

しからば、この原著を英訳するかという問題となる。しかし、これには莫大な翻訳料を要し、私には到底負担出来ない金額である。私は、非常に落胆した。教授はじめ教室員も厚き同情を寄してくれ、色々と骨を折ってくれたが、どうにもならなかった。また、当時の東京の大学教授に

64　一八八〇〜一九四六年。解剖学者。新潟医専教授、東北帝大教授を歴任。
65　一九三七年に勃発した日中戦争のこと。

は、英語やフランス語の原著を審査してくれる人はなく、全部の論文はドイツ文であった。また、東大では他人との共著は主論文にならなかった。と言って、苦心完成の研究論文を紙屑にしてしまうのも勿体ないので、仕方なく、講師のフォン・ゴンチェンバッハ氏と共著として、ドイツの雑誌社から発表することとした。尚清の残念、思いやるべしである。東京大学博士論文審査の主論文は、共著では駄目で、参考論文としかならなかった。ゴンチェンバッハ氏は、非常に気の毒に思い、私を一夕自宅に招いて、これも夫人と共に大変な御馳走をしてくれた。

私は、直ちに新しい論文を作るために色々と考えたが、結局自分の教室から原著を刊行している脳神経病学者で、脳病理解剖の世界的大家フォン・モナコウ(von Monakow)先生の教室に入って、一年間ミッチリ勉強して主論文を作ることに決意し、ある日、モナコウ先生の教室に参上して、先生に研究さして頂きたい旨を申し上げたら、モナコウ先生は、私に「何年位教室におれるか」と尋ねられた。私は、先に札幌病院へ手紙で一年間の猶予を申請して置いたところ、秦勉造氏より、承諾の手紙と辞令を同封して来ていたので、率直に、満一年間お願いしたいと申し上げた。モナコウ先生は顔に難色を浮かべられ、しばらく考えて居られたが、「まあよい、来給え」と申され、私は有り難く謝意を述べ、必ず一年間で完成しますと申し上げて、先生の室《へや》を辞した。

それから直ちに細菌学教室へ行って、ジルベル・シュミット先生や、ヒルシュ・フェルド、ゴンチェンバッハ、クリンゲル等の教室員に面会して、逐一詳細な事情や、モナコウ先生の教室であと一カ年で主論文を完成する旨を告げ、これまで寄せられた御好意を感謝して引き上げた。教授も快く承諾され、かつ激励された。

❖モナコウ先生

フォン・モナコウ先生は、体格偉大、ゆうに六尺位はあるだろう。お年はもう六十近く、常に温顔に笑みを湛《たた》えて、ジルベル・シュミット教授と同じく極めて親切に私を待遇された。前にも記した通り、脳病理学、脳解剖学、脳神経病学の世界的大家で、これらに関する有名な論文は無数にある。殊に、脳内の赤核《せきかく》に関する論文は最も著明であり、赤核と言えばモナコウ。モナコウと言えば赤核を思い出させるほどである。また、脳病理に関する著書は、有名なノート・ナーゲル博士監修のうちに膨大な一冊をなしている「脳病理学(Gehirnpathologie)」及び「脳内の中枢(Centren in Großhirn)は有名である。

それほどの大家もなぜか正教授ではなく、助教授で満足しておいでである。それというのは、スイス大学内科教授のアイヒホルストが大学の実権を握り、どうしてもモナコウ先生を正教授にしないのだそうだ。しかし、モナコウ先生は名誉や地位に無関心で、毎日毎日研究に没頭されている。教室は誠にみすぼらしく、他の教室の堂々たるに比べると非常に見劣りがする。教室には講師格のミンコウスキー氏、助手のブラウン氏と小使い一人のみである。ミンコウスキー氏は、ポーランド出身であるそうだ。

教室の規定には、毎日曜日午後は休み、小使いには毎月研究生は五フラン（日本の二円）を与えることと記してある。

この教室で研究した日本人は、仙台の東北大学教授・布施現之助氏とその他二、三名の人々であった。いずれもよく勉強したため、先生は日本人に対して好感を持ち、私をも歓待して下すった。先生は先ず、脳病理解剖学上非常に興味ある連続切片《せっぺん》の例（これは先生が非常に大切にされ、誰にもやらさなかったもの）を特に私に与えられた。これは臨床上にも有益なものである。その他幾多の兎の頭、脳その他いまだ誰も研究しない連続切片をも提供された。

先生は誰をも指導されなかった。なまじっか指導すると依頼心が出来て、実力がつかぬから、自分で成書や文献を良く読んで研究せよと言われた。私は細胞学の方面なら青山内科以来、市立札幌病院においても多くの書物や文献を読んで自信はあるが、脳神経や病理解剖の方面はそう精《くわ》しく多くは読んでいないので、初めのうちは非常に苦心を重ねた。しかし、毎日毎日顕微鏡と「首っぴき」をしながら研究し、また多くの書物や文献を読むにつれ、段々と分ってきた。自分に所有しない書物や文献は、モナコウ先生から借り、又ミンコウスキー氏の紹介で、スイス大学の精神医学教室へも行って、多くの文献をむさぼり読んだ。また、日曜日の午後は、時々スイス市図書館へも行って読むことを怠らなかった。

斯くして、他人が三年もかかってやり遂げる研究も満一年で完成し、膨大な論文原稿をタイピストに頼んで打ってもらった。モナコウ先生も私の勉強には全く驚かれたようであった。全くこの一年は、昼は勉強、夜は原稿の整理で睡眠は五時間位であった。秋になったある日曜の午後、私はモナコウ先生の御自宅へ招待され、御夫人や令嬢から非常の歓待を受け、御馳走にもなったし、令嬢の奏されるピアノやバイオリンの音楽を聞かされた。あいにく私は音楽に対する素養がないので、どう賞めたり、観賞してよいのか分らなかった。

❖御暇乞い

スイスばかりではないが、ドイツでも、プラハ市ドイツ大学でも、フランスなどでも、大学教授に敬意を表するため、教室員でも、研究生でも、月に一度、少なくとも二ヶ月に一度位は先生の自宅を訪問し、あえて面会を求めずに、ただ名刺の上方の片隅を小三角形に折り、取り次ぎに出られた女中に(または家人に)渡して帰るのが習慣である。私は「郷《ごう》に入っては郷《ごう》に従《したが》え」の諺《ことわざ》通り、これを実行した。

いよいよ原稿のタイプライターも数冊出来上がったので、その一部をモナコウ先生のもとに提出し、教室発行の紀要に掲載を依頼したところ、先生は最近スイスにも脳や神経病理学の原稿を掲載する雑誌社が新たに出来たから、これに原稿を送った方が世間一般に読まれるし、また教室の名のためにもなるから、その方へ投稿すると申された。私の原著は枚数も多い上、多数の図が入ってあるのと、各国の教授に先生の方からその別刷《べっさつ》を送付するので、数百フランを要した。私にはなかなか痛手であった。これを先生に御渡しして、宜しく御願いして、先生の教室各位にご挨拶してその教室を辞した。そして、ジルベル・シュミット先生にも論文完成の報告に行って、喜ばれた。ジルベル・シミット先生初め細菌学教室員にも挨拶に行ったら、先生はわざわざクリンゲル助手を私の下宿に使いによこされ、ある夕、他の教室員一同と共に招待され、夫人はじめ大変なおもてなしを受けて帰宅した。

研究も済み、体も暇となったので、折柄チューリッヒへ遊びに来た同級生、筧繁《かけいしげる》君(プラハ大学でも一緒にいたし、またスイスで再会した)と共に、スイス国で有名な結核療養所のあるダボス[66]に行って、数か所の療養所を見学し、助手に案内されて、その建築の美、設備の完全、清潔、患者の規則正しい療養、食堂の立派(重症の患者、熱の高い者、喀血《かっけつ》患者などはこの食堂には出さない)なこと、欧州でも一流のホテルやレストランに匹敵する大広間の食堂。患者や訪問者の待合室等、大理石を使用した広大な、かつ美的なのには一驚《いっきょう》した。

ダボスはアルプスの続きにある高地で、私の行ったその時、既に山々には六尺以上の積雪あり、散歩の道は二間《にけん》位。しかるに、オーバーを着用しては暑過ぎる位温暖であるにも驚いた。案内してくれる助手の人々も皆親切である。この辺はドイツ語を主語としているが、日本人に対して少しも悪感情など持っていないのは気持ち良かった。

ダボス見学を終えて、フィーヤワルドステッテル湖の美しい景色を観賞し、湖畔（ルツェールン湖）のホテルで一泊、筧繁君と分れた。それから私はまだ時日があるので、アルプス山麓の美景を見物するため単身で、有名なる高山、ユングフラウ（処女峰と訳す）やウェッテルホルン、その他の山川を見物し、それから、これもまたスイスで有名なるトゥルネル湖畔の小都インターラーケンを見、さらにスイスの首都ベルン市やニューシャテール（時計の名産地）およびピールなどのホテルに宿泊して、これでまずスイスの一端を見たこととして、チューリッヒの宿に帰った。

66　ダボス（Davos）は、スイスの都市。現在の人口は約一万人。

❖兄俊二チューリッヒに来る

時は溯《さかのぼ》るが、私がチューリッヒに到着後、兄俊二とは数回書信を往復していたが、その翌年（大正四年）二月に兄から書信が届いた。朝鮮総督府から欧米出張を命ぜられ、アメリカ合衆国を経過して、イギリスかできればスイスの大学で研究をしたい旨、通報あり、さらにアメリカから書信あり、イギリスに渡る旨来信して来た。しかし、イギリスでの研究は何かと不便であるから、危難を犯してスイスへ向かう旨手紙が来た。

当時はドイツがまだ相当優勢で、殊にインド洋方面では、ドイツ軍艦エムデンが連合軍の船舶を多数撃沈して猛威を振い、英仏海峡（ドーバー海峡その他）及び地中海方面までドイツの潜水艦が連合軍側の船を撃沈するので、危険甚だしかった。日本の商船も数隻やられた[67]。兄俊二は、それでも幸いに乗船が撃沈を免れ、アフリカ沿岸をジックザックに航海して、イタリアのローマに到着することが出来た旨、ローマから電報が着いた。

大正四年三月初め、ローマから兄俊二の電報が私の許についた。「…日…時チューリッヒ着」と書いてあったので、その日私はチューリッヒの主駅に迎えに出たが、その時刻を誤らず正確に汽車が着いた。出迎え人はプラットホームに行くことは出来ないから、改札口で兄の来るのを見守っていた。二等室から赤帽（チューリッヒでは緑帽）に荷物を持たせてやって来た。毎日毎日白人の顔を見ていた私の眼には、兄の顔が黄色に光っているのですぐ分った。黄色人種と言われても仕方がない。全く黄顔で痩せた兄は、長の危険な旅行でさらにやつれ、いたいたしく見えた。改札口を出てからお互い健康を祝し合い、再会の喜悦《きえつ》に思わず両眼は濡れた。

直ちにハイヤーで私の宿に案内したが、室が狭いので、数軒離れた家の一室を借りることとし、旅装《りょそう》を解《と》いた訳だ。その日の夕食は、近所のレストランで兄弟食卓を共にし、一別以来の出来事や、兄の旅行の危険を聞いたり、またお互いに家族や母上の健康を聞いて時の経つのを忘れ、夜更けてお互いの宿に帰った。兄は、私が行方不明になった当時、母上や家族の心配、神仏への日参、加藤高明氏(当時外務大臣)の骨折りなどを物語った。それを聞いて私は全く感謝に堪えなかった。

兄は一週間ほどチューリッヒに滞在し、その間私はチューリッヒの日本名誉領事(チューリッヒ人)、チューリッヒ大学などを案内した。後にバーゼル市の大学病理学教授ヘーディンゲル(Hedinger)博士へ研究希望の書簡を送ったところ、直ちに来たれという好意の返事があったので、兄はチューリッヒ市をあとに再会を約して、バーゼルへ向け発足した。

67 そのため日本海軍は、一九一七年から、連合軍の要請に応じて駆逐艦数隻を地中海方面に派遣した。

兄俊二は、専門は外科で、特に甲状腺《こうじょうせん》の手術が得意であった。ヘーディンゲル先生の研究室での兄の主要研究は、甲状腺の癌、その他病理であったから、好都合であった。兄の滞在時日は短く、大正五年一杯には朝鮮総督府医院へ帰らねばならぬので、その勉強は私に優《まさ》るとも劣るものではなかった[68]。

しかし、二カ月か三カ月に一度は兄弟が相会《あいかい》して、近郊を散策する機会を作って楽しんだ。または、チューリッヒとバーゼルの中間駅で待ち合わし、ライン川上流にあるラインファル（ラインの滝）などを共に見物することもあった。ここでも相当の上流レストランがあって、昼食を共にし、また、来た中間駅で分れることもあった。バーゼル市はスイス国の西北端にある都市で、大学もあり、商業も盛んで、スイスの三番目の大都市である。ドイツ、フランスの国境に接しているので、戦時大砲の音はまるで太鼓を打つようで、窓硝子などひどく振動した。ライン川は、バーゼル市を貫流し、工業は発達し、世界でも有名な製薬会社がある。

兄の猛烈なる勉強は大正五年十月末頃には立派な論文を完成させた。ちょうどその頃、私の論文も終わったので、兄弟一緒に帰国しようかと話もあったが、戦争中ドイツ潜水艦の跳梁《ちょうりょう》が甚だしかったので、兄弟中どちらか一人は無事に帰国せねばならぬこととなり、私はフランス、イギリス、アメリカ経由、兄はイギリス、ノルウェー、スウェーデン、ロシア、シベリア経由で帰国することに話がまとまり、約一週間ほどの間隔で、私が十一月に出発することになった。

❖ミューレン君、ゲイヤール君

話は少し前に戻るが、私がチューリッヒ着後、ミューレン君やゲイヤール夫妻へ、クレーフェルトの捕虜生活中種々と世話になった御礼挨拶を出し、先方からも数回返事があって、私のチューリッヒ無事着を喜んでくれた書信があった。ミューレン君はその後戦争が激しくなった頃から、ぱったりと書信が絶えた。恐らくまたどこかの監獄へでも収容されたのではないかと心配したが、結局どうにもならなかった。

ゲイヤール氏（フランス人）からは時々音信があったが、一年あまり経って、私の研究も終わりに近付いた頃、ゲイヤール夫人からの手紙で、またゲイヤール氏が収容されることとなったこと、物価が高くなって、生活がだんだん苦しくなったことなどの便りがあったので、私は先年の恩義に報ゆるため、二百五十フランの金を送った。二百五十フランは、当時の日本の金にすると百二

68　植村俊二は一九一八年に東京帝国大学から博士号を授与されている。学位論文は「人及家畜動物に於ける松果腺の生理的構造及病的変化に就て」（独文）。

十円であるが、物価騰貴のドイツでは四千マルクか五千マルクにはなるだろう。しばらくするとゲイヤール夫人からは非常に感謝された返事が来た。

私も出来るだけのことはしたいが、論文のタイプライターや、出版、印刷代等にかなり多額の費用を要したので、貧弱な留学生の財布ではどうにもならなかった。日本人だけは釈放されて自由の身となっているが、フランス人、イギリス人、ロシア人、ベルギー人などは、ドイツ降服まで牢獄に収容されるのであろう。誠に気の毒で気がかりである。その後どうして生活して居らるるのかを気遣いながら、チューリッヒを出発し、帰国の途に就いた。

❖チューリッヒ市出発

いよいよチューリッヒ出発の日も迫ったので、かつて日本(札幌)出発前、ドイツ語会話練習のため、北海道大学予科のドイツ語教師ハンス・コーラー(Hans Koller)氏につき、ドイツ語会話を稽古して親密に交際した関係上、コーラー氏及び夫人からスイスのチューリッヒへ行ったらぜひコーラー夫人の家を訪問するように言われていた。その要請に応じ、チューリッヒ市の東北にある家を訪問した。かねてコーラー氏からも手紙が行っていたと見え、夫人の両親及び妹さんから迎えられて非常の歓待を受けた。私の訪問したのは、都合上午前であった。

持ち合わせの、日本出発の際よそから貰った絹ハンカチ、日本画の色紙数枚をお土産に差し出した。先方ではこれを大変珍しがり、かつ喜ばれた。昼食を御馳走になり、食後さらに、妹さんはピアノを奏せられた。こうしたことは、欧米諸国では非常な歓待である。

私は御礼を言って帰ろうとしたが、コーラー夫人の親御さんはわざわざ私をチューリヒ市経営の養老院及び小学校等、色々と案内して下さった。いずれも極めて清潔で、よく掃除が行き届き、老人や孤児の着衣なども垢のついていない、洗濯したての、きれいなもので、また人々の表情は明朗で、少しも憂鬱なところはなかった。小学校でも同様で、気持ち良く整頓され、殊に珍しく思ったのは、細工物や大工仕事、動植物の標本、物理化学の実験室の整備等、いずれも感心することばかりであった。日本の設備の貧弱など、とても較《くら》べものではなかった。また、建築も美的で、石造物またはコンクリート建てが多く、庭園も綺麗に設計され、とても日本の養老院や孤児院の間に合わせ式とは凡そ遠い隔《へだ》たりがあった。

私も色々と質問がしたかったが、余りに時間に余裕なかったので、先方の説明を聞く位で帰ったのは残念である。コーラー老人に厚く好意を謝して帰宿したのは、夕暮れ近い頃であった。帰路の途中及び日本に帰ってからも、御礼の手紙または絵葉書を差し出したのはもとよりである。

❖チューリッヒその他で眼に映じたことども

スイス国は、山紫《さんし》水明《すいめい》、風光明媚《ふうこうめいび》で世界一という評判である。殊に、国民の大部分は礼儀正しく、親切で、責任感、義務観念が強い。労働者風の粗末な素朴な者でも、往来では煙草をあまり吸わない。たとい喫煙することがあっても、その吸殻を往来のはじっこの方に捨てて、しかも火を靴で充分に踏みにじり消して行く。新市街の往来はアスファルト、旧市街は石畳になっていて、早朝人夫が往来を水ポンプで綺麗に洗い、紙屑一つ落ちていない。公園に行っても、ハイキングの場所でも、人々は紙屑や折り箱、その他果物の皮など皆新聞紙に包んで持ち帰り、日本に於けるように散乱させない。

「衣食足りて礼節を知る」と言うが、スイス国は戦争中でも中立を守り抜いて、物質は豊富にあり、物価は安く、生活は楽で、人々は皆質素《しつそ》倹約《けんやく》、勤勉精励《きんべんせいれい》であって、日本に見るように貧民《ひんみん》窟《くつ》はない。したがって、日本におけるような喧嘩、強盗、殺人、泥酔者等は耳にしない。私は満二年間チューリッヒ市に居たが、一回もこうした話を見聞きしたことはなかった。ある教養あるスイス人が、私に語ったところによると、二百余年前までは、スイス国民中にも、現在の日本における如く、人気は悪く、利己主義で、商人は暴利を貪り、殊に外国人を見ると、一層ひどかったそうである。しかし、為政者《いせいしゃ》や、国民の多くはこれではならぬと自省して、今日の住み心地の

◆植村の暮らしたチューリッヒの停車場通り
街路の並木の奥に見える建物がチューリッヒ駅。

良いスイス国を作ったのだそうだ。こうして社会道徳は振興され、社会衛生も著しく進歩して、病者は著しく減少したそうだ。刑務所も囚人あまりなく、がら空きであるそうな。宗教は主に新教であるが、動物愛護の念は日本人の想像も及ばぬところで、町の辻々には「輓馬《ばんば》をいたわれ」という札が掲げられている。馬車追いなどは日本のように馬の尻を鞭で打たない。ただ、革製の長いむちでアスファルトや石畳を打って坂道を登るだけである。

　日曜の午後、郊外に散歩して、大樹の下にあるカフェー、レストランでコーヒーを飲み、御茶菓子など食べていると、色々の小鳥がテーブルや人の肩、手等にとまって、お菓子を催促する。試しにカステラ、ビスケット、洋菓子の小片を与えると、喜んで食べる。日本の雀のように、決して逃げない。まるで小児が親の側で喜んで遊んでいるようである。私は、一度も犬の喧嘩を見たことはない。実に平和な国である。また、私は夜も必ず窓硝子を解放して寝るが、泥棒など一度も入ったことはない。もっとも、私のみならず一般人も窓を開けている。こうしたこともかの国で病人の少ない原因でもあろう。あえてスイスばかりではないが、一般欧米においては、客を招待する時は別であるが、二、三の知己、友人がレストランやカフェーで飲食する場合は、日本のように「おごる」と言うことをしない。めいめいが自分の飲食しただけの料金を支払うのが習慣で、決して他人の「ふところ」をあてにしない。従って、暴飲暴食もなく、相手に酒を無理強《むりじ》いしたり、強いられたりすることなく、自分の満足するだけ飲食すればそれでよいので、悪酔《わるよい》もせず、健康のためにも良い訳である。彼らの国では酒も楽しみに飲むというふうで、日本のように杯の献酬《さかずきけんしゅう》ということはしない。これも、街頭で泥酔者の醜態を見ない理由かとも思われた。

また、彼らが食卓に就く時、その談話は日本人の様に高声を発しない。向かいの相手に聞こえる程度でお互いに話をしている。また、笑い声も日本におけるように高笑いはしない。彼らは何事にも騒音を嫌う。食事中、ナイフやフォークで皿をがちゃがちゃさせない。極めて静かである。大きな声を発したり、ガチャガチャさしたり、また食べる時口内でむしゃむしゃと音をさせるのは、下品な人間のすることとして軽蔑する。スープを食べる時も、うどんを食べるよう騒音を発することも不作法である。これらは洋行する日本人の心得て置く行儀作法である。

私がチューリッヒ市で素人下宿にいて、朝昼夕三度その家の家族や下宿人と食事を共にしたが、朝だけは主婦が食事を部屋へ運んでくれるが、昼と夕食は皆一緒に食べる習慣である。そして、昼食は午後〇時半、夕食は午後六時半と一定している。実に正確である。これはどこでも守られている風習で、どの下宿人も之を厳守する。もし、自分の仕事の都合で守ることのできない者は、他の家で部屋だけ借りて、食事は自分の都合のよい時レストランで食べる。この習慣は、スイスでもドイツでもプラハでも、その他のどの国でも同様であるが、スイスでは特に下宿が多いから、この習慣は特に厳守されているようだ。それから、もう少し洋行する日本人の参考になることを書くと、私が洋行前買い求めたある欧米漫遊記(某氏著)に、文明国中で日本人ほど便所を汚す者はないという記述がある。

❖スイスを出発

大正五年十一月にチューリッヒ市を発し、ベルン市に一泊。翌朝フランス行きの汽車に乗って一路日本に急ぐのである。戦時中、フランスの汽車も乗り換え乗り換えで案外に暇取り、パリに着いたのは翌朝であった。パリの駅にはかねて電報で頼んでおいた老日本人、杉山氏が迎えに来てくれていた。この杉山老人は元軍人で、明治の初年、日本人の軍人中優秀であった。杉山氏をフランスに留学させたが、途中軍人がいやになって一平民としてフランスに帰化し、フランスの婦人と結婚し、以来数十年パリに住していた。現在は、世界の漫遊者(日本人)、画家、その他留学者のパリに出入りする人々の案内者となって来たのである。

私は、戦時中永くフランスに滞在することは困難であったので、朝パリ着、一日中ハイヤーでパリ中を杉山氏の案内で見物し、その日の晩にはもうパリを出発することにした。それは、一晩でもパリに泊れば在パリのイギリス領事館、アメリカ領事館、パリの警察、その他の役所で旅行証明に捺印して貰うため、十日間はパリに滞在せねばならぬからである。パリで感じたことは、朝パリに着き駅のホームから往来に出るのに階段を昇るに、エスカレーターで、脚をのせたまま改札に出られる都合の良い仕掛けであった。後年、日本でもデパートにエスカレーターは出来たが、パリでは既に三十年前に出来ていたことである。

その夕刻、杉山老人に見送られてパリを出発、英仏海峡に向った。車中、隣席のイギリス人の一老婦人が色々と英語で話しかけた。しかし態度は穏やかで丁寧である。フランスは気に入ったかとか、パリはどうであったかとか、美術館は見たかとか、フランスの田舎はどうかとか、英仏海峡はドイツの潜水艦が攻撃しているからすこぶる危険であるとか、自分は永くフランスに住んでいたが、今度都合でロンドンへ行かねばならぬとか等々、問わず語りに色々と物語った。

私は英語の会話は大変下手であったが、クレーフェルトの抑留中、イギリス人コッカー氏と会話を交わしたおかげで、片言ではあったがともかく、我言葉(英語)をその婦人はよく理解した。その日の夜半、英仏海峡の港に着いて一応の荷物検査を受け、連絡船に乗り込んで船室に入った。多くの旅客はドイツ潜水艦艇《せんすいかんてい》の襲撃を憂えて、皆甲板に居たが、私は今まで幾多の危険に遭ったが、幸運にも皆無事に難を逃れたので、この航海も無事であると自信をもって、船の寝室でぐっすりと寝込んでしまった。

眼を覚ませば既に朝である。急ぎ顔を洗い、口をいすぎ《ママ》、服装を備えて甲板に出ると、先夜車中で隣席した婦人はいち早く私を認め、まあお互いに無事でよかったと、さも安心して幸運を喜んでいた。婦人はさらに私に向かって、他の船客から先々夜、連絡船がドイツ潜水艦に撃沈され、大部分の乗客は死亡または行方不明になったことを聞いたと話した(私の乗った船から一つ後れてフランスを出た船も撃沈された)。

船は間もなくロンドン近くのある港に安着した。早速婦人に次いで上陸したところ、イギリス官吏は、

「貴君は日本人ですか、ちょっとこちらに来て下さい。」

と言いながら、部下の人夫に私の荷物全部を一室に持ち来たらしめ、型の如く、旅行証明、各領事の旅行許可書荷物全部を調べ、さらに言葉はごく丁寧ではあったが、

「どうか貴君のオーバーをぬいで下さい。」

とオーバーの各ポケットを入念に調べ、さらに。

「誠にすみませんが、上着とチョッキも脱《ぬ》いで下さい。」

と述べて、そのポケットを同様に探し調べた。私はもうよいのかと思って、上着等を着ようとしたら、官吏は、

「ちょっと待って下さい。御気の毒ですが、貴君のズボンを脱いで下さい。」

これも同様綿密に調べ、さらにシャツ、ネクタイ、ズボン下や下帯《したおび》（ふんどしのこと）までもよくふるって、何か秘密のものがないかとご丁寧に調べ、何物も疑うものもないので、

「どうも済みませんでした。」

とおじぎをした。私は少なからず不快を感じたが、戦時中、外国人に対する政府からの命令であるかと思って我慢をした。そしてさらに私に向かって、一枚の紙片を渡した。その紙片には、

「私の姓名、年齢を書いた上、00日の00時に00街00番地の警察署へ出頭せられたし」と

記してあった。

私は調べの済んだ後、荷物と共に自動車で日本人経営のホテルに着いた。そこでようやく朝食にありつき、お午《ひる》過ぎまで寝込んでしまった。実際、ベルン出発以来乗り換え乗り換えで疲れた上、一日で杉山老人の案内でパリを一巡し、汽船や車にゆられながら、かなりの疲労を感じていたためである。眠りから覚めると、書物、衣服入りのトランク二個を早速、日本郵船会社ロンドン支店へ運び、アメリカ経由で東京芝葺手《ふきで》町《ちょう》櫻井方へ送り届けるように依頼し、横浜までの二等切符を買った。

指定の日、指示された警察署に出頭した所、早速係の者が面会し、今迄居た所、旅行の目的などを詳細に尋ね、もちろん旅行免状も調べた上、貴君は今後二週間このロンドンに留まらねばならぬ、かつ書籍（全部医書）やその他の荷物は一切イギリスから持ち出してはならぬと言い渡した。しかし、私は横浜までの切符を買い求め、シアトルからの乗船の日も決定していたが、度胸を決めて、よろしいと答えてホテルに帰った。数日間ロンドンを見物した後、普通列車で（警察には何も言わずロンドン発）リヴァプール近在の結核病院に勤めていた小田部荘三郎君を訪問。その医局員室で一泊、翌日小田部君に送られて、リヴァプール着。昼食後、私は小田部君と別れ、単身米国汽船でニューヨークへ向け出発した。

❖イギリス及びイギリス人の思い出

イギリスは、種々の書物に、その国体やイギリス人の気風につき書き著《あらわ》されているので、改めてここに書く必要もないが、私の受けた印象は、建築物は概ね赤煉瓦でどっしりとしたもので、一見いかにも老大国であることを思い起こさせる。街路は、多く広く、平坦で、日本のようにでこぼこの多いのと全く違う。各所に小公園を設け、小児や老人の休憩所、遊び場となって、見るからに気持ちが良い。また、ロンドンには、大公園（ハイドパークの如き）があって、日曜日には老若男女が楽しそうに語り合う様や、一片の紙屑もなく、綺麗に掃除の行き届いているのを見ると、全くドイツやスイス同様で、日本の公園で紙屑や折り箱、新聞紙が散乱しているのとは全く違い、見るも清潔で、その国民の教養や心掛けの良いのが忍ばれる。ある日私は、試みにロンドンのバスに乗ってみた。乗客は相当に多く、婦人、子供は皆腰を掛け、若い男子は皆、釣革につかまって立っている。途中少し車が揺れて、私の肘が隣の男の子の肘にふれた所、先方の男は直ちに私に向かって、「ごめんなさい」と言った。日本ならば、殊に不良仲間でもあるなら、「気を付けろい」位のことで、喧嘩が始まる所かもしれぬ。

私の短時間の旅行中接したイギリス官憲は、何れも氷の如く冷静で、親しむことの出来ないような印象を受けた。しかし、個人としてのイギリス人は、実に親切であった。商店で土産を買うにも、人をそらさぬ親切を示す。品物も粗製乱造でなく、良く出来ている。

ロンドンを発って、小田部荘三郎君を結核療養所に訪ねるため乗った汽車中でも、何事もよく世話をしてくれ、また、下車すべき駅を聞くと、誰も彼も丁寧に教えてくれる。汽車は三等に乗ったが、当時の日本の二等と同様であった。小田部君を訪問後、再び近くの駅に来て、ワイシャツが汚れたので、新しいのを買うため店に入ったが、店員は愛想良く、このワイシャツは良く見えるが品は悪いとか、このワイシャツは見かけは悪いが極めて丈夫で長持ちするとか、実に至れり尽くせりで、旅行客に好感をもたせる。日本人ほど他人におせっかいでなく、他人の悪い噂をしたり、また他人の噂を気にしない。また、教室の研究室において、他の研究生があやまちをしても、見て見ぬふりをして、決してとがめない。大分日本人とは違った所がある。

❖大西洋の航海

航海は一等に限る。二等となると下等の人間が多く、待遇も一等とは格段の違いがある。航海には何を倹約しても一等に乗るべきである。船室も食堂も甚だしく悪い。

大西洋では、乗船数時間後、非常な暴風雨(台風)に襲われ、一万トン以上の船も木の葉のように揺れ、乗客は皆船酔いで、食堂に出る者は極めて稀であったが、私外数人が欠かさずに出たのみであった。

テーブルの周囲《まわり》には木の枠をはめ、食物の皿が床に落ちぬようにし、人々は皆、食卓に左手でつかまって右手で食べるのであった。

❖アメリカで野口英世博士に面会する

大西洋での乗船はひどく揺られながら、十日あまりで無事にニューヨークの波止場に着いた。驚いたことに、この波止場には一万トンから五、六万トン級の大船が沢山横着けになっていた。上陸はレディーファーストの米国だけに、まず婦人が先に上陸、次いで老人、男子という順序である。改札の後、医務室らしい所でまず瞼をひっくり返して、トラホームの有無を調べる。ＯＫで手さげ荷物と共に車で日本人経営のホテルに入る。これはやや安価なのと気楽のせいもあるからである。

車の多いのは、ロンドンでは番号十万台以上が大分であったが、このニューヨークでは、数十万台の番号が沢山あって、市中は車に乗るより歩いた方が早いというぐらいである。

ニューヨークでブラブラ日を費やすのも無駄と思い、ロックフェラー研究所で有名な日本人・

野口英世[69]という大学者が居られるので、一度その風貌に接したいと思って、出かけた。しかし、この野口博士は勉強に忙しくなかなか無名の訪問者には面会されぬということをかねて聞いていたが、当ってくだけろと思って訪ねてみた。名刺を取り次ぎの人に出すと、案外にも野口先生は私を迎えて会って下すった。そして自ら先に立って研究所を全部案内して頂いたのは光栄であった。なかなか無名の訪問者、殊に日本人には面会されない先生が、かくも上機嫌で懇切丁寧に自ら案内されたのは不思議に思われたが、案内中、私がプラハやチューリッヒの細菌学の教室で作った副論文(小さいもの)をイギリスの雑誌やアメリカの雑誌等に発表した内容をよく記憶され、それについて色々と質問されたし、私もこれについてよく説明した。こんな自分のつまらぬ論文をよく先生は読んでいて下すったことを感謝した。後日、かくの如き国宝と申すべき大学者が、アフリカで黄熱の研究中伝染されて、空しく没せられたことは、実に世界医学のため、惜しみても余りあることで、痛恨の至りである。

ワシントンや、ボストン市等も見物したいと思ったが、旅費の関係上中止の止む無きであって、

69　一八七六〜一九二八。黄熱病や梅毒の研究で知られる医学者。当時正所員としてロックフェラー医学研究所に勤務。

約一週間ニューヨークに滞在の後、ナイヤガラ瀑布（滝）見物に出かけた。

❖ナイヤガラからシカゴへ

夜行でナイヤガラ行きの列車の寝台へ乗り込み、翌早朝、ナイヤガラ着。ホームから改札口を出ると、クック会社の社員が来て、ナイヤガラ滝を見物一周し、カナダの一部分を見る切符を買わないかと言うので、五ドルでこれを求めた。まず電車に乗って、ナイヤガラを横からまた眺め、さらに大きな橋を渡って正面からその偉大なる容姿を見て、ただただその大きさに驚くばかりである。橋を渡ってしばらく滝を眺め、さらに公園で小息しているともう正午である。この公園は、カナダに属する。昼食後、又電車に乗ってぐるぐるとあちらこちらを見物し、ナイヤガラの駅に着くともう夕刻である。

晩食せんとしてあるレストランに入り、腰をかけ給仕の来るのを待っていたが、誰も注文を取りに来ない。しかも向こうで小さい聲で「ヤップ　ヤップ」[70]というのが聞こえる。不快であったから、二、三軒おいたレストランに入ったら、そこでは気持ち良く注文を取りに来、かなり上等の食事をすることが出来た。

それから、シカゴ行きの夜汽車に乗った。翌朝起きるとシカゴ着。かねて電報で知らせてあった仙台、東北大学教授の関口氏、外一人が出迎えに来ていてくれた。この二人の案内で朝食をすまし、それから世界一というデパートや、世界一の屠殺所へ別の汽車で出掛けた。この屠殺所はシカゴ郊外にあって、汽車の両側見渡す限り牛が柵の中に充満している。なるほど世界一である。汽車で約十五分も行くと屠殺所に達する。ここには世界漫遊の人々が見物に来るので、まず玄関で名刺を通し、待つこと三十分。案内人が現れて「お待たせしました。ご案内いたします。」と言って、まず見たのは豚を殺す所で、右手の方から無数の豚が人夫に追われてやって来る。するとそこには大きな、熱せられた円板がぐるぐる回転している。その下に一人の人夫が豚の脚にいわえられた鉄の鎖を引っかける。豚は、たちまち円板で鎖について上方に昇り、また下方へ降りる。その間に豚の毛は、すっかり焼き取られる。すると円板の下の左にまた一人の人夫がいて、右の腕を上げたり下げたりして、短刀様のもので、豚の頸動脈を刺す、血は流出し川のようにながれて行く。豚は鉄の鎖についたまま、右方に送られ、遂にハムになるのである。一日に屠殺される豚の数は、実に数千頭であるそうだ。

それからまた案内人に導かれて行くと、その下にはまた無数の牛が無蓋の貨車で送られている。

70　Jap（日本人に対する蔑称）の意と思われる。

上から人夫のために額に一撃を受け、もんどり打って倒れ、貨車からおろされ、また頸動脈を切られて、また片脚が鉄鎖で上がり、吊り下げられた環にかられ、逆さになって直ぐ鋸《のこぎり》で牛の体は縦に二つにされる。その操作の早いこと。全く人間業とは思えぬ位である。この見物がすむと、我々の一団は、別室に案内されて休息する。

間もなく、バターを厚くぬったトーストとコーヒー、絵葉書数枚が食卓に置かれた。このトーストパンは私にとってはゆうに昼食に充分であった。この屠殺所を辞して自分のホテルに帰り、夕景には再び関口教授外一人とシカゴ市内の大レストランに案内され、エレベーターで数階昇り、レストランの前でエレベーターから降りた。「アメリカのエチケットでは、ホテルやレストランのエレベーターには二方に腰掛けがある。その腰掛けに婦人がいなければ男子も腰掛けてよいが、もし一人でも婦人が入って来たら、男子は一斉に立ち上がり、直立して脱帽するのである。」と関口君に教えられた。ただし、デパートではそんなことはしなくともよい。これはヨーロッパ各国では決してしないことである。レディーファーストのアメリカだけのことであろう。

エレベーターの扉が開いて廊下に出ると、向こうに兄俊二が同時に向こうのエレベーターから出て来るではないか。私は兄俊二がこんなに早くシカゴへ来たのかと驚きながらよく見ると、正面は一面の鏡で、兄俊二と見えたのは私自身の姿であった。いかに兄弟とはいいながら、よくもこう似たものだと思った。ここで三人食を共にし、さらに繁華街でオペレッタ（オペラに滑稽な笑談を交えて客を笑わせるもの）を見物し、ホテルに帰る。

翌朝、関口君等に送られて、シカゴを発し、一路アメリカの西海岸シアトル港へ向かった。シアトルと日本着の後、関口君等に礼状を出したのはもとよりである。シカゴからシアトルまで急行寝台（この寝台車には料理室が付いている）で、二日目の夕方に日本人経営のホテルに着いた。行けども行けども実に広大な原野か畑で、人家は少数の町、村を除いては極めて稀である。実にアメリカの大きいこと、驚くばかりである。ロッキー山も知らぬ間に越えて、シアトルに夕刻着、ホテルから迎えの車で、直ちにアメリカで最後の宿に入った。シアトルで一夜を明かして、翌日午前、デパートで簡単な土産を買い、午後日本郵船会社の二等船室に乗り込み。いよいよ太平洋から日本に向かった。

❖太平洋

シアトルを出帆する頃は風もなく、海上も至極穏やかであったが、カナダのビクトリア港を過ぎてから急に空は曇り出し、波もだんだんと大きくなった。郵船会社船の航路は、シアトルから北上し、カナダの西に沿い、アラスカの南を西に向かい、アリューシャン列島の南を通って千島の東に来り、それから南下、東北地方の東を通過するのが最も近いのだそうだ。

アラスカ、アリューシャンの南では、既に十二月に入っていて実に寒かった。またまた台風で、波濤《なみ》の波長は実に二、三町もあろうかというほどで、暴風は物凄い音を発した。一万トンの船も全く木の葉のように漂い、波は高く、甲板も水浸しで、船客も船員も生きた心地はしなかった。船首にある船員が昇降する鉄棒のはしごも、波のため飴のように曲がったくらいで、大きな波が来るたびに、もう沈没するかと思われ、船客は生きた心地はなく、皆船酔いで倒れてしまった。船に強い私の他二、三名の者がようやく食堂に出るくらいであった。

この暴風雪は大西洋より一層強かった。甲板は凍って歩行も困難であった。かくして、台風のため、大波に翻弄《ほんろう》さるること約二週間、仙台辺りと思わるる海上に来た時、ようやく風波穏やかになり、福島県の東方海上に達せる頃は、空に青空が見え出し、数隻の日本人漁船(八丁櫓位)が勢いよく出漁するのを見ると、いよいよ懐かしの日本に無事に帰ることが出来たと安心した。

夕刻近く横浜に入港。規定の検閲を受けて桟橋に上陸。櫻井一家、常磐の出迎えを受け、一同無事を祝し合い、小憩《しょうけい》の後、夜になって汽車、自動車で櫻井家に入る。

❖帰国

こうして私は満三年にわたる世界一周旅行を終えたのである。翌日は、四谷の兄俊二宅に母琴子、兄(兄もつい先ほどイギリス、デンマーク、スウェーデン、フィンランド、ロシア、シベリア、朝鮮などを経て、帰国したばかりであり、間もなく京城へ帰任する)、兄嫁孝子を訪れて、互いに無事を喜び合い、皆さんに御心配をかけたことをお詫びした後、食事を共にして、夜櫻井邸に帰る。

それからさらに、加藤高明氏宅、服部三樹之介《みきのすけ》氏[71]、その他、青山先生[72]および友人、知己を訪問し、殊に加藤高明氏には、ドイツ抑留中の御配慮を謹謝した。一週間後、札幌へ帰任し、市立病院職員、その他多数の出迎えを受けて、南一条東三丁目の自宅に着いたのは、十二月も早暮れに近い頃であった。

71　加藤高明の兄。日本銀行勤務を経て、愛知銀行頭取。
72　青山胤通。植村の東京帝国大学時代の恩師。

◆植村・櫻井家家族写真
1909年（明治42年）11月21日。尚清が札幌市立病院の内科医長として
赴任する際に撮られた記念写真（本書134〜135頁参照）。
前列中央に尚清・常磐夫妻が着座する。
尚清の二人右隣が母・琴子である。
尚清・常磐の間に立つ後列中央が常磐の父・櫻井郁二郎。
その左が尚清の兄・俊二。
櫻井の右隣に立つ尚清の従兄・服部三樹之介は加藤高明の実兄に当たる。

おわりに

本書もまた、多くの方々との出会いに恵まれて世にあらわれた。最後に、ご縁をいただいた方々への感謝を込めつつ、本書の来歴をご紹介したい。

私が初めて、第一次世界大戦勃発時の在ドイツ日本人の存在に着目したのは、最初の著作となる『加藤高明と政党政治』（山川出版社）の執筆準備を進めていた二〇〇六年である。当時私は、大正期の政治家・加藤高明に関する一次史料を求めて東奔西走しており、その過程で加藤の母親の出身地である愛知県海部《あま》郡蟹江町を訪れる機会を得た。蟹江町立郷土資料館の伊藤和孝氏と共に近在の墓地や古記録を調べるうち、同町から新選組に身を投じた佐野七五三之助《しめのすけ》（一八三六～一八六七）なる人物が、加藤の母方の伯父であることが判明した。それまで加藤と佐野の関係は地元でも全くと言っていいほど知られておらず、私自身、まさか首相まで務めた政治家の身内に新選組隊士がいるとは思ってもいなかったので、たいへん驚いた。

その後、伊藤氏から、加藤の母方の従弟に植村尚清《ひさきよ》という医師がおり、その後裔の方々

――尚清長男・尚寿《ひさとし》夫人の植村朋子さん、およびそのご令嬢の石田由美子さん、花谷裕紀子さん姉妹――が佐野の事績を調べていると伺い、蟹江町を再訪した際にお引き合わせいただいた。植村さんは尚清が残した史料を大切に保管するのみならず、一家に伝わる加藤や佐野のエピソードも鮮明に記憶されていた。加藤高明は日本政治史上の重要性に反して、書簡や日記といった一次史料が乏しいことで知られる政治家である。特にその人間性を伝えるエピソードが少ないことから、研究にはたいへんな困難を伴ったが、植村さんからさまざまな史料を見せていただき、お話を伺うことで、私は以前から抱いてきた加藤に対するイメージを、より豊かなものにすることができた。このように、植村さん母娘からは著書の執筆にあたって一方ならぬお世話になったのだが、その知遇を得るきっかけが佐野という、維新を前に非業の死を遂げた新選組隊士であったとは、何とも奇縁としか言い様がない。

著書の執筆に一段落をつけた頃、植村さんから、尚清が第一次世界大戦勃発時にドイツで抑留された経験を綴った手記を残していることをご教示いただいた。それまで私は、第一次世界大戦期の政治・外交を勉強していながら、当時ヨーロッパにいた日本人のことはあまり意識しておらず、関連する情報や知識もほとんど持ちあわせなかった。興味を引かれ手記を見せていただいた私は、一見してその「面白さ」に驚かされた。

「面白い」と言っては、いささか不謹慎の誹《そし》りは免れまい。なぜならその手記は、大戦が勃発した際にたまたまドイツに滞在していた尚清が、三ヶ月近くにわたって抑留された経験を綴った、いわば苦難の記録だからである。しかし私には、この手記は、一個人のプライベートな体験を越え、日本人が記憶しておくべき数多くの貴重なエピソードを含んでいるように思われた。

第一次世界大戦中、日本で収監されたドイツ人捕虜については多数の研究が存在する。大戦中にドイツの租借地・青島《チンタオ》で捕虜になったドイツ人たちは、日本にやってくると比較的自由な待遇を与えられ、期せずして日本にさまざまな技術や文化を伝える役割を担った。日本で初めてベートーベンの第九を演奏したのも彼らだったと言われており、このエピソードは「バルトの楽園《がくえん》」のタイトルで二〇〇七年に映画化された。

他方、同時期ドイツにいた日本人については、従来ほとんど知られるところがなかった。振り返れば日本は、明治維新以来、法学、医学、化学、軍事学など様々な分野でドイツから多くを学び、大量の留学生や視察者を送り込んできた。第一次世界大戦勃発時にも、多くの俊英がドイツで学んでいたはずであるが、彼らがそのときどのような経験をしたのかは、あまり伝わっていない。尚清の手記は、一医師の目を通して、大戦勃発直後の緊迫したドイツの情勢をリアルに記録しており、日本とドイツの関係を考える上でも、また日本人の大戦経験を考える上でも、きわめて興味深いと考えられた。

私は植村さんにお願いし、さっそく手記の読解と関連資料の収集に取り組むことにした。幸いなことに、手記の読解、原文を翻刻し、草稿を作る作業には花谷さんが協力してくださった。また同学の後輩である森靖夫氏(現同志社大学)は、草稿のタイプ打ちを手伝ってくれた。

並行して私は、外務省外交史料館や防衛省防衛研究所図書館での調査を開始した。しかし現在のようにインターネットでの史料公開が進んでいなかったため、何度も上京し、これはと思うファイルを片っ端から閲覧するしかなかった。幸いにも関連資料が少なからず残されていたため、調査は思いのほか順調に進んだ。こうしてできあがったのが、論文「第一次大戦勃発時のドイツにおける日本人「捕虜」」である。同論文は、徳島県の鳴門市ドイツ館が事務局となって発行している雑誌『「青島戦ドイツ兵俘虜収容所」研究』第四号に掲載していただいた。掲載を快諾してくださった「青島戦ドイツ兵俘虜収容所」研究会および田村一郎先生(元鳴門市ドイツ館長)に感謝申し上げたい。

上記の論文を二〇〇六年に発表した後、手記の出版を石田さん、花谷さんに申し出たところ、快くお許しいただいた。しかし、第一次世界大戦時の日本人抑留者についてはまだまだ不明な点も多く、論文のブラッシュ・アップには思いのほか時間がかかった。特に、大戦時にヨーロッパ各地で発生した膨大な数の捕虜や抑留者たちが、どこで何をしていたのかよく分からず、その研究動向を知る必要があった。また、実際にドイツに行って尚清の足跡を辿ってみたかったが、なかなかその機会を作ることができないまま、五年近い歳月が経過してしまった。

ただ、いま考えると、結局、時間をかけたことが幸いしたように思う。というのも、私はその後さらに多くの僥倖に恵まれることになったからである。

第一の幸運は、この間に第一次世界大戦期の抑留者に関する研究が急速に進展したことである。欧米では従来から、第二次世界大戦期の捕虜・抑留者に関する研究は活発に行われてきたが、戦闘員が捕虜になったケースや、ナチスやソ連による強制連行のような特定の事例に関心が集中しがちであった。わが国の捕虜・抑留者研究にも、同じような傾向があった。しかし近年、欧米ではこれまであまり顧みられなかった第一次世界大戦期の捕虜研究が増え、欧米、日本双方で民間人抑留者に焦点をあてた研究も進展した。私は、こうした新しい研究潮流の把握に努めた。

特に大きかったのは、二〇〇七年にロルフ＝ハロルド・ヴィッピヒ氏（元上智大学）の論文「一九一四年のドイツにおける日本人の抑留および強制送還」がドイツの学会誌に発表されたことである。有難いことに、畏友梶原克彦氏（現愛媛大学）が、わざわざこの論文を翻訳してくれたおかげで、ドイツ語に不自由な私もドイツが日本人抑留者をどのように扱ったのかを知ることができた（この論文には、ドイツの警察資料に基づく植村尚清への言及もある）。

第二の幸運は、第一次世界大戦を共同で研究するさまざまなプロジェクトに参加させていただいたことである。大学院時代の指導教授・伊藤之雄先生（京都大学）からは、折に触れ貴重な示唆を賜ると共に、原敬に関する共同研究を通して、第一次世界大戦の時代を再検討するきっかけをいただいた。小林道彦先生（北九州市立大学）からは、「内田康哉関係文書」の整理・出版をご一緒する中で、様々なご教示を頂いた。この場を借りて、改めて感謝申し上げたい。二〇〇九年からは、京都大学人文科学研究所が主催するプロジェクト「第一次世界大戦の総合的研究」に加えていただいた。私はこの研究会に参加することで、大戦研究の「最前線」を知り、まがりなりにも自分の研究を大戦研究の文脈の中に位置づけることができるようになった。また、本書のテーマについて報告する機会を与えていただくのみならず、参加された諸先生方から秀逸なコメントまで頂戴した。特に、山室信一先生、岡田暁生《あけお》先生、小関隆先生、久保昭博先生（以上京都大学）、早瀬晋三先生（大阪市立大学）、大津留厚先生（神戸大学）、藤原辰史氏（東京大学）、井上裕美氏（人文書院）に厚く御礼申し上げる。

第三の幸運は、二〇一一〜二〇一二年にロンドン・スクール・オブ・エコノミクス（LSE）の国際関係史学部で在外研究を行う機会を得たことである。ロンドンでの一年間は非常に充実したものだった。特にLSEの受け入れ教員であるアントニー・ベスト（Antony Best）先生、イアン・ニッシュ（Ian Nish）先生からは、イギリス外交史の伝統、新しい国際関係史の方法論について、デービット・スティーブンソン（David Stevenson）先生、ヘザー・ジョーンズ（Heather Jones）先生からは、第一次大戦研究の新潮流について、またドイツと日本の捕虜待遇の比較研究を行っているマハン・マーフィー（Mahon Murphy）氏（LSE博士課程大学院生）からは、本研究テーマに直接関わる様々なことをお教えいただいた。深謝申し上げる次第である。

この在外研究中には、念願のドイツでの調査も行うことができた。尚清が滞在した全ての町をめぐることはできなかったが、フライブルク、クレーフェルト、リンダウ、さらにはスイスのロールシャッハ、チューリッヒと主な街を訪問し、いくつか貴重な史料を見出すことができた。各地での調査に際してお世話になった方々、とりわけイアン・シュミット（Jan Schmidt）氏（ボーフム大学）、トーステン・ウェーバー（Torsten Weber）氏（フライブルク大学）、クリストフ・ヤー（Christoph Jahr）先生（デュッセルドルフ大学）、マイ・ハートマン（Mai Hartmann）さん（ボーフム大学博士課程大学院生）、ヨアヒム・リラ（Joachim Lilla）氏（クレーフェルト市文書館）、福本敏也氏（酪農学園大学）に、心からお礼を申し上げたい。

本書の取り扱うテーマは一見マイナーかもしれない。しかし想像以上の奥行きと広がりを持っていると思われる。巻末の表をご覧いただければ分かるように、第一次世界大戦勃発時にドイツにいた日本人は、外交官、軍人、実業家、学者、医師、エンジニアなど、当時の日本を代表するエリートたちであった。本文でも述べたが、これは当時の日本がいかにドイツから多くのことを学んでいたかを反映しており、彼らの存在自体が日独交流の歩みを体現している観がある。このときドイツでどのような人々が何をしていたのか分析することで、日独交流史や日本人の留学史上、興味深い知見が得られると思われるが、本書はその端緒の紹介に過ぎない。今後さらに調査を続けていきたいと考えている。また、第一次世界大戦中にフランスやイギリスをはじめ、ドイツ以外のヨーロッパ諸国に滞在していた日本人についても、ほとんど言及することができなかった。彼ら在欧日本人がどのように大戦を受容し、その経験を日本に持ち帰ったのか。これを明らかにするのも、これからの研究課題である。

さらに言えば、本書で紹介したドイツにおける日本人抑留の事例を、第一次世界大戦以後の世界的な民間人抑留者の待遇の変遷の中に位置づけることも今後の課題であろう。本書の執筆中、私はしばしば祖父のシベリア抑留経験、祖母の樺太からの引き揚げ体験を思い起こし、太平洋戦争期の捕虜や抑留者のことを考えざるを得なかった。太平洋戦争勃発後、わが国では多くの外国人が監禁され、不自由な生活を余儀なくされたり、最終的に日本から退去を命ぜられたりした。他方、アメリカ、イギリスなどにいた日本人が、財産を没収され強制収容所に入れられるなど、苦難の生活を送ったことも広く知られるとおりである。二〇世紀前半の総力戦の時代は、捕虜や民間人抑留者の存在抜きには考えることはできないが、その学問的検証は十分とは言えない。本書が、今後の研究のささやかな礎になればと願っている。

最後に、厳しい出版事情にもかかわらず刊行を引き受けて下さり、周到な編集作業をしてくださった千倉書房の神谷竜介氏に感謝の意を表したい。本研究は、科学研究費補助金（「英米における日本政治観の形成と変遷」若手研究B、二〇〇六〜〇八年度、「日英同盟の衰退過程に関する実証的研究」若手研究B、二〇一一二年度）による助成を受けている。イギリスでの研究にあたって、村田海外奨学会から手厚い支援を頂いたことは大きな助けになった。また、本書刊行に対しては、京都大学から、平成二四年度京都大学総長裁量経費として採択された法学研究科若手研究者出版助成事業による補助をいただいている。記して感謝申し上げたい。

本書を、研究に追われる筆者をいつも温かく見守ってくれる家族にささげたい。

奈良岡聰智

二〇一三年二月　ロンドン南郊ノーブリーにて

氏名	職業、渡航目的	のちの主な肩書き
松井甚四郎	医師	開業医
森田資孝	医師、留学	ノーシンの開発者
山川春吉		
山田金太郎?		

附 ハンガリー在住の日本人 6名

赤石孔	競馬騎手
オサダサンペイ (Osada Sanpei)	芸術家、妻子同伴
Mesko Paulina	オサダサンペイの妻
Osada Jules	オサダ サンペイの子
ワタナベ ヘイサキチ (Heisakichi Watanabe)	料理人、妻同伴
中村キセ	ワタナベヘイサキチの妻

【凡例】

1. 「身元証明書下附書」(1914年11月5日付加藤高明外相宛船越光之丞駐独代理大使書信添付別冊「欧州日独戦争ノ際在外公館及本邦人引揚一件」二巻、「外務省記録」5.2.1.24 外務省外交史料館所蔵)、「在独本邦人移動調査表」(同三巻) に基づいて筆者作成。同一〜三巻所収の各文書も参照した。
2. 外交官、軍人については、役職、階級を勘案して記載した。その他は、五十音順に記載した。ただし、家族の者は夫 (父) の欄にまとめて記載した。
3. 職業、渡航目的は、上記資料の記述を尊重しつつ、読者の分かりやすさを優先して、筆者が適宜修正し、表現の統一を行った。?は不明確であることを示す。空欄は不明であることを示す。
4. 職業、渡航目的、経歴については、上記の他に各種資料を用いて調べたが、出典は省略する。

表4◆第一次世界大戦勃発後にドイツから退去した日本人一覧 420名(つづき)

氏名	職業、渡航目的	のちの主な肩書き
森愛	料理人、留学(料理研究)	
山県辰吉	無職、留学?(農林学術研究)	
山田浩二	ビリヤード選手、留学(語学研究)	初代撞球名人
山本祐作		
横田清松	留学(経済学研究)	
横田信雄		
渡井敏治	留学(経済学研究)	

附 オーストリア在住の日本人 22名

飯岡タツ雄 (井岡忠雄?)		
石原正次	医師?	
井上文蔵	医師、留学	東京帝国大学医学部講師
浦野多門治	医師、留学	大阪回生病院部長
小野寺直助	医師、文部省留学生	九州帝国大学医学部教授
筧繁	医師、留学	岡山医科大学教授
加藤豊次郎	医師、留学	東北帝国大学医学部教授
熊谷直樹	医師、留学	新潟医科大学教授
神津叔裕		
柴一雄	農商務省海外実業練習生 (印刷、製版並ちょう具用材料製造業)	大阪朝日新聞印刷局顧問
進藤得一		
瀬川昌也		
土居禎夫	山林技師(農商務省海外実業練習生)	三井物産木材部主任
中島駒次郎		
中村厚次郎		
中村ノブ		
西尾敬次郎		
橋本正一		

氏名	職業、渡航目的	のちの主な肩書き
千葉秀甫	著述業、三浦環を追って渡欧	1914年12月病死
戸口宣雄	水夫	
徳見卯七郎		
長井エルザ	女中?	
鍋島直縄	侯爵鍋島直大の四男、留学(林学研究)	貴族院議員、百六銀行頭取
新村信太郎	留学(窒素研究)	
西村貞(定)雄?		
橋本熊喜	料理人	
花岡信		
早川隆助	留学	
林雪枝	女優志望、曾我廼家五郎に同行	
原太三郎	留学(経済学研究)	
平野光五郎	留学(海外実業練習)	
藤井廣吉	軽業芸人	
藤村仙一	留学(機械工学研究)	
逸見知久	侯爵前田利為(陸軍中尉)従者	侯爵前田家理事
松井繁次郎	軽業芸人	
松尾平三郎		
松下佐八	旅館業(松下旅館)、妻同伴	
松下エルゼ	松下佐八妻	
三浦環	元東京音楽学校助教授、 オペラ歌手、留学(音楽研究)	
三上清吉	米国大使館書記官 Post-Wheeler(在東京)の僕、妻同伴	
三上サダ	三上清吉妻	
向井覚太郎		
村井熊太		
村田宮古		

表4◆第一次世界大戦勃発後にドイツから退去した日本人一覧 420名(つづき)

氏名	職業、渡航目的	のちの主な肩書き
大橋洋二	画家(白馬会洋画研究所)、留学(絵画学研究)	
大森タカ	ドイツ人女中	
小倉末子	ピアニスト、留学(音楽研究)	東京音楽学校教授
小倉まりや	留学(音楽研究)	
小田切謙		
鎌田要	無職、留学(音楽研究)	
菊池茂秀		
岸田栄次郎	料理人	
桐キヲ	留学(ドイツ語稽古)	
黒岩トラ	留学(語学研究)	
郡虎彦	劇作家、留学(美術文芸研究)	
近藤喜為治		
昆野久治		
斎藤賢治	留学(農業研究)	
櫻井勇	料理人	
櫻井政隆		
酒匂秀太郎	留学(経済学研究)	
佐竹義雄	留学(機械工学研究)	
佐藤安太郎		
白石保太郎		
須藤憲二		
曾我廼家五郎(本名、和田久一)	喜劇役者、旅行中(演劇視察)	
高木陳平	興行師、妻同伴	
高木徳子	ダンサー、高木陳平の妻(のち離婚し、永井徳子になる)	松竹専属女優
田上イチ	杉村前大使付添産婆、留学(産婆学研究)	
田澤トヨ	Firma Theodor Mauss により雇用	

氏名	職業、渡航目的	のちの主な肩書き
山田潤二	南満州鉄道株式会社社員、 留学(工業経営学研究)	大阪毎日新聞社 専務取締役 毎日球団社長
山西恒郎	南満州鉄道株式会社社員、 留学(植民政策研究)	南満州鉄道株式会社理事
山村鋭吉	工業試験所技師、留学	朝鮮総督府中央試験所 技師
横江芳男	三井物産社員	
吉松憲郎	朝鮮総督府事務官、 留学(殖民地行政学研究)	
吉村萬治	官吏(鉱務技師)、農商務省留学生	燃料研究所所長
吉村萬治郎	古河鉱業出資者、留学(法律学研究)	古河鉱業社長
力松亀次郎	帝国生命保険会社社員、 留学(生命保険研究)	

VI　その他、不明　72名

荒川浅吉	役者、妻同伴	
荒川ラッセル (Rachel)	荒川浅吉妻	
有賀乕五郎	留学(写真研究)	銀座有賀写真館創業者
安藤美瑳夫		
池田元太郎	留学(工学研究)	
池田康雄		
生田盈五郎 (葵山)	作家、留学(文学研究)	
石沢澄	留学(機械学研究)	
石田利孟	旅館手代、留学(語学・旅館業研究)	
出田保	留学(機械工学研究)	
伊藤道郎	舞踊家、留学(音楽研究)	アニー・パイル劇場監督
岩木兼三郎		
遠藤作蔵	農業、留学(農業経営)	

表4◆第一次世界大戦勃発後にドイツから退去した日本人一覧 420名(つづき)

氏名	職業、渡航目的	のちの主な肩書き
中松亀太郎	帝国生命社員?、留学(保険学研究)	日本生命常務、西宮市長
西村直	東京瓦斯社員?、留学(化学研究)	西村同族(株)社長
西脇元治		
野依辰治	三井物産社員、妻同伴	三井生命保険会社会長 化学者野依良治の祖父
野依信	野依辰治妻	
日高晴生	南満州鉄道株式会社社員、 視察(鉱山視察)	中央工業社無限社員
平野千里	多木製肥所技師、留学(化学工業研究)	
平野万里	満鉄中央試験所技師、留学	農商務省技師、詩人
平野久保	南満州鉄道株式会社師、 留学・公用(工場設立)	商工省技師
廣部達三	農商務省農事試験場技師、 技師(農用工学研究)	東京帝国大学農学部教授
藤本実	大倉商事社員、研修・商況視察	
星野一太郎	技師(長崎港湾改良事務所勤務?)	
前園秀松	J.Winkler & Co. 会員	
正来遊方	技師、留学(染色仕上業研究)	山口県技師
松本正勝	南満州鉄道株式会社師、視察(鉱山視察)	
水戸開三	丸見屋試験部技師、留学(化学研究)	
三村鐘三郎	農商務省技師、留学(林業生産研究)	
宮崎操	鉄道院技師、留学	
宮本桂仙	大倉商店社員(ハンブルク代理店主)、 妻同伴	
宮本イエ	宮本桂仙妻	
諸橋孝之	商人、留学?(商業視察及語学研究)	
矢部友雄	南満州鉄道株式会社師、視察(電気事業)	阪和電鉄技師長
山崎光次郎	大阪毎日新聞社記者、留学(経済学研究)	読売新聞主筆

氏名	職業、渡航目的	のちの主な肩書き
日柳彦九郎	南満州鉄道株式会社社員、留学(経済学研究)	
黒川一太郎		神戸製鋼所(株)主任
見目徳太	南満州鉄道株式会社社員、留学(電気機械研究)	京城電気技師長
河本又三郎	金箔商、留学(ドイツ語習得)	大日本金粉箔工業常務
国府精一	住友銀行員	住友合資会社理事
小寺又吉	鉄道員嘱託、留学(機械工学研究)	小寺貿易会社専務
齋藤功	商業、商用(絹物・綿織物輸出入)	
酒匂鶩郎	技師(農商務省海外実業練習生)	
寒川恒貞	電気技師、名古屋電灯顧問、視察(電気事業調査)	東海電極製造社長
佐山清次郎	三井物産社員	
芝川慎二郎	大阪芝川商店社員(ハンブルク支店主)	
菅栄一	芝川商店社員	芝川商店取締役
角尾猛治郎	農商務省海外実業練習生、留学(保険学研究)	
千秋寛	南満州鉄道株式会社社員、留学(鉄道経済研究)	満州大豆工業株式会社専務
田中作衛		
田邊敏行	南満州鉄道株式会社社員、留学(植民研究)	大連自動車社長
田淵精一	鉄道技師、留学	
玉橋市三	鉄道院技師、留学	鉄道省運転課長
津島憲一	弁護士、留学(法律学研究)	
寺田四郎	弁護士、留学(法律学研究)	上智大学法学部教授
中尾万三	満鉄中央試験所技師、留学(化学研究)	上海自然科学研究所漢薬部長
永田信一	実業家、メリヤス機械業	永田メリヤス機械株式会社社長

表4◆第一次世界大戦勃発後にドイツから退去した日本人一覧 420名（つづき）

氏名	職業、渡航目的	のちの主な肩書き
飯塚孝眞	三井物産社員、妻子同伴	
飯塚三代	飯塚孝眞妻	
飯塚孝	飯塚孝眞長男	
飯塚正夫	飯塚孝眞次男	
伊藤豊治	三井物産社員	
井野英一	判事、留学（法律事務調査研究）	満州国最高法院院長
岩田仙宗	弁護士、留学（法律研究）	
上西半三郎	大阪毎日新聞社記者、留学（経済学研究）	大阪毎日新聞社秘書課長
植松金章	弁護士、留学	
梅左都夫	C. Rode & Co. 店員	
梅原錦三郎	司法官試補、留学（法律学研究）	弁護士
太田庄吉	大蔵省試補、留学（財政学研究）	
大平賢作	住友銀行員、留学（銀行業務研究）	住友銀行代表取締役
大橋完一	イリス商会社員、留学（語学研究）	
岡崎忠雄	岡崎汽船社員、視察（商況視察）	岡崎汽船社長、貴族院議員
岡村彦衛	芝川商店社員	
柿沢信義	技師	東京市衛生試験所技師
上島慶篤	技師	大華電気冶金公司社長
亀田豊治朗	逓信省嘱託、留学（小口保険研究）	簡易保険局統計課長
川上嘉市	住友電線製造所勤務、留学（化学研究）	日本楽器製造社長、 参議院議員
川戸洲三	芝浦製作所技師、留学（電気工学研究）	女性牧師植村環の夫
神田竹四郎		
菊池第三	帝室林野管理局事業調査嘱託、妻同伴	盛岡銀行取締役
菊池幸子	菊池第三妻	
木下信十郎	柴田染料商店薬剤師、視察？ （化学工業品視察・研究）	

氏名	職業、渡航目的	のちの主な肩書き
松久祐馬	医師、留学	
松村茂秀	医師、留学	
真鍋嘉一郎	医師、留学	東京帝国大学医学部教授
丸尾晋	復明館眼科医院院長、留学	
丸尾辨治	医師、留学	
丸山震五郎	医師(日赤和歌山支部病院院長)、留学	丸山病院
三浦尚友	医師、留学	
三浦政之助	元東京帝国大学助手、三浦環の夫、留学	
三島浤造	医師、留学	
宮田篤郎	医師(金沢病院第二外科医長)、留学	開業医
村田宮吉	医師、留学	
森本誠	医師、留学	
八木精一	京都帝国大学助教授、留学	東北帝国大学教授
柳川華吉	医師、留学	麹町病院院長
山川一郎	医師、留学	山川内科病院院長
大和良作	医師、留学	
横井済	医師、留学	好生館病院院長
吉富貞	医師、留学	三井(株)嘱託
吉村正寛	医師、留学	
若槻寛隆	医師、留学	
和田英太郎	医師、留学	
渡辺隣二	医師、留学?	開業医

V 官吏、技師、実業家、会社員など 81名

懸敏	造船所技師、留学(船用機関学)	
阿部美樹志	鉄道員技師、農商務省海外練習生	戦災復興院総裁 通称コンクリート博士
飯島喬平	司法省参事官、視察(司法制度)	大審院検事

表4◆第一次世界大戦勃発後にドイツから退去した日本人一覧 420名(つづき)

氏名	職業、渡航目的	のちの主な肩書き
富永忠司	朝鮮総督府医官、留学	新潟医学専門学校教授
内藤業太郎	医師、留学	
中川小四郎	医師、留学	関西医科大学教授
長崎仙太郎	大阪府立高等医学校教諭、留学	大阪医科大学教授
長沢四郎	医師、留学	
中西亀太郎	京都帝国大学医学部教授、留学	
中村八太郎	医師	金沢医科大学教授
中村平輔	医師、留学	
西岡道雄	医師、留学	
西村美亀五郎	医師、留学	
芳賀石雄	医師、留学	伝染病研究所技師
橋本策	医師、留学	橋本病院を開業
長谷川房英	医師、留学	
花沢鼎	東京歯科医学専門学校教授、留学	
林郁彦	長崎医学専門学校教授、留学	長崎医科大学学長
林栄	南満州鉄道株式会社大連医院部長、留学	
福生祐郎	医師、留学	愛知医学専門学校教授
福田恒甫	京都帝国大学医学部助教授、留学	開業医
藤井虎彦	医官、留学	京城医学専門学校教授
堀部亮	医師、留学	
本庄謙三郎	京都府立医学専門学校教授、留学	
前防玄道	医師、留学	
町井貞敏	医師、留学	
松井𠂇雄	医師、留学	朝鮮江原道立春川医院長
松尾信夫	医師、留学	
松岡鋭作	医師、留学	
松岡全二	医師、留学	大阪逓信病院院長

氏名	職業、渡航目的	のちの主な肩書き
杉田直樹	医師、文部省留学生	松沢病院副院長 名古屋帝国大学 医学部教授
鈴木允	医師、留学	
鈴木重宣	医師、留学	鈴木胃腸病院院長
須藤謙治	長崎医学専門学校教授、留学	
関口蕃樹	医師、留学	東北帝国大学医学部教授
高田他家雄	医師、留学	明治生命医務長
高成田渉	医師、留学	
高橋明	医師、留学	東京帝国大学医学部教授
高橋幸太郎	医師、留学	
高橋信	医師、留学	宮内省侍医寮医事課長
高安慎一	熊本医学専門学校教授、留学	九州帝国大学医学部教授
武田元一郎	医師、留学	
竹村易二	医師、留学	
谷口弥三郎	熊本医学専門学校助教授、留学	久留米大学学長、 日本医師会会長 参議院議員
田村於兎	医師、文部省留学生	岡山医科大学学長
為森弥三郎	医師、留学	
塚口利三郎	医師、留学	
塚本政次	医師、留学	
辻寛治	医師、留学	京都帝国大学医学部教授
常岡良三	京都府立医学専門学校教授、留学	京都府立医学専門学校長
鶴見三三	医師、留学	名古屋医科大学教授
土居庄一郎	獣医師、留学	
戸田正三	医師、文部省留学生	京都帝国大学教授
戸谷銀三郎	南満医学堂教授 (南満州鉄道株式会社職員)、留学	名古屋市立大学学長

表4◆第一次世界大戦勃発後にドイツから退去した日本人一覧 420名(つづき)

氏名	職業、渡航目的	のちの主な肩書き
黒須巳之吉	金杉病院勤務医、留学	黒須耳鼻咽喉科病院長
黒田三樹三	愛知県立医学専門学校教諭、留学	
甲野謙三	医師、留学	
河本軍次郎	医師、留学	
小島鼐二	医師、留学?	
後藤雄平	医師、留学	
近藤寛次郎	医師、留学	近藤病院院長
齋藤格	医師、留学	
齋藤玉男	医師、留学	日本大学 専門部医学科教授
酒井卓造	千葉医学専門学校教授、留学	
坂上弘蔵	医師、留学	坂上病院院長
櫻井功	医師、留学	櫻井病院院長
佐々廉平	医師、留学	杏雲堂病院院長
佐々木秀一	医師、留学	導和病院院長
佐藤浅次郎	医師(南満州鉄道株式会社職員)、留学	
佐藤小五郎	医師、留学	
佐藤清一郎	医師、留学	順天堂医学専門学校教授
三田谷啓	医師、児童教育家	三田谷治療教育院、 翠丘小学校を開設
塩路英吉	医師、留学	開業医
篠崎都香佐	医師、視察	
島田吉三郎	新潟医学専門学校教授、文部省留学生	京都府立医科大学教授
新宮涼国	医師、留学	東京女子高等師範学校 講師
菅忠芳	医師、留学	菅病院院長
菅沼貞男	新潟医学専門学校教授、留学	慶應義塾大学医学部教授

氏名	職業、渡航目的	のちの主な肩書き
内田賢助	医師、留学	
梅田信義	医師、留学	京都府立医科大学教授
宇山俊二	医師、留学	
大島恒義	医師、留学	日本赤十字女子専門学校校長
太田孝之	医師、留学	千葉医学専門学校教授
大瀧潤家	順天堂医院医員、留学	順天堂医院内科医長
大谷彬亮	医師、留学	養生園病院院長
大谷国吉	熊本医学専門学校教授、留学	大谷小児科病院院長
鴻海蔵	医師、留学	千葉医学専門学校教授
大野正孝	医師、留学	浪華内科医院院長
大家武夫	医師、留学	
岡田日人	医師、留学	開業医
小沢修造	大阪府立高等医学校教諭、留学	大阪帝国大学医学部教授
尾関栄	医師、留学	尾関小児科病院院長
小野通衛	医師、留学	好仁堂病院院長
片山国幸	医師、留学	東京慈恵会医科大学教授
門脇俊二	医師?	
唐沢準吉	医師、留学	
神戸敏郎	医師、留学	開業医
菊池武熊	医師、留学	西宮回生病院院長
北川光雄	医師、留学	十全堂北川病院院長
及能謙一	医師、留学	横浜市立十全医院院長
清野謙次	京都帝国大学助手、留学	京都帝国大学医学部教授
草野宏次郎	医師、留学	小田原海浜病院院長
楠正信	医師、留学	高知市立楠病院院長
久野寧	医師、留学	名古屋帝国大学医学部教授

表4◆第一次世界大戦勃発後にドイツから退去した日本人一覧 420名(つづき)

氏名	職業、渡航目的	のちの主な肩書き
山田玄太郎	盛岡高等農林学校教授(植物学者)	鳥取高等農業学校長
山本鬼一	第四高等学校教授	
遊佐慶夫	法学者、留学	早稲田大学法学部教授
吉田熊次	東京帝国大学文科大学助教授(教育学)、視察	東京帝国大学文学部教授
吉田新七郎	東北帝国大学助手、留学(動物学研究)	関東軍顧問
脇水鉄五郎	東京帝国大学助教授、留学?(地質学研究)	東京帝国大学農学部教授

Ⅳ 医師、医学者 142名

氏名	職業、渡航目的	のちの主な肩書き
青山徹蔵	泉橋慈善病院外科医長、留学	東京帝国大学教授
赤津誠内	医師、留学	朝星製薬細菌部長
浅井猛郎	愛知県立医学専門学校教授、留学	
浅山忠愛	京都帝国大学助教授、留学	京都帝国大学医学部教授
有馬頼吉	医師、留学	大阪市立刀根山療養所長
安藤就正	医師、留学	
飯田左三	医師、留学	飯田病院院長
石黒敏蔵	医師、留学	
石坂伸吉	金沢医学専門学校教授、留学	金沢医科大学学長
伊勢錠五郎	侍医、留学	
板垣政参	医師	九州帝国大学医学部教授
伊藤欣二	医師、留学、妻同伴	
伊藤文子	伊藤欣二妻	
稲葉逸好	医師、留学	満州医科大学学長
犬塚俊之	大分県立病院部長、留学	
岩嵜徳松	医師、留学	
岩村金三郎	医師、留学	
宇治木清之助	医師、留学	開業医
氏原均一	台湾総督府医院医長、留学	開業医

氏名	職業、渡航目的	のちの主な肩書き
高瀬竹次郎	文学博士、文部省留学生	
財部静治	京都帝国大学助教授、 文部省留学生(法律学研究)	京都帝国大学 経済学部教授
瀧谷善一	神戸高等商業学校教授、 留学(保険学研究)	神戸商業大学教授
武田英一	神戸高等商業学校教授、留学(商学研究)	台北高等商業学校長
竹田省	京都帝国大学助教授、留学(法律学研究)	京都帝国大学法学部教授
田丸節郎	理化学研究所研究員(化学者)	東京工業大学教授
長寿吉	文部省留学生(歴史学研究)	九州帝国大学教授
寺尾元彦	早稲田大学講師、留学(法律学)	早稲田大学法学部教授
寺尾隆一	大阪市立高等商業学校教授、留学	
寺沢寛一	文部省留学生(物理学研究)	東京帝国大学理学部教授
冨田山寿	京都帝国大学助教授、留学(法律学研究)	京都帝国大学法学部教授
永積純次郎	工学者(鉱山学)	九州帝国大学工学部教授
棗田藤吉	大阪市立高等商業学校教諭、留学	大阪商科大学教授
鉛市太郎	工学者	大阪帝国大学工学部教授
西村富三郎	慶應義塾大学教授、留学(法律学研究)	
西村文太郎	経済学者、留学(経済・財政学研究)	明治大学 政治経済学部教授
西脇安吉	大阪高等工業学校教授、 文部省留学生(細菌学研究)	
仁保亀松	京都帝国大学法科大学教授(法律学)	京都帝国大学法学部教授
野上俊夫	京都帝国大学助教授、留学(心理学研究)	京都帝国大学文学部教授
八田三郎	札幌農学校教授、留学(動物学研究)	北海道帝国大学教授
補永茂助	留学(哲学研究)	東京高等女子師範学校 教授
松森孝次郎	文部省留学生	
山路信蔵	工学者(農商務省勤務)?	
八木秀次	東北帝国大学教授、留学(工学研究)	東北帝国大学工学部教授 八木アンテナ社長

表4◆第一次世界大戦勃発後にドイツから退去した日本人一覧 420名(つづき)

氏名	職業、渡航目的	のちの主な肩書き
石倉小三郎	第八高等学校教授、 文部省留学生(語学研究)	大阪高等学校長
石野又吉	物理学者	京都帝国大学理学部教授
宇井伯寿	曹洞宗大学講師、インド哲学者、留学	駒澤大学学長
内田融	哲学館講師?	
大関久五郎	東京高等師範学校教授(地理学)	
大瀧照太郎	上田蚕糸専門学校教員、留学	上田蚕糸専門学校教授
大塚要	京都帝国大学工科大学教授(機械工学)	
大西猪之介	小樽高等商業学校教授、留学(経済学)	
岡島銀次	鹿児島高等農林学校教授、留学(昆虫学)	
織田経二	工学者	九州帝国大学工学部教授
小野寺伊勢之助	大原農業研究所、留学(農芸化学研究)	盛岡高等農林学校教授
河上肇	京都帝国大学助教授、留学(経済学研究)	京都帝国大学 経済学部教授
橘井清五郎	南葵文庫員、留学(図書館研究)	
木下正雄	留学(物理学研究)	東京工業大学教授
國松豊	小樽商科大学教授、留学(会計学研究)	
窪田忠彦	東北帝国大学助教授、留学(数学研究)	東北帝国大学理学部教授
小泉信三	慶應義塾教員、留学(経済学研究)	慶應義塾塾長
小林巌	福岡大学教授、留学(理学研究)	東北帝国大学理学部教授
小林俊次郎	工学者	久留米工業専門学校長
小林澄兄	留学(教育学研究)	慶應義塾大学教授
沢木四方吉	留学(美術史・美学研究)	慶應義塾大学教授
三辺金蔵	慶應義塾大学助教授、留学(経済学研究)	慶應義塾大学 経済学部教授
志田順	京都帝国大学理科大学教授	
東海林力蔵	札幌農学校教授(農学者)	北海道帝国大学教授
高島誠一	商学者、留学(商学研究)	神戸高等商業学校教授 東京瓦斯社長

氏名	職業、渡航目的	のちの主な肩書き
石原忍	陸軍三等軍医正、留学(医学研究)	
榎本尚治	陸軍三等軍医正、留学(医学研究)	
織戸悦三	陸軍三等軍医、留学(医学研究)	
福井庄平	陸軍三等軍医、留学(医学研究)	
岩崎吉次	公用(兵器受領の補助)	
佐野常羽	伯爵、海軍大佐、 駐在武官(ベルリン大使館)	海軍少将、戦艦榛名艦長 ボーイスカウト運動に従事
今村信次郎	海軍少佐、留学(語学研究)	海軍中将 佐世保鎮守府司令長官
西義克	海軍少佐、留学(舶用機関・語学研究)	海軍機関少将、 佐世保鎮守府軍需部長
平岡善之丞	海軍少佐、造兵監督官	海軍中佐
森初次	海軍少佐、留学(語学研究)	海軍少将、戦艦安芸艦長
上村従義	男爵、海軍大尉、留学(語学研究)	海軍大佐、貴族院議員
吉川晴十	海軍造兵大技士、冶金学者、留学	東京帝国大学工学部教授
福島清	海軍主計中監、留学(財政研究)	
入谷清長	海軍主計少監、留学(財政研究)	海軍中将、海軍経理学校長
佐伯敬一郎	海軍主計少監	
平野正登	海軍大軍医、留学(医学)	
三井圭造	海軍大軍医、留学(花柳病学研究)	
鈴木寛之助	海軍軍医中監	海軍少将、横須賀病院院長
小島政治	海軍軍医少監、留学(医学)	
長岡秀四郎	海軍軍医、留学	

Ⅲ 学者(医学者を除く) 58名

安藤一雄	文部省留学生(応用化学研究)	台北帝国大学総長
井伊谷春平	工学者	北海道帝国大学 工学部教授
池田澄達	チベット語学者、留学(梵語研究)	

表4◆第一次世界大戦勃発後にドイツから退去した日本人一覧 420名(つづき)

氏名	職業、渡航目的	のちの主な肩書き
大村有隣	陸軍少佐、留学(語学研究)	陸軍中将、由良要塞司令官
寺内寿一	陸軍少佐、留学(語学研究)	元帥陸軍大将、陸相
畑俊六	陸軍少佐、留学(語学研究)	元帥陸軍大将、陸相
村瀬文雄	陸軍少佐、公用(兵器受領)	陸軍中将、陸軍兵器本廠長
陸路録	陸軍少佐、公用(兵器受領)	陸軍少将、 大阪弾丸製造所長
渡辺良三	陸軍少佐、留学(語学研究)	陸軍中将、 野重砲第3旅団長
内田三郎	陸軍大尉、公用(兵器受領)	陸軍少将、 陸軍航空本部検査部長
梅津美治郎	陸軍大尉、留学(語学研究)	陸軍大将、参謀総長
緒方信俊	陸軍大尉、留学(語学研究)	陸軍大佐、 陸軍省軍務局騎兵課長
千秋謙次	陸軍大尉、留学(語学研究)	
筒井正雄	陸軍大尉、留学(語学研究)	陸軍中将、 東京湾要塞司令官
永田鉄山	陸軍大尉、留学(語学研究)	陸軍中将、陸軍省軍務局長
中村浜作	陸軍大尉、留学(語学研究)	陸軍中将、第29旅団長
西尾寿造	陸軍大尉、留学(語学研究)	陸軍大将、軍事参議官
蓮沼蕃	陸軍大尉、留学(語学研究)	陸軍大将、侍従武官長
林桂	陸軍大尉、留学(語学研究)	陸軍中将、第5師団長
江副浜二	陸軍中尉、留学(語学研究)	陸軍中佐
坂元守吉	陸軍中尉、留学(飛行機研究)	陸軍中尉
前田利為	侯爵、陸軍中尉、留学(語学研究)	陸軍大将、 ボルネオ守備軍司令官
篠塚義男	陸軍少尉、留学(語学研究)	陸軍中将、軍事参議官
飯田宗蔵	陸軍一等軍医、留学(医学研究)	
岡本晴一	陸軍一等軍医、留学(医学研究)	
百瀬五郎	陸軍一等軍医、留学(医学研究)	
吉岡量平	陸軍一等軍医、留学(医学研究)	

表4◆第一次世界大戦勃発後にドイツから退去した日本人一覧 420名

氏名	職業、渡航目的	のちの主な肩書き
I 外交官、外交官家族、大使館・総領事館職員 16名		
船越光之丞	駐独代理大使(ベルリン大使館)	貴族院議員
鮭延信道	一等書記官(ベルリン大使館)	チリ公使
松永直吉	二等書記官(ベルリン大使館)、妻同伴	オーストリア公使
北田正元	外交官補(ベルリン大使館)	ペルー公使
重光葵	外交官補(ベルリン大使館)	外相
長谷敏	書記生(ベルリン大使館)	
奥田竹松	総領事(ハンブルク総領事館)、妻子同伴	白木屋支配人
谷正之	領事(ハンブルク総領事館)	外相
弓削哲三	書記生(ハンブルク総領事館) ※妻ゲルトルド(Gertrud)および 長男鉄、次男日出男はドイツ残留	
宇佐美濃守	名誉領事館嘱託(ハンブルク総領事館) ベルリン東洋語学校講師	
佐野尚子	佐野常羽妻、保科正益娘	
松永静子	松永直吉妻、江原素六娘	
奥田照子	奥田竹松妻	
奥田明吾	奥田竹松長男	
西吉之助	奥田竹松料理人	
木村菊	奥田竹松看護婦	
II 軍人 51名		
河村正彦	陸軍大佐、駐在武官(ベルリン大使館)	陸軍中将、第13師団長
古荘幹郎	陸軍大尉、 大使館付武官補佐官(ベルリン大使館)	陸軍大将、軍事参議官
井上仁郎	陸軍少将、留学(飛行機研究)	陸軍中将、下関要塞司令官
林銑十郎	陸軍中佐、留学(語学研究)	陸軍大将、首相
上村良助	陸軍少佐、留学(語学研究)	陸軍中将、陸軍工科学校長
梅崎延太郎	陸軍少佐、留学(語学研究)	陸軍中将、第20師団長

表3◆第一次世界大戦勃発後にドイツで抑留された日本人一覧 126名(つづき)

氏名	職業、渡航目的	抑留場所	のちの主な経歴、備考
附 オーストリア在住の日本人 2名			
城戸愛三郎	学者、ベルチンスキー博士の招聘により渡航 抑留中肺結核のため病院へ移送		1915年4月1日 チューリッヒ到着の連絡

【凡例】

1. 「身元証明書下附書」(1914年11月5日付加藤高明外相宛船越光之丞駐独代理大使書信添付別冊「欧州日独戦争ノ際在外公館及本邦人引揚一件」二巻、「外務省記録」5.2.1.24 外務省外交史料館所蔵)、「在独本邦人移動調査表」(同三巻) に基づいて筆者作成。同一〜三巻所収の各文書も参照した。
2. 人名は、五十音順に記載した。ただし、家族 (使用人を含む) の者は父 (主人) の欄にまとめて記載した。
3. 職業、渡航目的は、上記資料の記述を尊重しつつ、読者の分かりやすさを優先して、筆者が適宜修正し、表現の統一を行った。?は不明確であることを示す。空欄は不明であることを示す。
4. 職業、渡航目的、経歴については、上記の他に各種資料を用いて調べたが、出典は省略する。

氏名	職業、渡航目的	抑留場所	のちの主な経歴、備考
濱村浩			
広瀬新三	Gartenfau Ausstellumgin Altone雇人		
藤井廣吉			
藤巻重次郎	彫刻師	エルフルト	
前林春吉	軽業芸人		
松本留次郎	興行師		
同妻			
同娘マリー			
同娘ルイゼ			
松井繁次郎	軽業芸人		
三浦正茂			
水谷清元	芸人		
山下金太郎	軽業芸人		
山本長吉	芸人、妻同伴	フランクフルト	
山本エムマ	山本長吉妻		
横田カヨ	芸人、横田権次郎妻		
横田権次郎	芸人		
横田捨吉	芸人		
横田延雄	芸人		
吉田亀次郎	軽業芸人		
渡辺良三			

表3◆第一次世界大戦勃発後にドイツで抑留された日本人一覧 126名(つづき)

氏名	職業、渡航目的	抑留場所	のちの主な経歴、備考
小沢龍太郎	芸人		
小野休次郎	留学(語学研究)		
加藤金之助	留学生		
川島銀平	留学生		
熊谷藤市	ホテル従業員		
小島アレ			
沢田豊	芸人(横田一座の代表)		サラザニサーカスで活躍
杉坂賢之助	彫刻家		
鈴木繁	芸人		
鈴木フサ	傭人		
高島桂	芸人		
高島勝郎			
高橋一朗	僧侶、留学(語学研究)	ベルリン	
高橋安造	芸人	ベルリン	
出口幸太郎	軽業芸人		
出口寿次郎	軽業芸人		
永石カメ	傭人		
中屋代五郎	料理人		
中山文吉	芸人		
西村勇	芸人		
西村貞雄	芸人		
野田松次郎	軽業芸人	クレーフェルト	
野原駒吉	妻子同伴		
野原アイク	野原駒吉妻		
野原イリ	野原駒吉長男		
野原乙音	野原駒吉次男		
野原普律	野原駒吉三男		
濱村慶三郎	軽業芸人		

氏名	職業、渡航目的	抑留場所	のちの主な経歴、備考
槇田麟一	イリス商会勤務、駐在員、妻・使用人同伴	ベルリン	イリス商会監査役
槇田ヤヲ	槇田麟一妻		
渡辺タニ	槇田麟一の使用人		
三川一一	関東都督府(旅順工科学堂)技師、留学	アーヘン	三菱鉱業技術部副長
三原清一	商人		
三間隆次	実業家(三間印刷所)、視察(印刷業)		
宮川真七	商人	ベルリン	
三宅寛二	第一生命保険相互会社契約課長、留学(保険事業研究)	ゼンネラーガー	扶桑海上火災取締役兼支配人
向井覚太郎	商人		
村上林次郎	芝川商店社員	ハノーファー	
諸橋孝之	商人、留学(商業視察及語学研究)	ベルリン	
八木保三?	紡績会社技師		日満商工(株)社長
山村源一	J.Winkler & Co. 会員		
山村瀧三郎	商業(刀剣師業)、視察(商況視察)		
吉井源三郎	三間印刷所技手、視察(印刷業)		
渡辺儀造	会社員	ベルリン	

VI その他、不明 54名

石岡乙彦			
内田融	船乗り		
梅本虎雄	青木周蔵未亡人エリザベートの従者	ゲッティンゲン	
江橋三次郎	書記		
奥野晴信	画家	ベルリン	

表3◆第一次世界大戦勃発後にドイツで抑留された日本人一覧 126名(つづき)

氏名	職業、渡航目的	抑留場所	のちの主な経歴、備考
金子誠二	商人	ベルリン	
窪章造	大日本麦酒社員、馬越恭平の弟、馬越徳太郎とともに残留		
小島愛三郎	判事	ベルリン	
近藤良一	薬剤師、留学	ゲッティンゲン	
沢喜三郎	商人(陶器模様付職人)		
杉崎帰四之助	商人	ベルリン	
吉田マキ	杉崎帰四之助の内縁の妻	ベルリン	
高橋一貫	雑貨商		
寺岡徳次郎	商人	ベルリン	
永井熙八	大日本麦酒社員、馬越徳太郎とともに残留		満州麦酒取締役
沼田仁吉	標本師		東京帝国大学伝染病研究所技官
畠中恒次郎	三井物産社員	ハノーファー	三井物産査業部次長
橋爪カール	会社員、妻子同伴		
同妻			
同長男			
馬場伝次	商人		
馬場ハツヤ	馬場伝次妻		
馬場義野	馬場伝次長女		
馬場勇	馬場伝次長男		
馬場春子	馬場伝次次女		
浜田平次	商人	ベルリン	
藤沢廉之助	ジャーナリスト	ベルリン	釈放後残留
前園秀松	J.Winkler & Co. 会員		

氏名	職業、渡航目的	抑留場所	のちの主な経歴、備考
田代豊助	医師(長崎医学専門学校教授)	フランクフルト	
田中正彦	医師	ハイルブロン	
西成甫	東京帝国大学助手、留学		東京帝国大学医学部教授
橋田邦彦	東京帝国大学助手、文部省留学生	ハイルブロン	東京帝国大学医学部教授
花岡鶴三郎	医師、留学	ベルリン	
布施現之助	新潟医学専門学校教授、留学		東北帝国大学医学部教授
馬越徳太郎	大日本麦酒社長・馬越恭平の子、医師、留学	ライプティヒ	病気のため釈放後死去(1914年10月10日)
宮内賢一郎	医師、留学		開業医
明城弥三吉	医師、留学	フランクフルト	東北帝国大学医学部教授
横山寧道	医師、留学		横山病院院長

Ⅲ 官吏、技師、実業家、会社員など 47名

池辺栄太郎	高田商会社員	デュイスブルク	
石川源三郎	三井物産社員(ハンブルク支店長)		日本放送協会評議員
石川メアリ(Mary Catherine)	石川源三郎妻		
石川明美(Maybelle)	石川源三郎長女		
老川茂信	ジャーナリスト(『日華月報』発行者)	ベルリン	釈放後残留(1915年12月出国)『東京朝日新聞』特派員
粕谷千代吉	輸出入商(アーティスト?)、妻同伴	ベルリン	
同妻			
加藤錦之助	輸出商人		

表3◆第一次世界大戦勃発後にドイツで抑留された日本人一覧 126名

氏名	職業、渡航目的	抑留場所	のちの主な経歴、備考
I 学者(医学者を除く) 8名			
池田正夫	秋田鉱山専門学校教授、文部省留学生(採鉱冶金研究)	ゼンネラーガー	日本に帰国後間もなく死去
伊藤門次	山林技師(農科大学演習林管理者)、留学		盛岡高等農林学校講師
上村勝爾	盛岡高等農林学校教授、文部省留学生	ハイルブロン	盛岡高等農林学校校長
小田川達朗	東北帝国大学工学部専門部講師、文部省留学生	アーヘン	東北帝国大学工学部教授
神林隆浄	仏教学者、留学		大正大学教授
佐野秀之助	明治専門学校教授、留学(鉱山学研究)	アーヘン	東京帝国大学工学部教授
辻高衡	ベルリン東洋語学校講師		釈放後残留(1916年9月出国)東京外国語学校教授
三浦勝	文部省留学生	アーヘン	北海道帝国大学工学部教授
II 医師、医学者 17名			
内島昌雄	医師、留学		徳島県板野郡第二里浦尋常小学校校医
植村尚清	医師(札幌市立病院内科医長)、留学	クレーフェルト	植村病院院長
宇山俊三	医師(満鉄安東県分院長)、留学	マルブルグ	開業医
小田部荘三郎	医師、留学	ゼンネラーガー	小田部内科医院院長
於保乙彦	医師、留学	ベルリン	台湾帝国大学医学部教授
木村男也	医師、文部省留学生	ゲッティンゲン	東北帝国大学医学部教授
田沢鐐二	東京帝国大学助手、留学	フランクフルト	東京市の結核療養所初代所長

オーストリア*		ロシア**		イタリア		ベルギー		オランダ	スイス
男	女	男	女	男	女	男	女	男	男
0	0	0	0	0	0	0	0	0	0
6	0	14	4	0	0	0	0	0	1
0	0	9	4	0	0	3	3	0	1
11	0	17	5	8	1	7	4	4	0
0	0	6	4	4	1	0	0	0	0
12	0	11	0	4	0	5	0	0	8
0	2	0	0	0	0	0	0	2	0
29	2	57	27	16	2	15	7	6	10

表2◆ヨーロッパ主要国在住日本人の数（男女別・職業別）1913年12月31日

	ドイツ		フランス		イギリス	
	男	女	男	女	男	女
農業	0	0	1	1	5	0
鉱業及工業	0	0	0	0	4	0
商業及交通業	2	4	21	4	96	36
公務及自由業	21	5	34	8	111	24
そのほかの有業者	19	9	5	4	96	23
学生	369	5	35	1	80	3
無職業	0	0	0	0	0	0
総計	411	23	96	18	392	86

出典：「外国在留本邦人男女及職業別」（『日本帝国第三十三統計年鑑』1914年12月刊、外務省通商局編『海外各地在留本邦人 職業別人口表』第一巻、不二出版、2002年所収）

*ハンガリーを含む。**ヨーロッパのみ（極東は含まず）

	ベルリン在住 日本人	ドイツ在住 日本人	ベルリン 留学生	ドイツ 留学生
1934（昭和9）年	―	539	―	―
1935（昭和10）年	―	514	―	92
1936（昭和11）年	―	475	―	102
1937（昭和12）年	―	471	―	127
1938（昭和13）年	―	470	―	118
1939（昭和14）年	―	291	―	44
1940（昭和15）年	―	267	―	28

出典：「ベルリン／ドイツ在留日本人数・留学生数」（和田博文他『言語都市・ベルリン 1861-1945』藤原書店、2006年、10頁）を筆者が改変。

＊1915～19年は、元になっている資料（外務省通商局編「海外各地在留本邦人職業別表」、同編『海外各地在留本邦人 職業別人口表』第1～5巻、不二出版、2002年所収）にドイツ、ベルリンのデータが記載されていない。

＊1930～34年の留学生数は不明。

表1◆ドイツ在住日本人数・留学生数(1907～1940年)

	ベルリン在住日本人	ドイツ在住日本人	ベルリン留学生	ドイツ留学生
1907(明治40)年	55	130	33	44
1908(明治41)年	314	—	276	
1909(明治42)年	297	—	251	
1910(明治43)年	172	376	141	
1913(大正2)年	235	405	210	
1914(大正3)年	206	434	185	
1915(大正4)年	—	—	—	—
1916(大正5)年	—	—	—	—
1917(大正6)年	—	—	—	—
1918(大正7)年	—	—	—	—
1919(大正8)年	—	—	—	—
1920(大正9)年	—	92	—	4
1921(大正10)年	—	268	—	13
1922(大正11)年	410	581	206	243
1923(大正12)年	740	955	227	280
1924(大正13)年	988	1197	118	151
1925(大正14)年	—	837	—	380
1926(大正15)年	—	976	—	472
1927(昭和2)年	—	811	—	490
1926(大正15)年	—	976	—	472
1927(昭和2)年	—	811	—	490
1928(昭和3)年	—	796	—	449
1929(昭和4)年	—	796	—	449
1930(昭和5)年	—	576	—	—
1931(昭和6)年	421	573	—	—
1932(昭和7)年	698	819	—	—
1933(昭和8)年	—	1111	—	—

［著者略歴］
奈良岡聰智（ならおか・そうち）

1975年青森県生まれ。1999年京都大学法学部卒業。2004年同大学院博士課程修了。博士（法学）。京都大学大学院法学研究科助教授を経て、2007年より同准教授。単著に『加藤高明と政党政治――二大政党制への道』（山川出版社、2006年）、近年の主要論文に、「イギリスから見た伊藤博文統監と韓国統治」（伊藤之雄・李成煥編著『伊藤博文と韓国統治』ミネルヴァ書房、2009年）、「加藤高明と二十一ヵ条要求――第五号をめぐって」（中西寛・小林道彦編著『歴史の桎梏を越えて――20世紀日中関係への新視点』千倉書房、2010年）、Kato Takaaki and the Russo-Japanese War, in John Chapman and Inaba Chiharu eds., *Rethinking the Russo-Japanese War, 1904-5*, volume II, GLOBAL ORIENTAL, 2007がある。

「八月の砲声」を聞いた日本人
――第一次世界大戦と植村尚清「ドイツ幽閉記」

二〇一三年三月二七日　初版第一刷発行
二〇一四年五月一二日　初版第三刷発行

著者　奈良岡聰智
発行者　千倉成示
発行所　株式会社　千倉書房
〒一〇四 - 〇〇三一
東京都中央区京橋二 - 四 - 一二
〇三 - 三二七三 - 三九三一（代表）
http://www.chikura.co.jp/

印刷・製本　藤原印刷株式会社
造本・装丁　米谷豪

ISBN 978-4-8051-1012-6 C1020

京都の近代と天皇　伊藤之雄 著

維新により都の地位を失った京都は、皇室との縁と御所空間を軸に都市としての再生を図る。日本の近代を映す都市の評伝。

❖四六判／本体 二六〇〇円＋税／978-4-8051-0951-9

歴史の桎梏を越えて　小林道彦＋中西寛 編著

21世紀、新たな日中関係を築くため、それぞれの国の歴史叙述の枠に留まらない新たな視点で20世紀日中関係を見つめ直す。

❖A5判／本体 五五〇〇円＋税／978-4-8051-0959-5

消費税国会の攻防 一九八七－八八

平野貞夫 著　赤坂幸一＋奈良岡聰智 編著

衆議院事務局職員として新型間接税（消費税）導入に至る政治過程に立ち会った人物の日記を翻刻した克明なドキュメント。

❖四六判／本体 三八〇〇円＋税／978-4-8051-0994-6

表示価格は二〇一三年三月現在

千倉書房

「死の跳躍」を越えて

佐藤誠三郎 著

西洋の衝撃という未曾有の危機に、日本人は如何に立ち向かったか。近代日本の精神構造の変遷を描いた古典的名作。

❖Ａ５判／本体 五〇〇〇円＋税／978-4-8051-0925-0

「南進」の系譜

矢野暢 著

南方へ向かったひとびとの姿から近代日本の対外認識をあぶり出す。続編『日本の南洋史観』も併せて収録。

❖Ａ５判／本体 五〇〇〇円＋税／978-4-8051-0926-7

なぜ歴史が書けるか

升味準之輔 著

歴史家は意味や効用があるから歴史を書くのではない。政党史研究の泰斗が傘寿を越えてたどり着いた境地。

❖四六判／本体 二八〇〇円＋税／978-4-8051-0897-0

表示価格は二〇一三年三月現在

千倉書房

叢書
21世紀の国際環境と日本

001
同盟の相剋
水本義彦 著
比類なき二国間関係と呼ばれた英米同盟は、なぜ戦後インドシナを巡って対立したのか。超大国との同盟が抱える試練とは。
❖A5判／本体 三八〇〇円＋税／978-4-8051-0936-6

002
武力行使の政治学
多湖淳 著
単独主義か、多角主義か。超大国アメリカの行動形態を左右するのは如何なる要素か。計量分析と事例研究から解き明かす。
❖A5判／本体 四二〇〇円＋税／978-4-8051-0937-3

003
首相政治の制度分析
待鳥聡史 著
選挙制度改革、官邸機能改革、政権交代を経て「日本政治」は如何に変貌したのか。二〇一二年度サントリー学芸賞受賞。
❖A5判／本体 三九〇〇円＋税／978-4-8051-0993-9

千倉書房

表示価格は二〇一三年三月現在